高等院校汽车类创新型应用人才培养规划教材

# 汽车试验测试技术（第 2 版）

主　编　王丰元　邹旭东
副主编　孙　刚　杜文明

## 内 容 简 介

本书以汽车整车性能测试、主要总成和重要部件的性能测试等试验为主要内容，对每一部分内容按照"在基本理论分析的基础上，通过主要性能测试来全面掌握技术性能、结构特点和性能分析方法"的思路，系统介绍了有关性能测试的试验原理、主要仪器设备的工作原理、测量方法和试验标准，从综合性设计性试验的角度对试验报告提出了要求，以期通过试验手段掌握所学知识，并达到学以致用的目的。

全书共分 5 章，分别从汽车整车性能测试、发动机性能测试、汽车底盘测试、汽车电气设备测试和汽车安全设备性能测试方面介绍了相关的基础理论和试验测试方法。

本书可作为车辆工程、汽车服务工程、交通运输、机械工程等专业的本科生教材，也可作为汽车行业从业人员及其他相关专业的大专院校师生的参考书。

### 图书在版编目(CIP)数据

汽车试验测试技术/王丰元，邹旭东主编. —2 版. —北京：北京大学出版社，2015.3
(高等院校汽车类创新型应用人才培养规划教材)
ISBN 978-7-301-25436-3

Ⅰ. ①汽… Ⅱ. ①王… ②邹… Ⅲ. ①汽车试验—测试技术—高等学校—教材 Ⅳ. ①U467

中国版本图书馆 CIP 数据核字(2015)第 018069 号

| | |
|---|---|
| 书　　　名 | 汽车试验测试技术（第 2 版） |
| 著作责任者 | 王丰元　邹旭东　主编 |
| 策 划 编 辑 | 童君鑫 |
| 责 任 编 辑 | 黄红珍 |
| 标 准 书 号 | ISBN 978-7-301-25436-3 |
| 出版发行 | 北京大学出版社 |
| 地　　　址 | 北京市海淀区成府路 205 号　100871 |
| 网　　　址 | http://www.pup.cn　新浪微博：@北京大学出版社 |
| 电 子 信 箱 | pup_6@163.com |
| 电　　　话 | 邮购部 010-62752015　发行部 010-62750672　编辑部 010-62750667 |
| 印 刷 者 | 北京虎彩文化传播有限公司 |
| 经 销 者 | 新华书店 |
| | 787 毫米×1092 毫米　16 开本　15.5 印张　359 千字 |
| | 2008 年 1 月第 1 版 |
| | 2015 年 3 月第 2 版　2022 年 7 月第 5 次印刷 |
| 定　　　价 | 49.00 元 |

未经许可，不得以任何方式复制或抄袭本书之部分或全部内容。
版权所有，侵权必究
举报电话：010-62752024　电子信箱：fd@pup.pku.edu.cn
图书如有印装质量问题，请与出版部联系，电话：010-62756370

# 第 2 版前言

本教材的编写是从试验的角度系统介绍理论知识，讲解如何掌握汽车的检测技术和测试方法，避免了仅学理论的枯燥和单调，将理论学习与测试研究结合起来，有效地调动学习者的学习兴趣和主动性。

本书介绍的汽车整车性能测试主要包括：汽车动力性能、经济性能、制动性能、平顺性能、操纵稳定性测试，以及汽车的噪声、排放、外形及风阻等测试内容。发动机性能测试包括：发动机功率测试、点火系统测试、燃料供给系统测试、冷却系统测试、润滑系统测试、气缸密封性测试和电喷发动机测试。汽车底盘测试包括：底盘输出功率测试、传动系统测试、转向系统测试、车轮动平衡测试、制动系统测试、汽车悬挂系统固有频率和阻尼比测试。汽车电气设备测试包括：蓄电池测试、交流发电机测试、汽车电控设备测试、起动机及起动系统线路测试、汽车仪表测试。汽车安全设备性能测试包括：汽车防盗系统测试、照明及灯光测试、汽车碰撞测试、安全带测试、ABS性能测试、安全气囊性能测试。

本书在教材整体结构和内容的组织方面，包括了系统学习汽车理论知识应关注的试验内容，使学习者在系统学习专业基础知识的同时，掌握各种汽车测试法规和试验规程。

本书是针对车辆工程、汽车服务工程、交通运输、机械工程等专业的本科生编写的汽车试验测试技术教材，也可作为汽车运用技术等相关专业的大专院校师生的参考资料。同时，也可作为汽车试验类单独实践课程的教学参考书。

在本次修订过程中，很多使用过本教材的高校教师、关注本教材的有关老师和企业工程师提出了很多意见和建议。修订过程中，编者既考虑了近几年我国汽车工业快速发展而发布的新标准有关内容的调整，也考虑了目前国内有关企业和高校的实际试验条件，更新了有关材料和方法，突出了实践教学内容的实用性和创新性，便于高校结合实际开展综合性设计性实验。

本教材由青岛理工大学王丰元、邹旭东任主编，青岛理工大学孙刚、奇瑞汽车股份有限公司杜文明任副主编。具体编写分工如下：王丰元、邹旭东参与了第1章的修订编写工作，并完成全书统稿；山东交通学院邱绪云等参与了第2章的修订编写工作；杜文明、内蒙古农业大学薛晶参与了第3章的修订编写工作；青岛理工大学柳江、负海涛、王吉忠参与了第4章的修订编写工作；孙刚、青岛理工大学刘敏杰参与了第5章的修订编写工作；青岛理工大学研究生何建勇、程明、孟凡城、徐巧妮等参与了部分材料的整理工作。

本书是在青岛理工大学汽车与交通学院师生的支持下完成的，同时得到了山东省教育厅教学改革项目的支持，在本书编写过程中参阅了大量国内外文献，在此对这些支持者和文献作者一并表示感谢！

由于编者水平有限，书中难免会有一些不足之处，敬请读者批评指正。

编者
2014 年 11 月

# 第 1 版前言

本教材的编写是从试验的角度系统介绍理论知识，同时讲解如何掌握汽车的测验技术和测试方法，避免了仅学理论的枯燥和单调，将理论学习与测试研究结合起来，有效地调动学习者的学习兴趣和主动性。

本书介绍的汽车整车性能测试主要包括：汽车整车动力性、经济性、制动性、平顺性、操纵稳定性测试，以及汽车的噪声、排放、外形及风阻等测试内容。发动机性能测试包括：发动机的功率检测、点火正时检测、燃料供给系统检测、冷却系统测试、润滑系统检测、气缸密封性测试和电喷发动机检测。汽车底盘测试包括：底盘的输出功率测试、传动系统测试、转向系统检测、车轮动平衡检测、制动系统检测、汽车悬挂系统固有频率和阻尼比的测定。汽车电气设备测试包括：蓄电池的检测与充电、交流发电机的检测与拆检、起动机及起动系统线路的测试、汽车点火系统测试、照明及灯光测试、汽车防盗系统测试等。汽车安全设备性能测试主要包括：ABS 性能测试、安全气囊性能测试等内容。

本书在教材整体结构和内容的组织方面，既包括了系统学习汽车理论知识应关注的内容，也包括了汽车爱好者所关注的汽车性能方面的知识；既不同于传统的教科书以理论学习为主，又区别于普通的试验指导书只是就试验论试验。通过本教材既可以学习有关专业知识、试验知识，又可了解各种汽车测试法规和试验规程。

本书是针对车辆工程、汽车服务工程、交通运输、机械工程等专业的本科生编写的汽车试验测试技术教材，也可作为希望系统学习汽车知识的汽车行业从业人员及其他相关专业的大专院校师生的参考书和汽车爱好者的读物。

本书是在青岛理工大学汽车与交通学院、教务处等有关部门和老师的支持与关怀下完成的，在本书编写过程中参阅了大量国内外文献，我们在此对这些部门的领导、教师、作者一并表示感谢。

本教材由王丰元任主编，刘敏杰、邹旭东、孙刚任副主编。另外，李洪民、王冬梅老师和研究生肖金龙、周群辉等参加了本书的编写及资料整理等有关工作。

由于编者水平有限，本书难免会有一些不足之处，敬请读者批评指正。

编者
2007 年 10 月

# 目 录

## 第1章 汽车整车性能测试 …………… 1
1.1 汽车动力性能测试 …………… 1
1.2 汽车经济性能测试 …………… 7
1.3 汽车制动性能测试 …………… 18
1.4 汽车平顺性能测试 …………… 28
1.5 汽车操纵稳定性测试 ………… 36
1.6 汽车的噪声测试 ……………… 44
1.7 汽车排放测试 ………………… 49
1.8 汽车外形、风阻及测试 ……… 59
1.9 汽车检测线 …………………… 65
1.10 汽车性能主观评价 …………… 79
思考题 ………………………………… 81

## 第2章 发动机性能测试 …………… 82
2.1 发动机功率测试 ……………… 82
2.2 发动机点火系统测试 ………… 89
2.3 发动机燃料供给系统测试 …… 97
2.4 发动机冷却系统测试 ………… 103
2.5 发动机润滑系统测试 ………… 107
2.6 发动机气缸密封性测试 ……… 109
2.7 电喷发动机测试 ……………… 120
思考题 ………………………………… 133

## 第3章 汽车底盘测试 ……………… 134
3.1 底盘输出功率测试 …………… 134

3.2 传动系统测试 ………………… 142
3.3 转向系统测试 ………………… 146
3.4 车轮动平衡测试 ……………… 149
3.5 制动系统测试 ………………… 153
3.6 汽车悬挂系统固有频率和
    阻尼比测试 ………………… 157
思考题 ………………………………… 161

## 第4章 汽车电气设备测试 ………… 162
4.1 蓄电池测试 …………………… 162
4.2 交流发电机测试 ……………… 166
4.3 汽车电控设备测试 …………… 175
4.4 起动机及起动系统线路测试 … 181
4.5 汽车仪表测试 ………………… 188
思考题 ………………………………… 194

## 第5章 汽车安全设备性能测试 …… 195
5.1 汽车防盗系统测试 …………… 195
5.2 照明及灯光测试 ……………… 202
5.3 汽车碰撞测试 ………………… 213
5.4 安全带测试 …………………… 221
5.5 ABS性能测试 ………………… 225
5.6 安全气囊性能测试 …………… 229
思考题 ………………………………… 237

**参考文献** …………………………… 239

# 第1章 汽车整车性能测试

教学提示

汽车性能是指汽车在一定的使用条件下以最高效率工作的能力。汽车性能主要包括动力性、经济性、制动性、平顺性和操纵稳定性等。本章将逐一介绍各性能在实际试验中的测试情况。

教学要求

掌握汽车各种性能测试的原理和与测试仪器的使用方法，明确试验目的和测试步骤，准确记录试验数据，并根据试验数据对所测试汽车的性能做出合理的评价。

## 1.1 汽车动力性能测试

### 1.1.1 理论基础

1. 汽车动力性能的评定指标

汽车动力性能主要由下列3个方面的指标来评定：
(1) 汽车的最高车速 $u_{max}$；
(2) 汽车的加速时间 $t$；
(3) 汽车能爬上的最大坡度 $i_{max}$。

2. 汽车的驱动力与行驶阻力

1) 驱动力

汽车驱动力分析示意图如图1.1所示，汽车的驱动力用式(1-1)表示。

$$F_\text{t} = \frac{M_\text{t}}{r} = \frac{M_\text{e} \cdot i_\text{k} \cdot i_\text{o} \cdot \eta_\text{T}}{r} \tag{1-1}$$

式中，$F_\text{t}$ 为驱动力(N)；$M_\text{t}$ 为作用于驱动轮上的转矩(N·m)；$M_\text{e}$ 为发动机转矩(N·m)；$i_\text{k}$ 为变速器传动比；$i_\text{o}$ 为主减速器传动比；$\eta_\text{T}$ 为传动系统机械效率；$r$ 为驱动轮半径(m)。

2) 行驶阻力

汽车行驶时，必须克服以下阻力：滚动阻力 $F_\text{f}$、空气阻力 $F_\text{w}$、上坡阻力 $F_\text{i}$ 和加速阻力 $F_\text{j}$，其中滚动阻力 $F_\text{f}$ 和空气阻力 $F_\text{w}$ 在任何行驶条件下总是存在的。

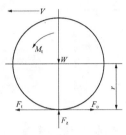

图 1.1 汽车驱动力分析示意图

3. 汽车行驶方程式

为保证汽车正常行驶，必须有一定的驱动力以克服各种行驶阻力，驱动力与行驶阻力之间存在一定的平衡关系，即汽车行驶方程式为

$$F_\text{t} = \sum F = F_\text{f} + F_\text{w} + F_\text{i} + F_\text{j} \tag{1-2}$$

或

$$F_\text{t} = Gf + \frac{C_\text{D} A}{21.25} u_\text{a}^2 + Gi + \delta m \frac{\text{d}u}{\text{d}t} \tag{1-3}$$

式中，$G$ 为汽车的重量(N)；$f$ 为滚动阻力系数；$C_\text{D}$ 为空气阻力系数；$A$ 为迎风面积($\text{m}^2$)；$u_\text{a}$ 为汽车行驶速度(m/s)；$i$ 为道路坡度；$\delta$ 为汽车旋转质量换算系数；$m$ 为汽车质量(kg)；$\frac{\text{d}u}{\text{d}t}$ 为行驶加速度($\text{m/s}^2$)。

式(1-3)表明了汽车行驶时驱动力与外界阻力之间相互关系的普遍情况，一般将汽车行驶方程式用图解法来进行分析。图 1.2 所示为一辆具有五挡变速器的轿车的驱动力-行驶阻力平衡示意图。

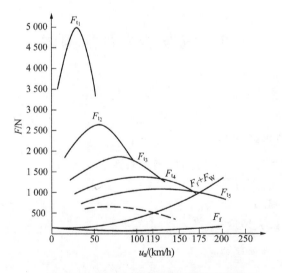

图 1.2 驱动力-行驶阻力平衡示意图

汽车的动力性能可在道路或台架上进行检测。道路检测主要是测定最高车速、加速能力和最大爬坡度等评价参数。台架试验可测量汽车的驱动力及驱动轮输出功率，在知道滚动阻力和空气阻力的条件下还可以测定最高车速。

### 1.1.2 试验目的及要求

（1）测定最高车速、加速能力、最大爬坡度等评价参数。
（2）测量汽车的驱动力。
（3）熟悉试验步骤及掌握试验台各相关仪器的使用方法。

### 1.1.3 试验所用的主要仪器和设备

道路试验设备：数据采集系统、五轮仪或非接触式测试仪。
台架试验设备：底盘测功机。

### 1.1.4 试验设备的工作原理

**1. 五轮仪的结构及工作原理**

五轮仪一般由传感部分和记录部分组成，并附带一个脚踏开关。传感部分与记录部分由导线相连，脚踏开关带有触点的一端套在制动踏板上，另一端插接在记录仪上，如图1.3所示。

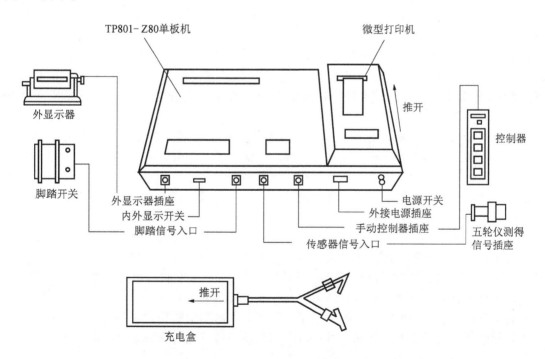

图1.3 五轮仪控制箱

（1）传感部分：一般由轮子、传感器、支架、减振器和连接装置等组成，如图1.4所示。其作用是把汽车行驶的距离变成电信号。常用的传感器有电磁式和光电式等。

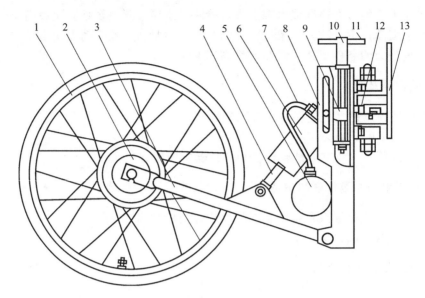

图 1.4 五轮仪传感部分结构图
1—20in 自行车轮；2—电磁传感器；3—叉架；4—活塞杆；5—储气筒；6—气缸
7—气管；8—壳体；9—螺母；10—丝杆；11—手柄；12—调节轴；13—固定板

电磁传感器安装在轮子的中心，由磁环、内齿环、外齿盘、圆盘、车轴等组成闭合磁回路。当五轮仪旋转时，内齿环与外齿盘的齿顶相对位置发生变化。即内外齿的间隙发生变化，使之闭合。这时磁路的磁阻产生变化，通过线圈的磁通量随之发生变化，这样就能通过线圈两端输出近似正弦波的信号。国产 WLY-5 型微机五轮仪使用的外齿盘上加工有 176 个齿，当轮子旋转 1 周时，传感器发出 176 个电信号。标准气压下，轮子周长为 1760mm，注意周长随轮胎充气压力的变化而变化，使用前必须校准充气压力。

光电式传感器是在轮子的中心一侧固定有圆形的光孔板，其上沿圆周均布有若干小孔，在小孔两侧分别装有光源和光电二极管。光源和光电二极管固定在支架上。当轮子转动时，光孔板随之转动。每转过一个小孔，光源的光线穿过小孔照射光电二极管一次，光电二极管就产生一个电脉冲信号，并通过导线送入记录仪。国产 PT5-3 型五轮仪使用的光孔板加工有 155 个小孔，轮子旋转 1 周传感器发出 155 个电信号。

(2) 记录部分：把传感部分送来的电信号和内部产生的时间信号进行控制和计数，并计算出车速，然后指示出来。微机式记录仪，如 WLY-5 型微机五轮仪，是以 MCS-51 系列的 8031 单片机为核心的智能仪器，除能处理距离、速度和时间等参数的测量和数据外，还能存储全部数据并打印试验结果，其控制面板如图 1.5 所示。

套在制动踏板上的脚踏开关的作用是，当驾驶人踩制动踏板时，闭合信息通过导线输入作为开始测量制动距离、制动全过程时间和制动系统反应时间等信号到记录仪。

2. 非接触式测试仪结构及工作原理

(1) 非接触式测试仪的测速原理。非接触式测试仪主要由光电传感器和控制箱组成。光电传感器由光电头和照明光源组成，如图 1.6 所示，它质量轻，体积小。使用时将仪器安装在汽车外侧，镜头对准灯光照明的地面。汽车行驶时，地面沙石分布图案经光学系统

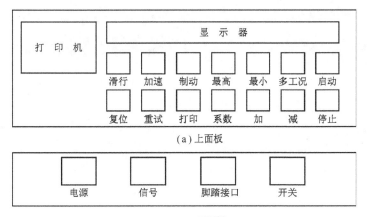

图 1.5　WLY-5 型微机五轮仪记录仪控制面板图

成像并由特殊的硅光电探测器扫描，经光电转换和空间滤波后，传感器仅输出一个随机窄带正弦波信号，信号的频率与车行速度成正比。

将传感器输出的信号经 TRF 型带通跟踪滤波器滤波和整形后，转换为 TTL 脉冲输出，每一脉冲严格对应汽车相对地面走过的一段距离。将输出信号经过计数和微机处理后就可实时显示车行速度、路程、加速度和经过时间，并可将数据存储和打印出来。

（2）非接触式测试仪安装。使用时将非接触式光电传感器安装到支架板上，再安装到车身或保险杠上（图 1.7），支架应有一定强度，防止汽车运行时光电传感器有较大幅度前后振动，否则将混入附加信号影响测量精度。固定底座距地面应为 600mm 左右，镜头要正对地面。旋转手柄调节镜筒高度，使镜头端距地面约为 500mm，这样汽车在±100mm 范围内颠簸时不影响测量精度，调节镜筒高度时还应调节镜筒方向，使标志白线对准汽车前进方向（前后无关）。对于出厂时标定好的光电探测头，为使附加误差不超出 0.2%，标志白线指向与前进方向交角的允许误差为±30°，左右倾角允许误差为±10°，对随意安装的光电探测头也可在验车时根据地面白线或其他标准进行临时标定。照明灯出厂时已经调节好，一般无需变动。

图 1.6　非接触式测试仪光电传感器的外形

图 1.7　非接触式光电传感器的安装位置

控制箱（图 1.8）直接放在被测车里，通过数据线与非接触式传感器相连。

图 1.8 非接触式测试仪控制箱

### 1.1.5 试验方法和步骤

1．试验前准备工作

1）试验台准备

除按厂家规定的项目及期限对试验台进行检查、调整、润滑外，在使用过程中，还要注意仪表指针的回位，举升器工作和导线的接触情况，发现故障，及时排除。

2）被检汽车的准备

（1）仔细调整发动机供油系统及点火系统至最佳工作状态。

（2）检查、调整、紧固和润滑底盘有关部位。

（3）轮胎沾有水、油等物质或轮胎花纹沟槽内嵌有小石子时，一定要清除干净，轮胎气压应符合标准。

（4）运行走热全车。

3）检测点的选择

检测点除指制造厂给出的发动机最大功率相应的转速（或车速）和最大转矩相应的转速两个点以外，还应选择1~2个常用转速（如经济车速）作为检测点，或根据具体情况要求选择检测点。

2．台架试验步骤

（1）接通试验台电源，并根据被检车辆驱动轮输出功率的大小，将功率指示表的转换开关置于低挡或高挡位置。

（2）操纵手柄（或按钮），升起举升器的托板。

（3）被检汽车的驱动轮尽可能与滚筒成垂直状态，停放在试验台滚筒间的举升器板上。

（4）操纵手柄，降下举升器托板，直到轮胎与举升器托板完全脱离为止。

（5）用三角铁板架抵住位于试验台滚筒之外的一对车轮的前方，以防止汽车在检测时从试验台上滑出去，将风扇置于被检汽车正前方，并接通电源。

（6）起动发动机，由低挡逐级换入选定的挡位，逐渐踩下加速踏板，同时调节试验台功率吸收装置的负荷旋钮，测出发动机最大功率时相应的转速。

（7）待发动机转速稳定后，读取并记录仪表指示的功率（或牵引力）值和转速值。

(8) 保持发动机节气门全开，调节试验台的功率吸收装置的负荷旋钮，增加测功器负荷，使发动机以最大转矩相应的转速运转。

(9) 待发动机转速稳定后，读取功率和转速值。

(10) 部分抬起加速踏板，按上述方法检测发动机节气门在部分开度工况下的驱动轮输出功率值。

全部检测结束，待驱动轮停止转动后，移开风扇，去掉车轮前的三角板架，操纵手柄，举起举升器的托板将被检汽车驶离试验台。

3. 道路试验

动力性道路试验按照表1-1的要求进行。

表1-1 动力性道路试验测试要求

| 序号 | 试验项目 | | 执行标准 | 载荷状态 |
| --- | --- | --- | --- | --- |
| 01 | 汽车最低稳定车速试验 | Ⅳ挡或者D位 | GB/T 12547—2009 | |
| | | Ⅴ挡或者D位 | | |
| 02 | 汽车最高车速试验 | Ⅳ挡或者D位 | GB/T 12544—2012 | |
| | | Ⅴ挡或者D位 | | 生产厂确定的最大总质量 |
| 03 | 汽车加速性能试验 | 原地起步连续换挡加速性能试验 | GB/T 12543—2009 | |
| | | Ⅳ挡加速性能试验或者D位加速性能试验 | | |
| | | Ⅴ挡加速性能试验或者D位加速性能试验 | | |
| 04 | 汽车最大爬坡度试验 | | GB/T 12539—1990 | |

### 1.1.6 试验报告的基本内容和要求

(1) 试验过程的详细记录。

(2) 试验数据的记录和处理。

(3) 根据所测数据计算驱动力。

(4) 讨论模拟加速过程各阻力的方法，设计测量汽车加速性能的试验。

(5) 分析用该设备还可进行哪些方面的试验。

## 1.2 汽车经济性能测试

### 1.2.1 理论基础

在汽车的运输成本中，汽车燃油消耗的费用占20%～30%，因此提高汽车的燃油经济性、节约燃油对降低汽车运输成本意义重大。同时，汽车的燃油消耗量又与汽车发动机和底盘的技术状况密切相关,因此汽车的燃油经济性可作为综合指标评价汽车的技术状况。

汽车燃油经济性试验有道路试验和台架试验两种基本方法。

GB/T 12545.1—2008《汽车燃料消耗量试验方法 第1部分:乘用车燃料消耗量试验方法》、GB/T 12545.2—2001《商用车燃料消耗量试验方法》和 GB/T 19233—2003《轻型汽车燃料消耗量试验方法》(本章以下简称为"汽车燃料消耗量试验方法")对汽车在路试条件下燃油消耗量试验的规范和项目的规定如下。

(1) 试验规范:汽车路试的基本规范依照 GB/T 12534—1990《汽车道路试验方法通则》。

(2) 试验项目:

① 直接挡全节气门加速燃油消耗量试验。

② 等速燃油消耗量试验。

③ 多工况燃油消耗量试验。

④ 限定条件下的平均使用燃油消耗量试验。

一般而言,汽车检测站因受到场地条件限制,无法用道路试验检测汽车的燃油经济性,因此常在底盘测功机上参照有关规定模拟道路试验来检测汽车的燃油经济性。行业标准 JT/T 198—2004《营运车辆技术等级划分和评定要求》规定如下。

(1) 检测项目:汽车等速百公里油耗。

(2) 检测方法:用底盘测功机检测等速百公里油耗。

起动发动机,使汽车运转至正常热工况。在底盘测功机上,将变速器置于直接挡(无直接挡的用最高挡),底盘测功机加载至限定条件,使汽车稳定在测试车速,测量燃油消耗量,并换算成百公里燃油消耗量。

在具有可模拟汽车行驶动能的飞轮机构,并采用自动控制的底盘测功机上,也可按规定的试验循环测定汽车的多工况燃油消耗量。

本节主要介绍检测汽车燃油经济性的台架试验方法,除试验条件不同外,台试和路试的基本试验原理、油耗传感器在汽车油路中的连接等都无区别。

另外,目前电喷发动机已得到广泛应用,电喷式汽油机流量传感器(图1.9)也就用来测量电喷发动机的油耗量。图1.10为电喷式汽油机流量传感器工作原理示意图。

图1.9 电喷式汽油机流量传感器

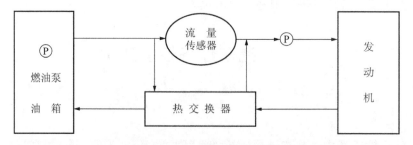

图1.10 电喷式汽油机流量传感器工作原理示意图

传感器主体为径向四柱塞液压马达，具有一定压力的液体经过滤器，通过配液孔、推动活塞、连杆、曲柄，使带有磁棒的回转体旋转，由磁场力作用带动磁性转轴及码盘转动，经光电元件转换成电脉冲信号输出。

由于液压马达每转的排量基本恒定，其转数与排量成正比，因此，可用于液体流量测定，是发动机油耗测定的理想工具。

### 1.2.2  试验目的及要求

（1）测定汽车的燃油消耗量。
（2）熟悉试验步骤，掌握试验台各相关仪器的使用方法。

### 1.2.3  试验所用的主要仪器和设备

质量式油耗仪，容积式油耗仪，底盘测功机，电喷式汽油机流量传感器。

### 1.2.4  试验设备的工作原理

汽车的燃油消耗量是由油耗仪来测量的，油耗仪由油耗传感器和显示装置构成。油耗仪种类很多，按测试方法可分为容积式油耗仪、质量式油耗仪、流量式油耗仪和流速式油耗仪。下面主要介绍容积式和质量式油耗仪的结构及工作原理。

1. 容积式油耗仪

容积式油耗仪通过测量发动机运转时累计消耗的燃料总容量，将汽车行驶时间和行驶里程换算为汽车的燃油消耗量。

图 1.11 为行星活塞式油耗传感器流量变换机构的工作原理图。该装置由十字形配置的 4 个活塞和旋转曲轴构成，用于将一定容积的燃油流量转变为曲轴的旋转。在泵油压力作用下，燃油推动活塞往复运动，4 个活塞各往复运动 1 次则曲轴旋转 1 周，完成一个进排油循环。活塞在油缸中处于进油行程或排油行程，取决于活塞相对于进排油口的位置。图 1.11(a) 表示活塞 1 处于进油行程，来自曲轴箱的燃油由 $P_3$ 推动其上行，并使曲轴作顺时针旋转。此时，活塞 2 处于排油行程终了，活塞 4 处于排油行程中，燃油从活塞 4 上部经 $P_1$ 从排油口 $E_1$ 排出，活塞 5 处于进油终了；当活塞和曲轴位置如图 1.11(b) 所示时，活塞 1 处于进油行程终了，活塞 2 处于进油行程，通道 $P_4$ 导通，活塞 4 处于排油行程终了，活塞 5 处于排油行程，燃油从通道 $P_2$ 经排油口 $E_2$ 排出。图 1.11(c) 和图 1.11(d) 的进排油状态及曲轴旋转方向如图中箭头所示。如此循环往复，曲轴每旋转一圈，各缸分别泵油 1 次，从而具有连续定容量泵油的作用。曲轴旋转 1 周的泵油量为

$$V = 4 \cdot \frac{\pi \cdot d^2}{4} \cdot 2h = 2h\pi d^2 \tag{1-4}$$

式中，$V$ 为四缸排油量（$cm^3$）；$h$ 为曲轴偏心距（cm）；$d$ 为油塞直径（cm）。

由此可见，经上述流量变换机构的转换后，测燃油消耗量转化为测定流量变换机构曲轴的旋转圈数，一般采用光电测量装置进行信号转换，把曲轴旋转圈数转化为电脉冲信号。

信号转换装置由主动磁铁、从动磁铁、转轴、光栅、发光二极管和光电二极管等组成。主动磁铁装在曲轴端部，从动磁铁装在转轴端部，两磁铁相对安装但磁铁之间留有间

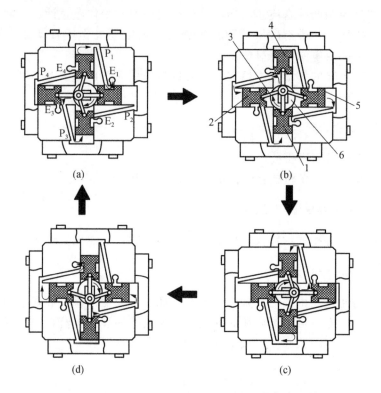

**图 1.11 行星活塞式油耗传感器流量变换机构工作原理图**
1、2、4、5—活塞；3—连杆；6—曲轴；
$P_1$、$P_2$、$P_3$、$P_4$—油道；$E_1$、$E_2$、$E_3$、$E_4$—油道口

隙，其作用在于构成磁性联轴器；光栅固定在转轴上，由转轴带动旋转；光栅两侧相对位置上固定有发光二极管和光电二极管，光电二极管用于接收发光二极管发出的光线，光栅位于二者之间，其作用是把发光二极管发出的连续光线转变为光脉冲。当曲轴转动时，通过磁性联轴器带动转轴及光栅旋转，光栅在发光二极管和光电二极管之间旋转使光电二极管接收到光脉冲，由于光电二极管的光电作用将光脉冲转换为电脉冲信号输入到计量显示装置。显然，该电脉冲数与曲轴转过的圈数成正比，从而经过运算处理，在显示装置上显示出燃油的消耗量。

2. 质量式油耗仪

质量式油耗仪由称量装置、计数装置和控制装置构成（图 1.12）。

质量式油耗仪通过测量消耗一定质量的燃油所用的时间来计算油耗，燃油消耗量可按式（1-5）计算。

$$G = 3.6 \cdot \frac{\omega}{t} \tag{1-5}$$

式中，$\omega$ 为燃油质量（g）；$t$ 为测量时间（s）；$G$ 为燃油消耗量（kg/h）。

称量装置的秤盘上装有油杯 1，燃油经电磁阀 3 加入油杯。电磁阀的开闭由装在平衡块上的行程限位器 8 拨动两个微型限位开关 6 和 7 进行控制。光电传感器由两个光电二极管 5、10 和装在棱形指针上的光源 9 组成，用于给出油耗始点和终点信号。光电二极管 5

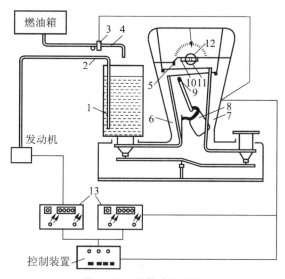

**图 1.12 质量式油耗仪**

1—油杯；2—出油管；3—电磁阀；4—加油管；5、10—光电二极管；
6、7—限位开关；8—行程限位器；9—光源；11—鼓轮机构；12—鼓轮；13—计数器

为固定式，光电二极管 10 装在活动滑块上，滑块通过齿轮齿条机构移动，齿轮轴与鼓轮 12 相连，计量的燃油量通过转动鼓轮 12 从刻度盘上读出。计量开始时，光源 9 的光束射在光电二极管 5 上，光电二极管发出信号使计数器 13 开始计数，随着油杯中燃油的消耗，指针移动。当光束射到光电二极管 10 上时，光电二极管发出信号，使计数器停止计数。

### 1.2.5 试验方法和步骤

台架试验时，汽车燃油经济性检测是由底盘测功机和油耗仪配合使用完成的。底盘测功机用于提供活动路面并模拟汽车在道路上行驶时的阻力，油耗仪则用于燃油消耗量的测量。汽车燃油经济性检测结果的准确性除与油耗仪的测试精度有关外，还取决于底盘测功机对汽车行驶阻力的模拟是否准确。

**1. 油耗传感器在燃油管路中的安装**

1) 油耗传感器在油路中的连接

对于一般无回油管路的汽油车，可将油耗传感器串接在汽油泵与化油器之间，使油耗传感器的入口接汽油泵的出口，油耗传感器出口则接化油器入口，如图 1.13 所示。

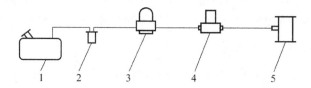

**图 1.13 无回油管路时油耗传感器的安装**

1—燃油箱；2—滤清器；3—汽油泵；4—油耗传感器；5—化油器

轿车上多设有回油管路，汽油泵供油量较化油器的出油量大得多，多余燃油经回油管

流回燃油箱。此时，油耗传感器的安装应避免因回油造成的多余计数。如桑塔纳轿车是从储油罐回油，油耗传感器应安装在储油罐与化油器之间。

在柴油车的供油系统中，全部设置回油管路，输油泵的供油量比喷油泵的出油量多3~4倍。为保持喷油泵油室中有一定压力，一般在喷油泵低压油出口装有溢流阀，大量多余燃油经溢流阀和回油管路流回输油泵入口或直接流回燃油箱；此外，从喷油器工作间隙处泄漏的少量燃油也经回油管流回油箱。图1.14所示为油耗传感器在柴油车中的连接方法，油耗传感器接在燃油箱到高压油泵之间的油路上，回油管路则用三通接在油耗传感器的出油管路上，以免燃油被油耗传感器重复计量。或者采用双传感器，即在输油管路和回油管路上分别安装一只油耗传感器。

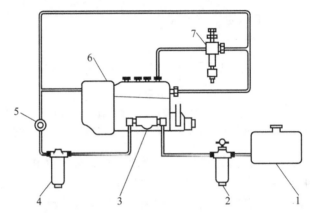

图1.14　油耗传感器在柴油车中的连接方法
1—燃油箱；2—燃油粗滤器；3—输油泵；4—燃油细滤器；
5—油耗传感器；6—喷油泵；7—喷油器

2) 油路中空气泡的排除

排除油路中空气泡对保证检测结果的准确性影响极大，这是因为油耗传感器会把空气泡所占的容积当成所消耗燃油的容积，从而使检测结果偏大而失准。因此，在安装油耗传感器后，必须把空气泡排除干净。排除空气泡时，用手动泵泵油，同时卸开化油器油管接头，连续泵油直至泵出的油不含气泡为止。传感器壳体上还设有放气螺钉，可以排出传感器内的气体。

在柴油车油路中装好油耗传感器后，也须用手动泵泵油以排除油路中的空气泡。柴油车与汽油车的差别之一是汽油车可以在发动机起动后排除空气泡，而柴油车必须在起动发动机前排除空气泡；差别之二在于汽油车在拆去油耗传感器恢复原油路时，无需排除空气泡，而柴油车在拆去传感器恢复原油路后仍需排除油路中刚产生的空气泡。

2. 等速百公里油耗测试模拟加载量的确定

行业标准JT/T 198—2004《营运车辆技术等级划分和评定要求》规定了用底盘测功机检测汽车的等速百公里油耗时的测试条件为：汽车为正常热状态；变速器挂直接挡或最高挡；加载至限定条件并使汽车稳定在试验车速。

"汽车燃料消耗量试验方法"规定限定条件下的试验车速为：轿车(60±2)km/h，铰接式客车(35±2)km/h，其他车辆(50±20)km/h。

在台架试验汽车的等速百公里油耗时,合理确定底盘测功机的加载量以模拟汽车在Ⅲ级以上平直道路上以规定车速行驶时所受到的阻力极其重要。此时,汽车克服滚动阻力和空气阻力所消耗的驱动轮功率为

$$P_K = \left(G \cdot f + \frac{1}{21.15} C_D \cdot A \cdot V^2\right) \cdot v/3600 \qquad (1-6)$$

式中,$P_K$ 为驱动轮输出功率(kW);$G$ 为汽车总重量(N);$f$ 为滚动阻力系数;$C_D$ 为空气阻力系数;$A$ 为迎风面积($m^2$);$v$ 为试验车速(km/h)。

合理确定式(1-6)中各系数并求出试验车速下驱动轮功率,以此作为底盘测功机的模拟加载量。试验时,把汽车驱动轮驶入底盘测功机滚筒装置,把油耗仪油耗传感器接入汽车的燃油管路;设定好试验车速,起动发动机,变速器挂直接挡;逐渐踩下加速踏板,使底盘测功机指示的功率值等于计算值并使之稳定;此时按下油耗测量按钮,当驱动轮在滚筒上驶过不少于 500 m 的距离时,即可从显示装置上读得汽车的等速百公里油耗值。为消除偶然因素的影响,应重复试验 3 次,取其平均值作为被检汽车在给定测试条件下的百公里油耗值。

参照"汽车燃料消耗量试验方法"的有关规定,可在不同试验车速下进行汽车的等速百公里油耗试验,并作出汽车的等速百公里油耗特性曲线。试验时,汽车使用常用挡位,试验车速从 20km/h(最小稳定车速高于 20km/h 时,从 30km/h 开始)起测,以 10km/h 的整数倍递增,均匀选取试验车速,直到达到最高车速的 90%。至少测定 5 个试验车速。

显然,在不同试验车速下,底盘测功机所对应的加载功率不同。在不同试验车速和所对应加载功率的条件下,每个试验车速测试 3 次,取其测试值的平均值作为被测汽车在给定试验车速时的百公里油耗量。每个规定车速下的百公里油耗量测出后,便可在以车速为横坐标、百公里油耗为纵坐标的坐标系中给出该车的百公里油耗特性曲线图。图 1.15 为部分车型的等速百公里油耗特性曲线。

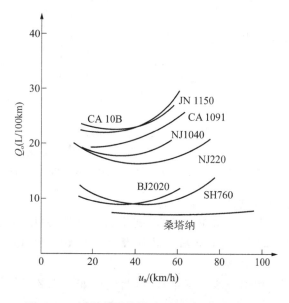

图 1.15 部分车型的等速百公里油耗特性曲线

### 3. 汽车多工况燃油消耗量测试模拟加载量和试验循环

汽车多工况燃油消耗量测试，须在具有可模拟汽车行驶动能的飞轮机构并采用自动控制的底盘测功机上，按规定的试验循环进行。其测试结果取决于飞轮机构对道路试验时，汽车在相应车速的动能的模拟精度和完成试验循环的准确性。

1) 模拟加载量——飞轮机构转动惯量的确定

进行多工况燃料消耗量试验时，底盘测功机飞轮机构转动惯量所应满足的要求与加速能力试验相同。

2) 试验循环

(1) 试验载荷：

① 轿车为规定乘员数的 1/2（取整数）。

② 微型汽车为空载加两名乘员（含驾驶人）。

③ 城市客车为总质量的 65%。

④ 其他车辆为满载。

(2) 各类汽车的试验循环。根据"汽车燃料消耗量试验办法"，各类汽车进行多工况燃油消耗量试验时的试验循环如下。

① 轿车：试验循环按图 1.16 进行。

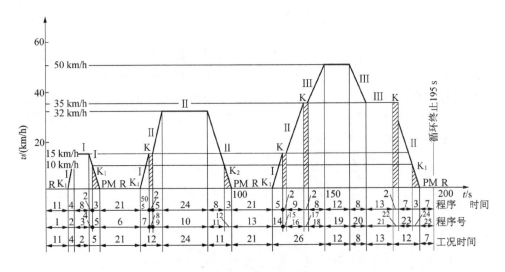

图 1.16 轿车试验循环

R、K—离合器分离；$K_1$、$K_2$—离合器分离，变速器接合 1 挡或 2 挡；

Ⅰ、Ⅱ、Ⅲ—变速器 1 挡、2 挡、3 挡；PM—空挡；R—怠速；图中阴影表示换挡

② 微型汽车：试验循环按图 1.17 进行。

③ 载货汽车：总质量小于 3500kg 时，试验循环如图 1.16 所示；总质量为 3500~14000kg 时，试验循环如图 1.18 所示。总质量大于 14000kg 时，试验循环如图 1.19 所示。

④ 客车：城市客车（包括铰接式客车）的试验循环如图 1.20 所示，其他客车的试验循环如图 1.18 所示。

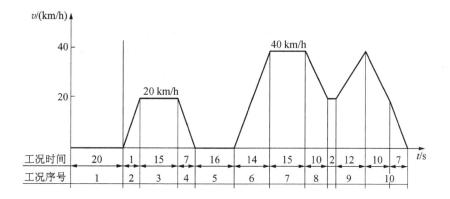

图 1.17 微型汽车试验循环

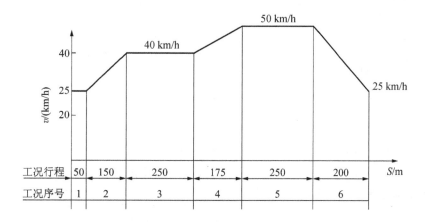

图 1.18 载货汽车试验循环(1)

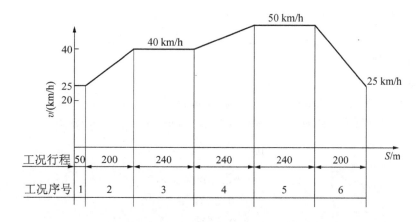

图 1.19 载货汽车试验循环(2)

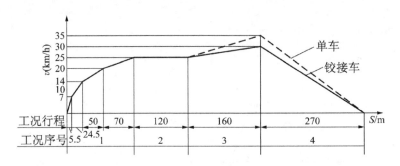

图 1.20 城市客车试验循环

汽车在进行多工况试验时,加速、匀速和用车辆的制动器减速时,在每个试验工况,除单独规定外,车速允许偏差为±2km/h;在工况改变过程中,允许车速的偏差大于规定值,但在任何条件下超过车速偏差的时间不大于1s,即时间偏差为±1s。

每辆车的多工况燃油消耗量试验应进行4次,取4次试验结果的算术平均值为多工况燃料消耗量试验的测定值。

4. 油耗测试数据的重复性及其修正

1) 数据的重复性

汽车的燃油消耗量测试数据必须满足式(1-7)要求。

$$\frac{Q_{max}-Q_{min}}{Q_A} \leqslant R \tag{1-7}$$

式中,$Q_{max}$为百公里油耗量测试数据中的最大值(L/100km);$Q_{min}$为百公里油耗量测试数据中的最小值(L/100km);$Q_A$为百公里油耗量测试数据的算术平均值(L/100km);$R$为比例系数,其取值见表1-2。

表1-2 比例系数 $R$ 的取值

| 试验次数 | 2 | 3 | 4 | 5 | 10 |
|---|---|---|---|---|---|
| $R$ | 0.053 | 0.063 | 0.069 | 0.073 | 0.085 |

若测试数据的重复性达不到上述要求,必须排除测试仪器及发动机或底盘的有关故障,重新进行检测。

2) 数据的修正

汽车的燃油消耗量测试数据应修正为标准状态下的数值。标准状态指:气温20℃、气压100kPa、汽油密度0.742g/mL、柴油密度0.830g/mL。修正公式如下:

$$Q_C = \frac{Q_A}{C_1 \cdot C_2 \cdot C_3} \tag{1-8}$$

$$C_1 = 1 + 0.0025(20-T) \tag{1-9}$$

$$C_2 = 1 + 0.0021(P-100) \tag{1-10}$$

$$C_3 = 1 + 0.8(0.742-\rho) \quad (汽油车) \tag{1-11}$$

$$C_3 = 1 + 0.8(0.830-\rho) \quad (柴油车) \tag{1-12}$$

式中,$Q_C$为修正后的燃油消耗量(L/100km);$Q_A$为实测的燃油消耗量均值(L/100km);

$C_1$ 为环境温度修正系数；$C_2$ 为大气压力修正系数；$C_3$ 为燃油密度修正系数；$T$ 为试验时的环境温度(℃)；$P$ 为试验时的大气压力(kPa)；$\rho$ 为试验时的燃油密度(g/mL)。

经修正后的燃油消耗量数值 $Q_C$ 与制造厂给出的百公里油耗量数值 $Q_0$ 比较，可评价汽车的燃油经济性和汽车的技术状况：一级车 $Q_C \leqslant Q_0$；二级车 $Q_0 \leqslant Q_C \leqslant 1.1Q_0$；三级车 $Q_C > 1.1Q_0$。

5. 注意事项

（1）为使汽车燃油经济性检测结果准确可靠，应注意以下各点：

① 发动机冷却液温度应在 80～90℃，温度过高时应使用冷却风扇降温；轮胎气压应符合规定，误差不超过 ±0.01MPa，且左右轮胎的花纹一致；被测车底盘温度应随室温变化严格控制，室温低于 10℃时，底盘温度应控制在 25℃ 以上。

② 试验仪器的精度应满足要求。车速测定仪器和燃料流量计精度为 0.5%；计时器最小读数为 0.1s。

③ 正确连接油耗仪传感器，并注意排除油路中的空气泡。

④ 测试车速、挡位、载荷、试验循环等应满足"汽车燃料消耗量试验方法"的规定。

（2）为保证台架试验汽车燃油经济性时的安全，应注意以下各点：

① 被测车辆旁必须配备性能良好的灭火器。

② 油耗传感器所用油管应透明、耐油、耐压，油管接头用合格的环形夹箍，不得用铅丝缠绕，并确保无渗漏。

③ 拆卸油管时，必须用沙盘接油，不允许用棉纱或其他易燃物接油，不允许燃油流到发动机排气管上。

④ 测试时，发动机盖应打开，以便观察有无渗漏现象，测试完毕安装好原管路后起动发动机，在确保无任何渗漏时，方可盖上发动机盖。

6. 电喷式汽油机流量传感器的使用

某电喷式汽油机流量传感器部件图如图 1.21 所示。

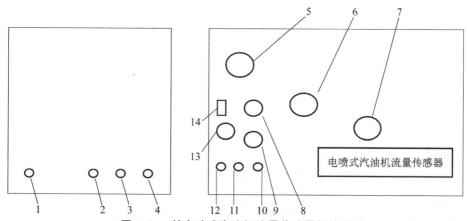

图 1.21　某电喷式汽油机流量传感器部件图

1—进油口；2—去发动机口；3—去燃油箱口；4—发动机回油口；5—回油压力表；
6—发动机燃油压力表；7—传感器燃油压力表；8—熔丝；9—电源；
10、11、12—工作指示灯；13—信号输出接口；14—燃油泵电源开关传感器的连接方式如图1.22所示。

图1.22 电喷式汽油机流量传感器连接示意图

按图1.22所示将传感器串接在油路当中。

电源线的连接：红色钳夹接蓄电池正极，黑色钳夹接蓄电池负极，另一端接入燃油泵电源插座。

将信号输出接口与二次仪表信号输入接口连接。

测试之前应做如下准备：

（1）在进入测试状态前，先打开传感器上的燃油泵，数秒后起动车辆，即可进入测试状态。

（2）油路中的空气，直接影响到测试精度，故应首先消除油路中的空气。

① 点火，对于燃油箱内燃油泵工作的车辆，将车钥匙插入并至点火位置；而燃油箱内燃油泵不工作的车辆需在空挡位置起动车辆。

② 打开半程放气阀，然后打开传感器上的燃油泵开关，向传感器中的燃油泵供电。

③ 逐渐增加放气开关的开度，但不能使供油压力超出发动机额定油压。注意：放气阀不能全开，否则会使供油压力超过额定油压，损坏压力表。

④ 观察放气阀排气状况，至不再有气泡排出。

⑤ 关闭放气阀。此时排气过程结束，可以进行测试。

### 1.2.6 试验报告的基本内容和要求

（1）试验过程的详细记录。

（2）试验数据的记录和数据处理。

（3）根据所测数据计算汽车燃油消耗量，并对汽车的燃油经济性和技术状况进行评价。

## 1.3 汽车制动性能测试

### 1.3.1 理论基础

汽车的制动性是指汽车行驶时，能在短距离内停车且维持行驶方向稳定和下长坡时能维持较低车速的能力。

**1. 制动性的评价指标**

汽车的制动性主要由以下3个方面来评价：

1) 制动效能

制动效能是指汽车迅速降低车速直至停车的能力，通常用制动距离、制动减速度和制动力等参数来评价。

2) 制动效能的恒定性

制动效能的恒定性主要指的是抗热衰退性能，一般用一系列连续制动时制动效能的保持程度来衡量。

3) 制动时汽车的方向稳定性

制动时汽车的方向稳定性是指汽车在运动过程中维持直线行驶或预定弯道行驶的能力。汽车试验中常规定一定宽度的试验通道，制动时方向稳定性合格的车辆在试验过程中不允许产生不可控制的效应使它离开这条通道。

2. 制动时车轮的受力

1) 地面制动力

汽车受到与行驶方向相反的外力时，才能从一定的速度制动到较小的车速或直至停车。这个外力只能由地面或空气提供。但是由于空气阻力相对较小，所以实际上外力主要是由地面提供的，称之为地面制动力。地面制动力越大，制动减速度就越大，制动距离就越短，所以地面制动力对汽车的制动性能有着至关重要的影响。

图 1.23 所示为汽车在良好的硬路面上制动时车轮的受力情况。从力矩平衡可得

$$F_{Xb} = \frac{T_\mu}{r} \tag{1-13}$$

式中，$T_\mu$ 为车轮制动器中的摩擦力矩(N·m)；$F_{Xb}$ 为地面制动力(N)；$r$ 为车轮半径(m)。

地面制动力是使汽车制动而减速行驶的外力，但是地面制动力取决于两个摩擦副的摩擦力：一个是制动器内制动摩擦片与制动鼓或与制动盘间的摩擦力；另一个是轮胎与地面间的摩擦力即附着力。

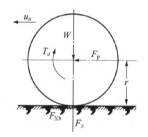

图 1.23 车轮在制动时的受力情况

2) 制动器制动力

在轮胎周缘为了克服制动器摩擦力矩所需的力称为制动器制动力，以符号 $F_\mu$ 表示。它相当于把汽车架离地面，并踩住制动踏板，在轮胎周缘沿切线方向推动车轮直至车轮能转动所需要的力，如式(1-14)所示。

$$F_\mu = \frac{T_\mu}{r} \tag{1-14}$$

式中，$r$ 为车轮半径(m)。

3) 地面制动力、制动器制动力与附着力之间的关系

在制动时，若只考虑车轮的运动为滚动与抱死拖滑两种状况，当制动踏板力较小时，制动器摩擦力矩不大，地面与轮胎之间的摩擦力即地面制动力，足以克服制动器摩擦力矩而使车轮滚动。显然，车轮滚动时的地面制动力就等于制动器制动力，且随踏板力增长成正比增长。但地面制动力是滑动摩擦力的约束反力，其值不能超过附着力，因此当制动器踏板力或制动系统压力上升到某一值，地面制动力达到附着力值时，车轮即抱死不转而出

现拖滑现象。若制动器踏板力或制动系统压力继续增大,则制动器制动力也按原有关系继续增大,但若作用在车轮上的法向载荷为常数,地面制动力 $F_{xb}$ 达到附着力 $F_\varphi$ 的值后就不再增加。

因此,汽车的地面制动力首先取决于制动器制动力,但同时又受地面附着条件的限制,所以只有汽车具有足够的制动器制动力,同时地面又能够提供高的附着力时,才能获得足够的地面制动力。

3. 汽车的制动效能及其恒定性

1) 制动距离

制动距离是指汽车速度为 $v$ 时,从驾驶人开始操纵制动控制装置(制动踏板)到汽车完全停住为止所驶过的距离,包括制动器起作用和持续制动两个阶段中汽车行驶的距离。

在制动器起作用阶段,汽车驶过的距离 $S_1$(m)可由式(1-15)求得

$$S_1 = \frac{v}{3.6}\left(t_1 + \frac{1}{2}t_2\right) \qquad (1-15)$$

式中,$v$ 为制动初速度(km/h);$t_1$ 为机构滞后时间(s);$t_2$ 为制动增长时间(s)。

在持续制动阶段,汽车驶过的距离 $S_2$(m)一般可用式(1-16)估算。

$$S_2 = \frac{v^2}{25.9} \cdot \frac{m(1+\varepsilon)}{F} \qquad (1-16)$$

式中,$m$ 为汽车的质量(kg);$\varepsilon$ 为汽车旋转零件的当量质量与汽车质量的比值 $\frac{\Delta m}{m}$;$\Delta m$ 为汽车旋转零件的当量质量(kg);$F$ 为各轮制动力总和(N)。

所以,制动距离 $S$(m)可写为

$$S = \frac{v}{3.6}\left(t_1 + \frac{1}{2}t_2\right) + \frac{v^2}{25.9} \cdot \frac{m(1+\varepsilon)}{F} \qquad (1-17)$$

从式(1-17)中可以看出,决定汽车制动距离的主要因素是:制动器起作用的时间、最大制动减速度即附着力(或最大制动器制动力)、制动初速度、整车质量等。附着力(或制动器制动力)越大,起始制动速度越低,制动距离越短。汽车制动系统应具有足够的制动力,并使前后桥制动力分配合理,以便充分利用各桥的垂直载荷,保证汽车在一定初速度下的制动距离在规定范围内。

汽车在规定的初速度下的制动距离和制动稳定性应符合表1-3的要求。

表1-3 制动距离和制动稳定性要求

| 车辆类型 | 制动初速度/(km/h) | 满载检验制动距离要求①/m | 空载检验制动距离要求②/m | 制动稳定性要求车辆任何部位不得超出的试车道宽度/m |
|---|---|---|---|---|
| 座位数≤9 的载客汽车 | 50 | ≤20 | ≤19 | 2.5 |
| 其他总质量≤4.5t 的汽车 | 50 | ≤22 | ≤21 | 2.5 |
| 其他汽车、汽车列车及无轨电车 | 30 | ≤10 | ≤9 | 3.0 |

(续)

| 车辆类型 | 制动初速度/(km/h) | 满载检验制动距离要求①/m | 空载检验制动距离要求②/m | 制动稳定性要求车辆任何部位不得超出的试车道宽度/m |
|---|---|---|---|---|
| 四轮农用运输车 | 30 | ≤9 | ≤8 | 2.5 |
| 三轮农用运输车 | 20 | ≤5 | ≤4.5 | 2.3 |
| 两轮摩托车 | 30 | ≤7 | | — |
| 边三轮摩托车 | 30 | ≤8 | | 2.5 |
| 正三轮摩托车 | 30 | ≤7.5 | | 2.3 |
| 轻便摩托车 | 20 | ≤4 | | — |
| 轮式拖拉机组 | 20 | ≤6.5 | ≤6.0 | 3.0 |
| 手扶变型运输机 | 20 | ≤6.5 | | 2.3 |

注：对总质量大于 3.5t 并小于等于 4.5t 的汽车试车道宽度为 3m。
① 气压制动系统：气压表的指示气压≤额定工作气压。液压制动系统：座位数小于或等于 9 的载客汽车，踏板力≤500N，其他车辆≤700N。
② 气压制动系统：气压表的指示气压≤600kPa。液压制动系统：座位数小于或等于 9 的载客汽车，踏板力≤400N，其他车辆≤450N。

2) 制动减速度

制动减速度是制动时车速相对于时间的导数。在持续制动阶段，若制动器最大制动力 $F_{\mu max}$ 尚未达到（或不能达到）附着力 $F_\varphi$ 的值，且假设在制动过程中 $F_{\mu max}$ 不变，则汽车在此阶段内减速度 $j(m/s^2)$ 为

$$j = \frac{F_{\mu max}}{m_a} \tag{1-18}$$

式中，$m_a$ 为车身总质量(kg)。

汽车行驶的距离 $S(m)$ 为

$$S = \frac{v^2}{25.9} \cdot \frac{m_a}{F_{\mu max}} \tag{1-19}$$

在持续制动阶段，由于轮胎与地面摩擦时轮胎温度升高，附着系数下降，所以，$F_{\mu max}$ 也将发生变化，在此阶段，汽车并不是匀减速度运动，用平均减速度(MFDD)来检测汽车的制动性能更符合实际，MFDD 由式(1-20)计算：

$$MFDD = \frac{u_b^2 - u_e^2}{25.92(S_e - S_b)} \tag{1-20}$$

式中，MFDD 为充分发出的平均减速度$(m/s^2)$；$v$ 为制动初速度(km/h)；$u_b$ 为 $0.8v$ 时车辆的速度(km/h)；$u_e$ 为 $1.0v$ 时车辆的速度(km/h)；$S_b$ 为在速度 $v$ 和 $u_b$ 之间车辆驶过的距离(m)；$S_e$ 为在速度 $v$ 和 $u_e$ 之间车辆驶过的距离(m)。

显然，平均减速度越大，制动力越大，制动效果越好。反之，如果平均减速度很小，则制动距离延长。因此，采用平均减速度能有效评价汽车的制动效能。

汽车在规定的初速度下急踩制动踏板时充分发出的平均减速度和制动稳定性应符合表 1-4 的要求。

表 1-4  制动减速度和制动稳定性要求

| 车辆类型 | 制动初速度/(km/h) | 满载检验充分发出的平均减速度/(m/s²) | 空载检验充分发出的平均减速度/(m/s²) | 制动稳定性要求车辆任何部位不得超出的试车道宽度/m |
|---|---|---|---|---|
| 座位数≤9 的载客汽车 | 50 | ≥5.9 | ≥6.2 | 2.5 |
| 其他总质量≤4.5t 的汽车 | 50 | ≥5.4 | ≥5.8 | 2.5 |
| 其他汽车、汽车列车及无轨电车 | 30 | ≥5.0 | ≥5.4 | 3.0 |

注：对总质量大于 3.5t 并小于等于 4.5t 的汽车试车道宽度为 3m。

3）制动效能的恒定性

制动器在较长时间连续地进行较大强度的制动，或高速制动时，制动器的温度会上升很快。制动器温度上升后，摩擦力矩常会有显著下降，这种现象称为制动器的热衰退。制动效能的恒定性主要指的是抗热衰退性。抗热衰退性能与制动器摩擦副材料及制动器结构有关。因此，要求制动器的摩擦材料性能可靠，摩擦片具有高抗热衰退性能，以避免制动鼓温度较高时，摩擦系数急剧下降，制动力迅速下降，摩擦片加剧磨损，甚至烧损而导致制动性能破坏。

4. 制动时汽车的方向的稳定性

制动过程中，有时会出现制动跑偏，后轴侧滑或前轮失去转向能力而使汽车失去控制离开原来的行驶方向，甚至发生撞入对方车辆的行驶轨道、下沟、滑下山坡的危险情况。一般称汽车在制动过程中维持直线行驶或按预定弯道行驶的能力为制动时汽车的方向稳定性。制动时汽车自动向右或向左偏驶称为"制动跑偏"。侧滑是指制动汽车的某一轴或两轴发生横向移动。制动跑偏、侧滑与前轮失去转向能力是造成交通事故的重要原因。

在制动过程中，若是只有前轮抱死或前轮先抱死拖滑，则汽车基本上沿直线行驶，汽车处于稳定状态，但失去转向能力。若后轮比前轮提前一定的时间先抱死拖滑，且车速超过某一个数值时，汽车在轻微的侧向力作用下就会发生侧滑。

所以，从保证汽车行驶方向稳定性的角度出发，首先不能出现只有后轮抱死或后轮比前轮先抱死的情况，以防止危险的后轮侧滑；其次，尽量少出现只有前轮抱死或前轮和后轮同时都抱死的情况，以维持汽车的转向能力。最理想的状况就是防止任何车轮抱死，前后车轮都处于滚动状态，这样就能保持制动汽车的稳定性。

汽车的制动性可采用道路试验或室内试验进行测试。道路试验一般要测定冷制动及高温下汽车的制动距离、制动减速度、制动时间等参数及在转弯与变更车道时汽车制动的方向稳定性，使用的仪器主要有 GPS 车速仪、减速度传感器、压力传感器和温度传感器等。

室内试验主要是通过室内试验装置测试汽车制动器的摩擦力矩来检查汽车的制动性,使用的制动试验台根据支撑(车轮形式)的不同,分为滚筒式和平板式。

### 1.3.2 试验目的及要求

(1)了解汽车制动性的含义、评价指标及相关参数。
(2)分别掌握汽车道路试验和室内试验的步骤。
(3)理解制动时车轮的受力情况。
(4)掌握相关试验仪器的使用方法。
(5)计算出评价汽车的相关参数,根据标准对汽车制动性能进行评价。

### 1.3.3 试验所用的主要仪器和设备

(1)道路试验设备:V-BOXⅢ数据采集主机,踏板力传感器,驻车力传感器,踏板行程传感器,管路压力传感器,GPS,温度传感器,减速度传感器。
(2)室内试验设备:平板式制动试验台。

### 1.3.4 试验设备的工作原理

**1. 道路数据采集系统的结构及精度要求**

一种用于道路性能测试的数据采集系统的基本构成如图1.24所示。

图1.24 数据采集系统的基本构成

设备精度要求:

踏板力传感器,精度不低于2%,最大量程不低于2000N。
管路压力传感器,精度不低于2%,最大量程不低于20MPa。
温度传感器,精度不低于2%,最大里程不低于1000℃。
质量测量装置,精度不低于2%。
时间测量及显示装置,精度不低于1s。
GPS车速仪,时间精度不低于1s,距离精度不低于1%。
减速度传感器,精度不低于1%,最大量程不小于1.0g。
驻车力传感器,精度不低于2%,最大量程不低于1000N。

2. 平板式制动试验台的工作原理

本试验在平板式制动试验台上进行。平板式制动试验台主要由几块表面轧花的测试平板、传感器及数据采集系统等组成。平板共6块,其中4块为制动-悬架-轴重测试用,1块为侧滑测试平板,还有1块为空板(不做测试用)。数据采集系统由力传感器、放大器和多道数据采集板组成。

平板制动试验台的工作原理示意图如图1.25所示。检验时,车辆以5~10km/h的车速驶上测试平板并进行紧急制动。显然,汽车因惯性作用有继续前进的趋势,于是平板将受到来自车轮的向前的作用力$F_u$。在车轮为抱死状态时,$F_u$就是所能测到的最大制动力,即附着力。拉力传感器可以感受到此拉力信号,同时承重传感器能够感受制动过程中各轮的动态的载荷。这些信号经放大处理之后,智能仪表就能够记录或显示各轴制动力、制动力的比例及动态载荷的变化过程等。

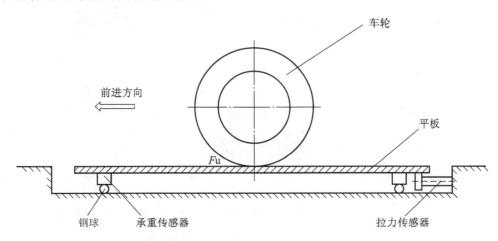

图1.25 平板制动试验台的工作原理示意图

### 1.3.5 试验步骤

1. 道路试验步骤

1) 试验场地准备

试验路面应为干燥、平整的混凝土,道路纵向任意50m长度上的坡度应小于1%,路拱坡度小于2%。试验场地应具有附着系数约为0.8的高附着系数路面和附着系数小于等于0.3的低附着系数路面。为进行ABS试验,还应具备对开路面和对接路面。

2) 试验车辆准备

满载：试验车辆处于厂定最大质量状态，其载荷分布均匀。

空载：汽车燃油箱加至厂定容积的90%，加满冷却液和润滑剂，携带随车工具和备胎，另包括200kg质量(驾驶人、一名试验员和仪器的质量)。

3) 试验设备安装

温度传感器的安装：热电偶探头安装在制动摩擦片内离制动摩擦片内侧距离3mm处或制动蹄片的中间位置。

管路压力传感器的安装：根据制动管路的布置情况进行测量，优先测量管路压力较高的管路上的压力。传感器的安装不能使制动效果和数据的采集产生不利的影响，管路无渗漏。

踏板力及行程传感器的安装：根据制动踏板布置，安装在踏板上，制动过程中不允许产生移动现象。

数据采集主机和显示器的安装：主机安放平稳，并用软连接固定，信号传输线不得干涉驾驶人操作，摆放整齐；显示器用绳索固定(主机与显示器集成的除外)，不得影响前方视野和数据监测。

GPS车速仪的安装：严格按照传感器出场说明操作，传感器支架应固定，雷达式车速、距离传感器安装时保证离地间隙15～35cm，感应区应水平放置。

供电电源的安装：用胶条将电源线和信号线固定在车身上，保证安全行驶。

4) 仪器设备校准

速度、距离标定：在试验路面，选择任一段50m距离，在车外标记一个参考点，开动试验车，记录试验车驶过的这段距离和时间，时间精度不低于1s，距离精度不低于1%。

5) 客观测试

(1) 按照GB 21670—2008《乘用车制动系统技术要求及试验方法》先进行静态检查后进行动态试验；动态试验时，推荐先进行空载试验后进行满载试验，I型试验应在所有动态试验项目完成后进行。

试验前按照制造商规定的方法进行磨合行驶。

主要的试验项目有：0型试验，I型试验，应急试验，驻坡试验，车轮抱死顺序等。

试验过程中需要记录的数据：制动距离、制动初速度、制动末速度、制动踏板力、液压管路压力、真空管路压力、制动踏板行程、制动温度等。

试验数据按照表1-5格式进行填写。

表1-5 数据处理参考格式

| 载荷 | 规定车速/(km/h) | 试验车速/(km/h) | 制动距离/m | | 充分发出的平均减速度/(m/s$^2$) | | 控制力/N | |
|---|---|---|---|---|---|---|---|---|
| | | | 实测值 | 限值 | 实测值 | 限值 | 最大值 | 限值 |
| 空载 | 100 | 100.1 | 46.9 | ≤70.0 | 9.85 | ≥6.43 | 495 | ≤500 |
| 满载 | | 100.5 | 51.4 | ≤70.0 | 9.02 | ≥6.43 | 500 | ≤500 |

(2) ABS试验。试验的基本要求见表1-6。

表 1-6 ABS 试验要求

| 项目 | 路面要求 | 车速 | 载荷 |
|---|---|---|---|
| 高附着直道制动试验 | 平整干沥青路面或平整干混凝土路面（$\varphi>0.8$） | 40、$0.8v_{max}<120$km/h | 空载、满载 |
| 特殊路面制动试验 | 干燥石块路面 | 50、80km/h | 空载、满载 |
| | 干燥砂石、碎石路面 | | |
| 变道制动试验 | 平整干沥青路面或平整干混凝土路面（$\varphi>0.8$） | 最高通过车速 | 空载、满载 |
| 低附着路面制动试验 | 雪（$0.2<\varphi<0.4$） | 40、$0.8v_{max}<120$km/h | 空载、满载 |
| | 冰（$0.1<\varphi<0.2$） | | |
| 对开路面制动 | 对开路面（$\varphi<0.2/\varphi>0.8$） | 50km/h | 空载、满载 |
| 对接路面制动 | 对接路面（$\varphi<0.2$ 至 $\varphi>0.8$） | 50km/h | 空载、满载 |
| | 对接路面（$\varphi>0.8$ 至 $\varphi<0.2$） | 40、$0.8v_{max}<120$km/h | |
| 附着系数利用率 | 平整干沥青路面或平整干混凝土路面（$\varphi>0.8$） | 55、40km/h | 空载、满载 |
| | 冰（$0.1<\varphi<0.2$） | | |

（3）附着系数利用率的测量。附着系数是在车轮无抱死的前提下，由最大制动力除以被制动轴相应的动态轴荷的商来确定的。

制动强度的测量：只对试验车辆的单根车轴进行制动，制动初速度为 50km/h，制动力应在两侧的车轮间均匀分配，以达到最佳性能。制动时，在车速 40km/h→20km/h 时，ABS 应该脱开或不工作。逐渐增加管路压力，制动强度应根据车速从 40km/h 降到 20km/h 所经历的时间 $t$，使用式（1-21）来计算：

$$Z = 0.566/t \tag{1-21}$$

$Z_{max}$ 为 $Z$ 的最大值，$t$ 的单位为 s。车速低于 20km/h 时车轮允许抱死。

从 $t$ 的最小测量值 $t_{min}$ 开始在 $t_{min}$ 和 $1.05t_{min}$ 之间选取 3 个 $t$ 值（包括 $t_{min}$），计算其算术平均值 $t_m$，然后计算：

$$Z_m = 0.566/t_m \tag{1-22}$$

若实际不能得到上述 3 个 $t$ 值，可采用最短时间 $t_{min}$。

前后轴的 $k$ 值确定。制动力应根据测得的制动强度和未制动车轮的滚动阻力来确定。驱动桥和非驱动桥的滚动阻力分别为其静态轴荷的 1.015 和 1.010 倍。

例如，对于后轮驱动的双轴车，前轴制动时，附着系数由式（1-23）计算：

$$k_f = \frac{Z_m \times P \times g - 0.015F_2}{F_1 + h/E \times Z_m \times P \times g} \tag{1-23}$$

式中，$Z_m$ 为平均制动强度；$P$ 为单车质量；$F_1$ 为前轴载荷；$F_2$ 为后轴载荷；$g$ 为重力加速度（9.81m/s$^2$）；$E$ 为轴距；$k_f$ 为前轴的 $k$ 值。

由前轮确定 $k_f$ 值，然后确定 $k_r$ 值。

附着系数利用率的测量。附着系数利用率定义为 ABS 工作时的最大制动强度和附着系数的商,即

$$\varepsilon = Z_{al}/K_m \tag{1-24}$$

初速度为 55km/h,在 ABS 全循环的情况下,测定速度从 45km/h 下降到 15km/h 所经历的时间,根据 3 次试验的平均值,按式(1-25)计算最大制动强度。

$$Z_{al} = 0.899/t_m \tag{1-25}$$

附着系数 $K_m$ 应以动态轴荷加权确定

$$K_m = (k_f \times F_{fdyn} + k_r \times F_{rdyn})/P \times g \tag{1-26}$$

式中,$K_m$ 为附着系数;$\varepsilon$ 为附着系数利用率;$Z_{al}$ 为 ABS 工作时车辆的制动强度;$F_{fdyn}$ 为制动时路面对车辆前轴的总法向动态反力,$F_{fdyn} = F_f + h/E \times Z_{al} \times P \times g$;$F_{rdyn}$ 为制动时路面对车辆后轴的总法向动态反力,$F_{rdyn} = F_r - h/E \times Z_{al} \times P \times g$。

$\varepsilon$ 值应圆整到百分位,如果 $\varepsilon \geq 1.00$,应重新测量附着系数,允许误差为 10%。在车辆空载和满载两种状态下,检验附着系数利用率的大小;技术要求 $\varepsilon \geq 0.75$。

2. 室内试验步骤

(1) 打开计算机和传感器电源。通电后,计算机将自动进行系统测试和传感器的测试。如一切正常,屏幕上将显示首页页面。

(2) 按 F2 键,输入被测试车辆的车牌号等信息,然后按确认键,屏幕将进入测试画面。

(3) 将被测试车辆停在距离试验台一个车位以外的位置,方向正对试验台。

(4) 检查并确认测试平板上无任何杂物。

(5) 将车辆以 5~10km/h 的速度驶上制动平板。前轮驶上平板后踩下离合器,在 4 个车轮分别驶上各自平板后,这时制动指示灯就会亮。此时急踩制动踏板,画面将显示前后制动力数据。

(6) 在指示灯熄灭后,起步并拉紧驻车制动,画面将显示驻车制动力及侧滑和悬架等项目的数据。

(7) 将车辆驶出试验台。

(8) 在键盘上按 Page Up、Page Down 键,可翻页查看前后制动力、驻车制动力及悬架测试的数据曲线。

(9) 按 Esc 键返回画面首页。

### 1.3.6 试验报告的基本内容和要求

(1) 试验过程的详细记录。

(2) 试验数据的记录和数据处理。

(3) 讨论在此试验台上还可以完成哪些相关试验,如何实现。

(4) 根据试验数据,评价汽车的制动性能。

### 1.3.7 设计性试验

(1) 用秒表、卷尺等简易工具设计出汽车制动距离、制动时间的测试方法与步骤,通过所学知识计算出汽车的制动减速度,并与用 GPS 车速仪和减速度仪测量的结果作比较,

评价用五轮仪和减速度仪测量的优缺点。

（2）用五轮仪和减速度仪代替数据采集系统，来测车行速度、制动距离、制动减速度和制动时间，设计出试验步骤和方法，并进行试验。根据测量结果，综合评价V-BOXⅢ数据采集系统测量的优缺点。

## 1.4 汽车平顺性能测试

### 1.4.1 理论基础

汽车的平顺性是汽车在行驶过程中，保持乘员所处振动环境具有一定舒适度的性能，对于载货汽车还包括保持货物完好的性能。由于汽车的平顺性主要是根据乘客的舒适程度来评价的，所以又称为乘坐舒适性。

1. 汽车平顺性的测试内容

1）随机输入行驶性能检测

由于汽车行驶的路面是不平的，而路面的不平度又是随机变化的，因此由于路面不平等因素造成的汽车振动是一种随机振动。

该试验是通过测定汽车在随机不平的路面上行驶时的振动特性对乘员和货物的影响来评价汽车的平顺性，适用于轿车、客车和载货汽车。

2）脉冲输入行驶性能检测

汽车在行驶过程中，有时会遇到凸块，有时会遇到凹坑，均会对汽车形成很大的冲击，严重地影响乘坐的舒适性，甚至可能会损害人体的健康，或对所运输的货物造成严重损坏。为此必须对这种工况进行试验，并对所产生的最大加速度予以限制。

该试验是通过测定汽车驶过单凸块时对乘员及货物形成的冲击响应来评价汽车的平顺性的，适用于轿车、客车、载货汽车及越野汽车。

3）汽车悬挂系统固有频率和阻尼比的测定

汽车在不平路面上行驶时所引起的振动，经过由轮胎、悬架、座垫等弹性、阻尼装置和悬挂质量、非悬挂质量所构成的振动系统，传递到悬挂质量和人身，影响汽车的乘坐舒适性。这种振动能量的输出与汽车悬挂系统固有频率和阻尼比有直接的关系，其大小对汽车的振动特性有很大的影响，是评价汽车平顺性的基本参数。

该试验主要测定汽车车身部分（簧载质量或悬挂质量）的固有频率和阻尼比，以及车轮部分（非簧载质量或非悬挂质量）的固有频率。该试验适用于各种类型双轴汽车悬挂系统固有频率和阻尼比的测定。

2. 汽车平顺性的评定指标

对于人体振动的评价，规定用人体承受振动能力的评价指标，即疲劳-降低工效界限$T_{FD}$和降低舒适界限$T_{CD}$，并辅助使用加速度加权均方根值$\sigma_{w_O}$。对于货车车厢振动，用加速度均方根谱值和功率谱密度函数（或功率谱函数）评价。

1）疲劳-降低工效界限$T_{FD}$和降低舒适界限$T_{CD}$

上述两项指标是对坐着（或站着）的人体承受1～80Hz频率范围内垂直方向（臀部至头

部)、水平方向(前后方向和左右方向)振动能力的评价。其值则是根据记录的加速度样本时间历程,通过数据处理设备得到 1/3 倍频程带宽中心频率为 $f_i$ 的加速度均方根谱值 $\sigma_i$,由表 1-7,表 1-8 及图 1.26 "疲劳-降低工效界限" 查得 $T_{FD}$,各值除以 3.15 就是降低舒适界限。根据 $\sigma_i$ 查降低舒适界限而得 $T_{CD}$。若数值处理设备不能直接得到 1/3 倍频程均方根值 $\sigma_i$ 而能得到等带宽的自功率谱,则按式(1-30)计算 $\sigma_j$,再按上述方法查得 $T_{FD}$ 或 $T_{CD}$。

表 1-7 垂直振动加速度的疲劳-降低工效界限值

| $f_i$/Hz | 加速度(均方根值)/(m/s²) $T_{FD}$ | | | | | | | | |
|---|---|---|---|---|---|---|---|---|---|
| | 24h | 16h | 8h | 4h | 2.5h | 1h | 25min | 16min | 1min |
| 1.00 | 0.280 | 0.425 | 0.630 | 1.060 | 1.400 | 2.360 | 3.550 | 4.250 | 5.600 |
| 1.25 | 0.250 | 0.375 | 0.560 | 0.950 | 1.260 | 2.120 | 3.150 | 3.750 | 5.000 |
| 1.60 | 0.224 | 0.335 | 0.500 | 0.850 | 1.120 | 1.900 | 2.800 | 3.350 | 4.450 |
| 2.00 | 0.200 | 0.300 | 0.450 | 0.750 | 1.000 | 1.700 | 2.500 | 3.000 | 4.000 |
| 2.50 | 0.180 | 0.265 | 0.400 | 0.670 | 0.900 | 1.500 | 2.240 | 2.650 | 3.550 |
| 3.15 | 0.160 | 0.235 | 0.355 | 0.600 | 0.800 | 1.320 | 2.000 | 2.350 | 3.150 |
| 4.00 | 0.140 | 0.212 | 0.315 | 0.530 | 0.710 | 1.180 | 1.800 | 2.120 | 2.800 |
| 5.00 | 0.140 | 0.212 | 0.315 | 0.530 | 0.710 | 1.180 | 1.800 | 2.120 | 2.800 |
| 6.30 | 0.140 | 0.212 | 0.315 | 0.530 | 0.710 | 1.180 | 1.800 | 2.120 | 2.180 |
| 8.00 | 0.140 | 0.212 | 0.315 | 0.530 | 0.710 | 1.180 | 1.800 | 2.120 | 2.800 |
| 10.00 | 0.180 | 0.265 | 0.400 | 0.670 | 0.900 | 1.500 | 2.240 | 2.650 | 3.550 |
| 12.50 | 0.224 | 0.335 | 0.500 | 0.850 | 1.120 | 1.900 | 2.800 | 3.350 | 4.500 |
| 16.00 | 0.280 | 0.425 | 0.630 | 1.060 | 1.400 | 2.360 | 3.550 | 4.250 | 5.600 |
| 20.00 | 0.355 | 0.530 | 0.800 | 1.370 | 1.800 | 3.000 | 4.500 | 5.300 | 7.100 |
| 25.00 | 0.450 | 0.670 | 1.000 | 1.700 | 2.240 | 3.750 | 5.600 | 6.700 | 9.000 |
| 31.50 | 0.560 | 0.850 | 1.250 | 2.120 | 2.800 | 4.750 | 7.100 | 8.500 | 11.200 |
| 40.00 | 0.710 | 1.060 | 1.600 | 2.650 | 3.550 | 6.000 | 9.000 | 10.600 | 14.000 |
| 50.00 | 0.900 | 1.320 | 2.000 | 3.350 | 4.500 | 7.500 | 11.200 | 13.200 | 18.000 |
| 63.00 | 1.120 | 1.700 | 2.500 | 4.250 | 5.600 | 9.500 | 14.000 | 17.000 | 22.400 |
| 80.00 | 1.400 | 2.120 | 3.150 | 5.300 | 7.100 | 11.800 | 18.000 | 21.200 | 28.000 |

表 1-8 水平振动加速度的疲劳-降低工效界限值

| $f_i$/Hz | 加速度(均方根值)/(m/s²) $T_{FD}$ | | | | | | | | |
|---|---|---|---|---|---|---|---|---|---|
| | 24h | 16h | 8h | 4h | 2.5h | 1h | 25min | 16min | 1min |
| 1.00 | 0.100 | 0.150 | 0.224 | 0.355 | 0.500 | 0.850 | 1.250 | 1.500 | 2.000 |
| 1.25 | 0.100 | 0.150 | 0.224 | 0.355 | 0.500 | 0.850 | 1.250 | 1.500 | 2.000 |

(续)

| $f_i$/Hz | 加速度(均方根值)/(m/s²) $T_{FD}$ | | | | | | | |
|---|---|---|---|---|---|---|---|---|
| | 24h | 16h | 8h | 4h | 2.5h | 1h | 25min | 16min | 1min |
| 1.60 | 0.100 | 0.150 | 0.224 | 0.355 | 0.500 | 0.850 | 1.250 | 1.500 | 2.000 |
| 2.00 | 0.100 | 0.150 | 0.224 | 0.355 | 0.500 | 0.850 | 1.250 | 1.500 | 2.000 |
| 2.50 | 0.125 | 0.190 | 0.280 | 0.450 | 0.630 | 1.060 | 1.600 | 1.900 | 2.500 |
| 3.15 | 0.160 | 0.236 | 0.355 | 0.560 | 0.800 | 1.320 | 2.000 | 2.360 | 3.150 |
| 4.00 | 0.200 | 0.300 | 0.450 | 0.710 | 1.000 | 1.700 | 2.500 | 3.000 | 4.000 |
| 5.00 | 0.250 | 0.375 | 0.560 | 0.900 | 1.250 | 2.120 | 3.150 | 3.750 | 5.000 |
| 6.30 | 0.315 | 0.475 | 0.710 | 1.120 | 1.600 | 2.650 | 4.000 | 4.750 | 6.300 |
| 8.00 | 0.400 | 0.600 | 0.900 | 1.400 | 2.000 | 3.350 | 5.000 | 6.000 | 8.000 |
| 10.00 | 0.500 | 0.750 | 1.120 | 1.800 | 2.500 | 4.250 | 6.300 | 7.500 | 10.000 |
| 12.50 | 0.630 | 0.950 | 1.400 | 2.240 | 3.150 | 5.300 | 8.000 | 9.500 | 12.500 |
| 16.00 | 0.800 | 1.180 | 1.800 | 2.800 | 4.000 | 6.700 | 10.000 | 11.800 | 16.000 |
| 20.00 | 1.000 | 1.500 | 2.240 | 3.550 | 5.000 | 8.500 | 12.500 | 15.000 | 20.000 |
| 25.00 | 1.250 | 1.900 | 2.800 | 4.500 | 6.300 | 10.600 | 16.000 | 19.000 | 25.000 |
| 31.50 | 1.600 | 2.360 | 3.550 | 5.600 | 8.000 | 13.200 | 20.000 | 23.600 | 31.500 |
| 40.00 | 2.000 | 3.000 | 4.500 | 7.100 | 10.000 | 17.000 | 25.000 | 30.000 | 40.000 |
| 50.00 | 2.500 | 3.750 | 5.600 | 9.000 | 12.500 | 21.200 | 31.500 | 37.500 | 50.000 |
| 63.00 | 3.150 | 4.750 | 7.100 | 11.200 | 16.000 | 26.600 | 40.000 | 45.700 | 63.000 |
| 80.00 | 4.000 | 6.000 | 9.000 | 14.000 | 20.000 | 33.500 | 50.000 | 60.000 | 80.000 |

$$\sigma_j = 9.81 \sqrt{\sum_{i=M_j}^{N_j} G_j} \qquad (1-27)$$

式中，$\sigma_j$ 为中心频率为 $f_j$ 的 1/3 倍频程均方根谱值(m/s²)，$j=1,2,\cdots,20$；$G_j$ 为等带宽的加速度自谱值，$j=1,2,\cdots,461$；$M_j$ 为与 $f_j$ 下限频率相应的等带宽谱线标号；$N_j$ 为与 $f_j$ 上限频率相应的等带宽谱线标号。

2) 加速度的加权均方根值 $\sigma_W$

纵向振动或横向振动的 $\sigma_W$ 按式(1-28)计算。

$$\sigma_W = \sqrt{\sum (W_j \cdot \sigma_j)^2} \qquad (1-28)$$

式中，$W_j$ 为频率加权因子。

3 个方向总的加速度的加权均方根值 $\sigma_{W_o}$ 按式(1-29)计算：

$$\sigma_{W_o} = \sqrt{(1.4\sigma_{W_X})^2 + (1.4\sigma_{W_Y})^2 + \sigma_{W_Z}^2} \qquad (1-29)$$

式中，$\sigma_{W_X}$ 为纵向振动的加速度的加权均方根值(m/s²)；$\sigma_{W_Y}$ 为横向振动的加速度的加权均方根值(m/s²)；$\sigma_{W_Z}$ 为垂直振动的加速度的加权均方根值(m/s²)。

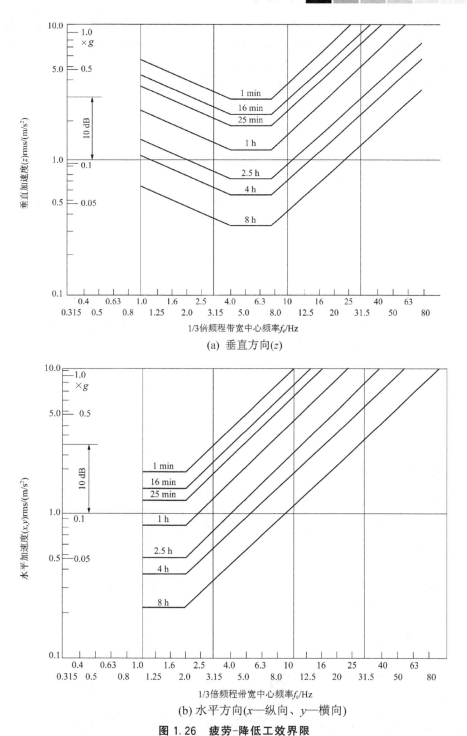

图 1.26　疲劳-降低工效界限

**3. 汽车平顺性评价指标($T_{FD}$、$T_{CD}$、$\sigma_W$、$\sigma$)与车速的关系曲线**

汽车平顺性评价指标($T_{FD}$、$T_{CD}$、$\sigma_W$、$\sigma$)与车速的关系可用车速特性来评价。

轿车、客车用舒适降低界限车速特性 $T_{CD}\text{-}v$ 来评价。

货车用疲劳-降低工效界限车速特性 $T_{FD}-v$，车厢底板中心和距车厢边板、车厢后板各300mm处的振动加速度均方根值车速特性 $\sigma-v$，常用车速的加速度功率谱密度函数（或功率谱函数）及加速度加权均方根值车速特性 $\sigma_W-v$ 来评价。

车速特性可以在整个使用车速范围内全面地评价汽车的平顺性。

客车评价指标，在给出 $T_{CD}$ 的同时，根据需要也可给出相应的 $T_{FD}$。

**4. 用常用车速的评价指标评价平顺性**

根据需要也可只用常用车速的评价指标来评价平顺性。各类客车的试验车速均为50km/h，测点均为左侧最接近后桥正上方处的座椅。评价指标为 $\sigma_W$ 和 $L_{eq}$。$\sigma_W$ 为加速度加权均方根值，单位为 m/s²；$L_{eq}$ 为给定测量时间内的加速度加权均方根对数值，又称等效均值，单位为 dB。

评价指标按式(1-30)进行修正。

$$\sigma_W = \sigma_W^* \frac{\sqrt{G_D(n_o)}}{\sqrt{G_D(n_o)^*}} \quad (1-30)$$

式中，$G_D(n_o)$ 为B级路面规定的平度系数的几何均值(m²/m⁻¹)，$G_D(n_o)=64\times 10^{-6}$ m²/m⁻¹；$G_D(n_o)^*$ 为实际试验道路的路面平度系数(m²/m⁻¹)；$\sigma_W^*$ 为实际试验道路的评价指标实测值(m/s²)；$\sigma_W$ 为评价指标限值(m/s²)。

$\sigma_W$，$L_{eq}$ 与 $T_{CD}$ 的换算关系：

$$\sigma_W = \frac{5.6}{3.15}\sqrt{\frac{0.167}{T_{CD}}} \quad (1-31)$$

$$L_{eq} = 20\lg\frac{\sigma_W}{10^{-6}} \quad (1-32)$$

### 1.4.2 试验目的及要求

(1) 掌握汽车平顺性测试的几种方法。
(2) 熟悉试验步骤、掌握各相关仪器的使用方法。

### 1.4.3 试验所用的主要仪器和设备

测试仪器系统，数据处理设备，2512型人体响应振级计，采用三角形和长坡形，两种形状的单凸块作为脉冲输入。

### 1.4.4 试验设备的工作原理

**1. 随机输入行驶性能检测的设备**

1) 测试仪器系统

图1.27 测试仪器系统

如图1.27所示，该系统由加速度传感器、前置放大器和磁带记录仪等组成。

测试仪器的性能应可靠。其频率范围，测人-椅系统的为 0.1~100Hz，测货厢的为 0.3~500Hz。动态范围不小于60dB。

为了保证记录信号的精度和适应以后进行处理,在测试时要求:

(1) 记录电平磁带记录仪一般有 10mV 左右的噪声电压,记录的信号电压保持在 1V 左右比较合适,这样可以保证信噪比在 40dB 以上。

(2) 记录时间,根据实测得到的有限长度记录。在数据处理设备上计算出的功率谱等参数,只是所研究参数的估计值。以功率谱为例,其估计值波动的大小用标准化随机误差 $\varepsilon_r$ 表示,它与分析带宽 $\Delta f$ 及记录时间 $T$ 有关,见式(1-33)。

$$\varepsilon_r = \frac{1}{\sqrt{\Delta f \, T}} \tag{1-33}$$

在工程上,一般满足 $\varepsilon_r \leqslant 0.2$,当选择分析带宽 $\Delta f = 0.2\text{Hz}$ 时,可以求出需要记录时间 $T = 125\text{s}$。

2) 数据处理设备

如图 1.28 所示,数据处理设备引进了快速傅里叶变换(FFT),采用相应的软件可快速、精确地进行自谱、互谱、传递函数、相干函数和概率统计等各种数据处理。

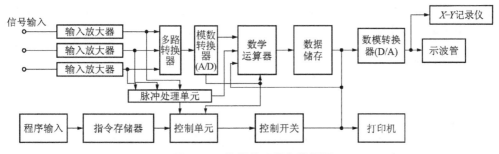

图 1.28 数据处理设备的框图

3) 人体响应振级计

2515 型人体响应振级计(图 1.29)便于携带,在平顺性试验中得到广泛采用。

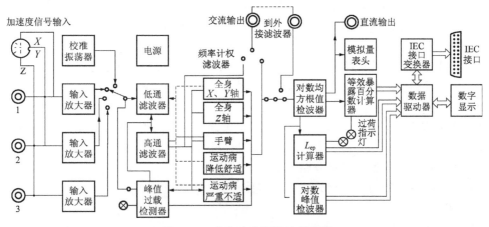

图 1.29 人体响应振级计示意图

2. 脉冲输入行驶性能检测的设备

(1) 测试仪器可选用随机输入行驶性试验所用设备。

(2) 试验用装置采用两种形状的单凸块作为脉冲输入:三角形和长坡形。推荐采用木

质材料,外包铁皮。三角形凸块如图1.30所示,具体参数为:
① 轿车、旅行客车及总质量小于等于4t的货车:$h=60mm$。
② 客车(旅行客车除外)、越野车及总质量大于4t但小于或等于20t的货车:$h=80mm$。
③ 总质量大于20t的货车:$h=120mm$。
④ $B$按需要而定,但必须大于轮宽。

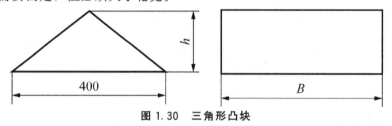

图1.30 三角形凸块

3. 悬挂系统固有频率和阻尼比的测定

测试仪器可选用随机输入行驶性试验所用设备。振动传感器装在前、后轴和其上方车身或车架相应的位置上。

### 1.4.5 试验条件和方法

1. 试验条件

1) 车辆

(1) 汽车各总成、部件、附件及附属装置(包括随车工具与备胎)必须按规定装备齐全,并装在规定的位置上,调整状况应符合该车技术条件的规定。

(2) 轮胎气压应符合汽车技术条件的规定,误差不超过±10kPa。

(3) 汽车载荷应均匀分布。

(4) 轿车应额定满载,根据需要可增作半载。

(5) 客车、货车应额定满载,根据需要可增作半载或空载。

2) 座椅系统的载荷

(1) 测试部位的载荷应为身高(1.70±0.05) m、质量(65±5)kg的真人。

(2) 非测试部位的载荷可以用65kg重的沙袋代替,应安放牢固。

3) 道路

试验道路应平直,纵坡不大于1‰,路面干燥,不平度应均匀无突变,长度不小于32km,两端应有30~50m的稳速段。试验道路包括以下两种。

(1) 沥青路,即相当于二级公路、次高级路面。

(2) 沙石路,即相当于三级公路、中级路面。

4) 气候

风速不大于5m/s。

2. 试验方法

1) 随机输入行驶性能检测

(1) 检测方法。

① 确定试验车速。试验车速至少有包括常用车速在内的3个车速。

沥青路：

轿车——30km/h、40km/h、50km/h、60km/h、70km/h（可选作80km/h），常用车速为60km/h。

客车、货车——30km/h、40km/h、50km/h、60km/h，常用车速为50km/h。

沙石路：

轿车——30km/h、40km/h、50km/h、60km/h（可选作80km/h），常用车速为50km/h。

客车、货车——30km/h、40km/h、150km/h，常用车速为40km/h。

车速偏差为试验车速的±4%。

② 人的乘坐姿势。测试部位的乘员应全身放松，两手自由地放在大腿上，其中驾驶人的两手自然地置于转向盘上，在试验过程中应保持乘坐姿势不变。一般来说，乘员不靠在靠背上，否则应注明。

③ 把加速度传感器安装在下列位置：

轿车——左侧前排和后排座椅上。

客车——驾驶人座椅、后轴上方座椅和最后排座椅上。

货车——驾驶人座椅上，车厢底板中心及距车厢边板、车厢后板各300mm处。

安装在座椅上的加速度传感器应能测3个方向的振动，以测量垂直振动、水平(前后方向和左右方向)振动和加速度时间历程。传感器应与人体紧密接触，并且在人体与座椅间放入安装传感器的垫盘。

④ 试验时，汽车在稳速段内要稳住车速，然后以规定的车速匀速驶过试验路段。在试验路段用磁带记录仪记录各测量点的加速度时间历程，测量通过试验路段的时间，以计算平均车速。样本记录长度不短于3min。

(2) 试验数据处理。

① 对人-椅系统推荐采用下列参数

截断频率 $f_c = 100\text{Hz}$；

采样时间间隔 $\Delta t = 0.005\text{s}$；

分辨带宽 $\Delta f$ 和独立样本个数 $q$，$\Delta f = 0.1953\text{Hz}$，$q \geqslant 25$；

使用窗函数。

② 对车厢，建议截断频率 $f_c = 500\text{Hz}$，其他参数也可作相应改变。

③ 在试验结果中应注明 $T_{FD}$ 或 $T_{CD}$ 值之均方根值及其相应的中心频率，并注明所使用的窗函数名称。

2) 脉冲输入行驶性能检测

(1) 确定试验车速：试验车速为10km/h、20km/h、30km/h、40km/h、50km/h。试验车速偏差不超过±4%。

(2) 人的乘坐姿势：人的乘坐姿势与随机输入行驶试验相同。必要时使用安全带。

(3) 把加速度传感器安装在下列位置：

轿车——左侧前排、后排座椅上及这些座椅底部的地板上。

客车——与驾驶人同侧的前轴、后轴正上方座椅及这些座椅底部的地板上，根据需要可增装至驾驶人座椅和最后排座椅上及这些座椅底部的地板上。

货车、越野车——驾驶人座椅上及其底部地板上，车厢底板中心处以及距车厢边板、车厢后板各300mm处的货厢底板上。

安装在座椅上的传感器应与人体紧密接触，并在人体与座椅间放一安装传感器用的垫盘。

(4) 将凸块放置在试验道路中间，并按汽车轮距调整好两个凸块间的距离。为保证汽车左右车轮同时驶过凸块，应将两凸块放在与汽车行驶方向垂直的一条线上。

(5) 试验时，汽车以规定的车速匀速驶过凸块，在汽车通过凸块前50m应稳住车速，并用测速装置测量车速。当汽车前轮接近凸块时开始记录，待汽车驶过凸块并冲击响应消失后，停止记录。试验时，用三角形凸块作为脉冲输入，根据需要可作长坡形凸块试验。每种车速的试验次数不得少于8次。

3) 悬挂系统固有频率和阻尼比的测定

试验时可用以下3种方法使汽车悬挂系统产生自由衰减振动。

(1) 滚下法：将汽车测试端的车轮，沿斜坡驶上凸块，凸块断面如图1.31所示，其高度根据汽车类型与悬架结构可选取60mm、90mm、120mm，横向宽度要保证车轮全部置于凸块上，在停车挂空挡发动机熄火后，再将汽车车轮从凸块上推下，滚下时应尽量保证左、右轮同时落地。

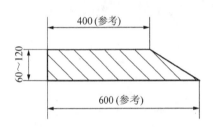

图1.31 滚下法用凸块断面示意图

(2) 抛下法：用跌落机构将汽车测试端车轴中部由平衡位置支起60mm或90mm，然后跌落机构释放，汽车测试端突然抛下。

(3) 拉下法：用绳索和滑轮装置将汽车测试端车轴附近的车身或车架中部由平衡位置拉下60mm或90mm，然后用松脱器使绳索突然松脱。

用上述3种方法试验时，拉下位移量、支起高度或凸块高度的选择要保证悬架在压缩行程时不碰撞限位块，又要保证振动幅值足够大与实际使用情况比较接近。对于特殊的汽车类型与悬架结构可以选取60mm、90mm、120mm以外的值。

用记录仪记录车身和车轴上自由衰减振动的时间历程，每次记录时间不少于3s，保证衰减振动曲线完整，共记录3~5次。

试验时，非测试端悬架一般不用卡死以限制其振动。在汽车前、后端振动相互联系较强时，非测试端悬架要卡死。

### 1.4.6 试验报告的基本内容和要求

(1) 试验过程的详细记录。

(2) 试验数据的记录和数据处理。

(3) 根据自己乘车的感受，草拟一份试验方案，并进行测试。

## 1.5 汽车操纵稳定性测试

### 1.5.1 理论基础

1. 汽车操纵稳定性的含义

汽车的操纵稳定性是指在驾驶人不感到过分紧张、疲劳的情况下，汽车能够遵循驾驶人通过转向系统及转向车轮给定的行驶方向,且当遇到外界干扰时,汽车能抵抗干扰而保持稳定行驶的能力。操纵性可用汽车实际运动参量和驾驶人要求的运动参量之间的接近程度和渐进过程时间的长短来评价。稳定性可用汽车受干扰后的实际运动参量与受干扰前运动参量之间的接近程度和渐进过程时间的长短来评价。

汽车操纵稳定性主要研究汽车操纵的难易程度,在承受路面凹凸和侧风干扰时汽车自身稳定性及受外部干扰后转向盘的校正能力等。实践证明,操纵稳定性能良好的汽车必须具有以下能力:

(1) 根据道路、地形和交通情况的限制,汽车能够正确地按驾驶人通过操纵机构所给定的方向行驶。

(2) 汽车在行驶过程中具有抵抗力图改变其行驶方向的各种干扰,并保持稳定性的适当能力。

操纵稳定性差的表现主要有:速度达到一定值时发"飘",转向迟钝,过多转向,丧失路感等方面。

2. 汽车操纵稳定性的基本内容

(1) 转向盘角阶跃输入下进入的稳态响应:表征汽车操纵稳定性的转向盘角位移输入的时域响应。

(2) 横摆角速度频率响应特性:在转向盘正弦输入下,频率由 $0\sim\infty$ 时,汽车横摆角速度与转向盘角的振幅比及相位差的变化曲线图形。

(3) 回正性:一种转向盘输入下的时域响应。

(4) 转向半径:评价汽车机动灵活性的物理参量。

(5) 转向轻便性:评价转向盘轻便程度的特性。

(6) 直线行驶性:反映了汽车在直线行驶时在外界侧向干扰输入下的时域响应。

(7) 典型行驶工况性能:汽车通过某种模拟典型驾驶操作的通道的性能。

(8) 极限行驶能力:汽车处在正常行驶与异常危险运动之间的运动状态下的特性,表明了汽车安全的极限性能。

3. 稳态响应与瞬态响应

1) 系统输入

给转向盘一个角位移输入,称为角位移输入;给转向盘一个力矩输入,称为力矩输入。

2) 输入种类

输入分为阶跃输入、正弦输入、脉冲输入 3 种,如图 1.32~图 1.34 所示。

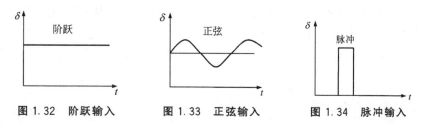

图 1.32 阶跃输入　　图 1.33 正弦输入　　图 1.34 脉冲输入

3) 时域响应

(1) 稳态响应:系统输入为周期性或恒定性的,输出也是周期性或恒定性的,输入和输出之间相对稳定。

(2) 瞬态响应：从转向至稳态响应的中间过程，即系统输入为周期性或恒定性而输出不是周期性或恒定性，两者不保持相对稳定。

4) 稳态转向特性

不足转向、中性转向、过多转向，这 3 种不同转向特性的汽车具有如下的行驶特点（图 1.35）：在转向盘保持一固定转角 $\delta$ 下，缓慢加速或以不同车速等行驶时，随着车速的增加，不足转向的汽车的转向半径 $R$ 增加；中性转向的汽车的转向半径维持不变；而过多转向的汽车的转向半径则越来越小。操纵稳定性良好的汽车应具有适度的不足转向特性，一般的汽车不应该具有过多转向的特性。

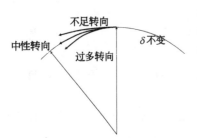

图 1.35　汽车的 3 种稳态转向特性

4. 操纵稳定性的评价与试验方法

由于操纵稳定性的研究起步较晚，直到目前仍不很成熟，因此，对操纵稳定性的要求、评价指标和试验方法很不统一，同一个试验在不同的国家、不同的制造厂家也有不同的做法。评价方法有主观评价方法和客观评价方法两种。主观评价方法是让试验评价人员根据试验时自己的感觉来进行评价，即感觉评价，受评价者个人主观因素影响，结果有差别，不能给出性能与结构之间的联系信息。客观评价方法通过仪器测出表征性能的物理量如横摆角速度、侧向加速度、侧倾角及转向力来评价汽车操纵稳定性。操纵稳定性客观测量试验方法有：转向盘增幅正弦转向试验（厂家企业标准）、汽车中间位置转向试验（ISO 13674—2003）、连续正弦扫描输入试验（ISO/DIS 7401—2000）、转向盘转角阶跃输入试验（ISO/DIS 7401—2000）、双移线试验（ISO 3888—1999）、稳态回转试验（ISO/DIS 4138—2003）、静态/低速操舵力试验，（JASO C 705—1972）。

### 1.5.2　试验目的及要求

(1) 了解汽车操纵稳定性的含义及包含内容。

(2) 测定横摆角加速度、侧向加速度、侧倾角和转向力或力矩等评价参数。

(3) 了解通过双移线及稳态回转试验来检验汽车随动性、收敛性、方向操纵轻便性、事故可避性等。

(4) 熟悉试验步骤及各相关仪器的使用方法。

### 1.5.3　试验所用的主要仪器和设备

汽车操纵稳定性测试仪，用于测量纵向车速（VEL）和车辆侧偏角（BETA）的五轮仪，用于测量侧向加速度（AY）、侧倾角（ROLL）、横摆角速度（YAW）的光纤垂直陀螺仪，用于测量转向盘转角（SWA）和力矩（SWT）的测力转向盘、数据采集分析系统主机。

### 1.5.4　试验设备的工作原理

汽车操纵稳定性测试仪主要由带水准仪传感器、垂直陀螺仪、显控器、电源电缆、连接电缆和遮光罩。带水准仪传感器内有全浮速率陀螺、加速度计、电源变换器、解调放大器及反馈放大器等。

汽车操纵稳定性测试仪工作原理框图如图 1.36 所示。由此得到 3 个被测量的大小和方向。测量结果由显控器的右侧面 3 个高频插座同时输出。测试时，操作者可以选择显控器上的开关，以显示其中一个被测量的物理量，以便对操作过程进行监控。

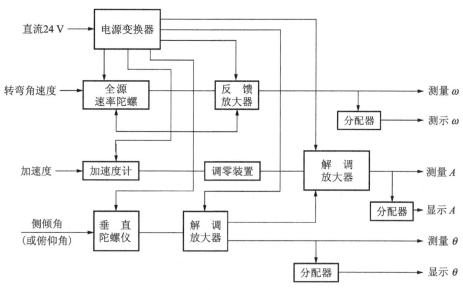

图 1.36 汽车操纵稳定性测试仪工作原理图

以上 3 个被测量均设有标定信号，标定信号规定见表 1-9。相关测量设备的精度要求见表 1-10。

表 1-9 标定信号规定

| 测试项目 | 量程 | 标定信号 | |
|---|---|---|---|
| | | 电压值/5V | 显示值 |
| 转弯角速度 $\omega$ | 60°/s | | 60° |
| | 120°/s | | 120° |
| 加速度 $a$ | 10m/s² | | 10° |
| 侧倾角或俯仰角 $\theta$ | 10° | | 10° |
| | 30° | | 30° |

表 1-10 设备精度要求

| 变量 | 最大量程 | 允许误差 |
|---|---|---|
| 纵向车速/(km/h) | 0～+180 | ±1.8 |
| 侧偏角/(°) | -15～+15 | ±0.5 |
| 纵向加速度/(m/s²) | -15～+15 | ±0.15 |
| 侧向加速度/(m/s²) | -15～+15 | ±0.15 |

(续)

| 变量 | 最大量程 | 允许误差 |
| --- | --- | --- |
| 横摆角速度/[(°)/s] | −50～+50 | ±0.5 |
| 侧倾角/(°) | −15～+15 | ±0.15 |
| 俯仰角/(°) | −15～+15 | ±0.15 |
| 转向盘转角/(°) | −360～+360 | ±2，≤180；±4，>180 |
| 转向盘力矩/N·m | −30～+30 | ±0.3 |

### 1.5.5 试验方法和步骤

**1. 场地布置**

在试验场地上按图 1.37 所示的形式布置标桩，标桩间距符合图 1.37 的规定。

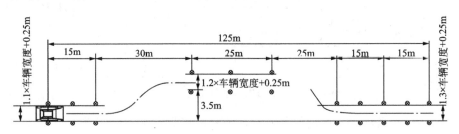

图 1.37 双移线试验场地的布置

**2. 试验准备**

轮胎预热：试验前轮胎应进行预热以获得代表正常行驶状态的温度和压力。可以以试验车速行驶 10km 或以 $3m/s^2$ 的侧向加速度行驶 500m（向左和向右各进行一次）的方法来使轮胎预热。

**3. 测试仪器安装**

(1) 带水准仪传感器内的加速度仪，其敏感加速度的方向垂直于该传感器上盖上的箭头方向，因此测量侧向加速度时传感器上的箭头方向与汽车纵向（实际行驶方向）平行。

(2) 带水准仪传感器与垂直陀螺安装在同一底座上，有 4 个支脚可调节其水平度，由于车身与地面均不是理想水平基准面，安装时不必将水准仪调水平，只需调节 4 个支脚使其稳定即可，底座上另有 4 个孔，可通过该四孔将底座固定在车身上。

(3) 垂直陀螺仪的放置应使陀螺仪圆柱形的轴线与传感器箭头方向平行，且陀螺仪后部（装有插座）对应传感器箭头尾部。该陀螺仪为二自由度陀螺，同时测量侧倾角和俯仰角，根据需要选择显控器上的开关，输出（或显示）侧倾角或俯仰角，即车身对水平面的倾角（若地面不水平，则测量值含地面的倾角）。

(4) 连接垂直陀螺与显控器的电缆，并将插头挂钩锁上。检查显控器上的电源开关，确认置于断的位置后方可将电源电缆与蓄电池连接,并应十分注意区分蓄电池的正负极性。电缆上红色导线接正极,黑色导线接负极。

显控器上电压指示表头的右侧装有电源极性指示灯,当电源电缆与蓄电池极性连接正确时,指示灯(红色)燃亮,此时方可接通电源开关。若指示灯不亮,说明电源极性不对,不能接通电源开关,否则内部器件受损。

(5) 检查显控器右侧面上标有"通"和"断"的开关,应位于"通"的位置(该开关为垂直陀螺修正回路的通断开关)。接通电源开关,显控器右上方电压指示表头指示24 V,显示板显示数字,量程指示灯等点亮,测试仪进入准备状态。

(6) 测试仪接通电源后,陀螺电动机开始运转,垂直陀螺将在被测汽车内建立起水平面,输出被测体相对于水平面的侧倾角和俯仰角。仪表的准备时间约为 5 min。当输出角度的变化量不超过±0.1°时,垂直陀螺已准备好,此时速率陀螺及加速度仪也已准备好,仪表进入工作状态。

(7) 垂直陀螺之所以能建立水平面,主要依靠表内的液体开关(敏感器件)和修正电动机(执行器件)。在无加速度存在时,液体开关感受地垂线并送出相应的电信号给修正电动机,以保持陀螺转子轴处于地垂状态。当存在加速度时,液体开关受惯性力作用,送出的将是视垂线的错误信号,因此在汽车开始加速或转弯时应将设在显控器右侧面的修正回路的开关切断。显控器的显示屏正下方安装有修正回路切断指示灯。当修正回路被切断时,指示灯点亮,提示汽车可以加速或转弯。当汽车恢复匀速直线行驶或停车时再接通此开关。指示灯关,示意陀螺转子轴正在修正恢复至地垂线方向,此时交替观测显控器的俯仰角和侧倾角。当角度变化量在±0.1°范围内时,认为陀螺转子轴重新找到地垂线,可以进行下一次试验。

(8) 为了消除车身侧倾角时对侧向加速度测量值的影响,带水准仪传感器设有"减"开关。垂直陀螺与带水准仪传感器安装在同一基座上。车身的侧倾角由垂直陀螺测得,该信号送到加速度仪解算电路中去。因此该开关处于"减"位置时,加速度仪所测得的侧向加速度值已减去 $g\sin\theta$($g$ 为重力加速度,$\theta$ 为车身侧倾角)。在带水准仪的传感器内侧面板的下方有一个 $\phi$6mm 的孔,在开关置于"减"位置时,可通过该孔调整电位计,使加速度计输出值为零。当该开关置于不减位置时,则利用重力加速度对加速度计进行检测。

4. 试验步骤

1) 双移线客观测量试验

(1) 接通仪器电源,使之预热到正常的工作温度。

(2) 驾驶人驾驶车辆以(90±2)km/h 稳定车速直线行驶以消除偏移量,在进入试验路线前进行测量参数记录,通过试验路线,离开路线后保持一段时间行驶,至少1s;测量参数记录结束。

(3) 以不同的转向操作完成 15 次以上的操作,使车辆侧向加速度均方根值覆盖 0.32~0.40$g$ 范围。

(4) 试验过程,节气门尽可能保持不变。

(5) 试验时若车辆碰到标桩,此次试验无效。

2) 双移线主观评价试验

(1) 驾驶人驾驶车辆以 60km/h 的稳定车速行驶通过试验路线。

(2) 重复(1)规定的操作,提高车速,每次增加 5km/h,直到达到车辆极限。

(3) 试验过程,节气门尽可能保持不变。

(4) 试验时若车辆碰到标桩,此次试验无效。

(5) 记录车辆通过试验路线最高车速和车辆在双移线试验中反映出的操纵稳定性,并进行打分,评分等级参照 SAE 标准。

3) 稳态回转客观测量试验

(1) 车辆以较低的稳定车速直行一段距离,然后找准转向盘的位置,切入半径为 40m 的圆周,使汽车可以沿圆周进行圆周运动。

(2) 待车辆稳定行驶大约一周后缓慢连续而均匀地加速(纵向加速度不超过 $0.25\text{m/s}^2$),这个过程中车辆不应超出车道 0.5m。

(3) 提高侧向加速度直至达到车辆附着极限,松开转向盘。

(4) 重复进行试验,至少取 3 组有效数据。

(5) 试验分左转、右转两个方向进行。

### 1.5.6 数据处理

(1) 对试验数据(双移线)进行处理,做出参数与侧向加速度均方根值的关系曲线;并在曲线上读取侧向加速度均方根值为 $0.36g$ 时各个参数的值,填入表 1-11 中。

表 1-11 双移线试验数据处理

| 参数代码 | 单位 | 参数含义 | 测量值 |
| --- | --- | --- | --- |
| P1THP | (°)/s | 侧倾角第一个峰值 | |
| P2THP | (°)/s | 侧倾角第二个峰值 | |
| P1PSIP | (°)/s | 横摆角速度的第一峰值 | |
| P1DV | (°) | 转向盘转角的第一峰值 | |
| P1AY | g | 侧向加速度的第一峰值 | |
| P2THP/P1THP | | 侧倾角速度第二峰值和第一峰值之比 | |
| P1PSIPDV | $s^{-1}$ | 横摆角速度和转向盘转角第一峰值之比 | |
| P1AYDV | g/(°) | 侧向加速度和转向盘转角第一峰值之比 | |
| TP21AY | s | 侧向加速度第一峰值和第二峰值的间隔时间 | |
| RMSBETAP | (°)/s | 侧偏角均方根值 | |
| TCVDV | s | 转向盘力矩-转向盘转角时间滞后 | |
| TDVPSIP | s | 转向盘转角-横摆角速度时间滞后 | |
| TDVAY | s | 转向盘转角-侧向加速度时间滞后 | |
| TPSIPAY | s | 横摆角速度-侧向加速度时间滞后 | |
| TAYTH | s | 侧向加速度-侧倾角时间滞后 | |
| TDVBETA | s | 转向盘转角-侧偏角时间滞后 | |
| RMSTH | (°) | 侧倾角均方根值 | |
| RMSBETA | (°) | 侧偏角均方根值 | |
| RMSDV | (°) | 转向盘转角均方根值 | |

(续)

| 参数代码 | 单位 | 参数含义 | 测量值 |
|---|---|---|---|
| RMSBETAP | (°)/s | 侧偏角速度均方根值 | |
| RMSTHP | (°)/s | 侧倾角速度均方根值 | |
| RMSPSIP | (°)/s | 横摆角速度均方根值 | |
| RMSCV | N·m | 转向盘力矩均方根值 | |
| GTHPJK | (°)/g | 侧倾角速度/侧向加速度变化率增益 | |
| GTHAY | (°)/g | 侧倾角速度/侧向加速度增益 | |
| GTHPDV [1/s] | $s^{-1}$ | 侧倾角速度/转向盘转角 | |
| GPSIPDV [1/s] | $s^{-1}$ | 横摆角速度/转向盘转角 | |
| VARKTH | (%) | 动态侧倾角梯度与稳态侧倾角梯度之差 | |

(2) 对数据(稳态回转试验)进行处理,左右转向在同一坐标系内进行;做出转向盘转角(SWA)、转向盘力矩(SWT)、侧倾角(ROLL)、侧偏角(BETA)和侧向加速度(AY)的关系曲线,并做出线性拟合曲线,如图 1.38 所示;通过计算拟合曲线及计算出的试验结果对车辆在稳态回转过程中的不足转向特性、侧偏角梯度、侧倾角梯度进行评价,以此作为车辆操纵稳定性能的评价依据,填入表 1-12 中。

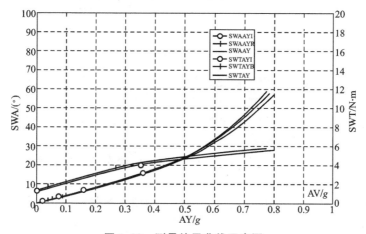

图 1.38 测量结果曲线示意图

表 1-12 稳态回转试验数据处理

| 试验名称 | 参数代码及含义 | 单位 | 测量值(示例) |
|---|---|---|---|
| 稳态回转试验 | KDVOL 不足转向梯度 | (°)/g | 42.97 |
| | KROLL 侧倾角梯度 | (°)/g | 3.41 |
| | KBETA 侧偏角梯度 | (°)/g | 2.74 |

### 1.5.7 试验报告的基本内容和要求

(1) 试验过程的详细记录。

(2) 试验数据的记录和数据处理。

(3) 在坐标纸上准确画出各拟合曲线，并分析汽车的操纵稳定性。

### 1.5.8 设计性试验

用行驶轨迹显示装置、钢卷尺等简易工具设计出测量汽车最小转弯半径的方法与步骤。

汽车最小转弯半径的相关理论概念定义如下，参照图 1.39。

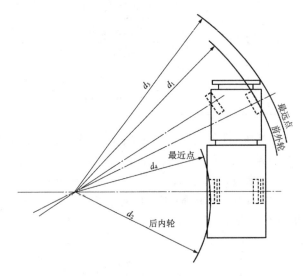

图 1.39 汽车最小转弯半径示意图

前外轮最小转弯半径 $d_1$：汽车前轮处于最大转角状态行驶时，汽车前轴离转向中心最远车轮胎面中心在地面上形成的轨迹圆半径。

后内轮最小转弯半径 $d_2$：汽车前轮处于最大转角状态行驶时，汽车后轴离转向中心最近车轮胎面中心在地面上形成的轨迹圆半径。

最远点最小转弯半径 $d_3$：汽车前轮处于最大转角状态行驶时，车体离转向中心最远点形成的轨迹圆半径。

最近点最小转弯半径 $d_4$：汽车前轮处于最大转角状态行驶时，车体离转向中心最近点形成的轨迹圆半径。

最大通道宽度 $B$：汽车最远点最小转弯半径与最近点最小转弯半径之差。

$$B = d_3 - d_4 \tag{1-34}$$

$d_1$、$d_2$、$d_3$、$d_4$ 如图 1.39 所示。

## 1.6 汽车的噪声测试

汽车产生的噪声，影响人的身心健康，并已经成为严重的社会问题。因此，汽车的噪声级检测，已成为汽车检测项目中非常重要的部分。

## 1.6.1 理论基础

为了有效地控制汽车噪声,根据我国具体情况并参照国外有关标准规定了对车内、外噪声的控制国家标准 GB 1495—2002《汽车加速行驶车外噪声限值及测量方法》,GB/T 18697—2002《声学 汽车车内噪声测量方法》。有关内容如下:

### 1. 车外最大允许噪声级

汽车加速行驶时,车外最大允许噪声级应符合表 1-13 的规定。表中所列各类机动车辆变型车或改装车(消防车除外)的加速行驶车外最大允许噪声级,应符合其基本型车辆的噪声规定。

表 1-13 汽车加速行驶车外噪声限值

| 车辆种类 | | 车外最大允许噪声级/dB(A)(不大于) | |
|---|---|---|---|
| | | 第一阶段 | 第二阶段 |
| | | 2002.10.1—2004.12.30 期间生产的汽车 | 2005.1.1 以后生产的汽车 |
| M1 | 8t≤载质量<15t | 77 | 74 |
| M2 (GVM≤3.5 t), 或 N1 (GVM≤3.5 t); GVM≤2t 2t<GVM≤3.5t | | 78 79 | 76 77 |
| M2 (3.5t<GVM≤5t) 或 M3 (GVM>5t); $P<150kW$ $P≥150kW$ | | 82 85 | 80 83 |
| N2 (3.5t<GVM≤12t) 或 N3 (GVM>12t); $P<75kW$ $75kW≤P<150kW$ $P≥150kW$ | | 83 86 88 | 81 83 84 |

说明:

M1,M2 (GVM≤3.5t) 和 N1 类汽车装用直喷式柴油机时,其限值增加 1dB(A)。

对于越野汽车,其 2t<GVM 时,如果 $P<150kW$,其限值增加 1dB(A);如果 $P≥150kW$,其限值增加 2dB(A)。

M1 类汽车,若其变速器前进挡多于四个,$P>140kW$,$P/GVM$ 之比大于 75kW/t,并且用第三挡测试时其尾端出线的速度大于 61km/h,其限值增加 1dB(A)。

### 2. 车内最大允许噪声级

客车车内最大噪声级不大于 82dB(A)。

### 3. 喇叭允许噪声级

城市用机动车喇叭噪声级在距车前 2m、离地面高 1.2m 处应为 90~115dB(A)。

### 4. 汽车驾驶人耳旁噪声声级

汽车驾驶人耳旁噪声声级,在车辆处于静止状态且变速器置于空挡,发动机处于额定转速状态时应不大于90dB(A)。

### 1.6.2 试验目的及要求

(1) 掌握测定汽车噪声级的各相关仪器的使用方法。

(2) 测定车外和车内的噪声级。

### 1.6.3 试验所用的主要仪器和设备

声级计,如图1.40所示。

### 1.6.4 试验设备的工作原理

声级计是一种能把各种噪声按人耳听觉特性近似地测定其噪声级的仪器。它包括传声器、放大器、计权网络、衰减器、检波器和指示电表等几个部分,其框图如图1.41所示。

图1.40 声级计

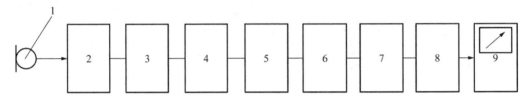

图1.41 声级计组成框图

1—传声器;2—前置放大器;3—输入衰减器;4—输入放大器;5—计权网络;
6—输出衰减器;7—输出放大器;8—检波器;9—指示电表

(1) 传声器:把声压信号转变为电信号的装置,也称话筒,是声级计的传感器。常见的传声器有晶体式、驻极体式、动圈式和电容式等多种。

(2) 放大器和衰减器:一般在放大电路中采用两级放大器,即输入放大器和输出放大器,其作用是将微弱的电信号放大。输入衰减器和输出衰减器是用来改变输入信号的衰减量和输出信号衰减量的,以便使表头指针指在适当的位置,其每一挡的衰减量为10dB。输入和输出两个衰减器的刻度盘常做成不同颜色。

(3) 计权网络:为了模拟人耳听觉在不同频率有不同的灵敏性,在声级计内设有一种能模拟人耳的听觉特性,把电信号修正为与听感近似值的网络,这种网络叫计权网络。通过计权网络测得的声压级称为噪声级或计权声级。

声级计一般设有A、B、C 3种计权网络,其显示读数通常称为声级,单位仍用dB,但要标明所用的计权网络名称,如85dB(A)声级为85dB,且使用A计权网络。3种计权网最常用的是A计权,B次之,C最少。A计权声级模拟人耳对55dB以下低强度噪声的频率特性,B计权声级模拟55~85dB的中等强度噪声的频率特性,C计权声级模拟高强度噪声的频率特性。

(4) 检波器和指示电表:检波器是为了把经放大的信号通过表头显示出来而设置的,它能把迅速变化的电压信号转变成变化较慢的直流电压信号。这个直流电压的大小要正比于输入信号的大小。检波器在多数噪声测量中采用均方根值式的,它能对交流信号进行平方、平均和开方,得出电压的均方根值,最后将均方根电压信号输送到指示电表。

声级计表头阻尼一般都有"快"和"慢"两挡。"快"挡的平均时间为0.27s,很接近于人耳听觉器官的生理平均时间;"慢"挡的平均时间为1.05s。当对稳态噪声进行测量,或需要记录声级变化过程时,使用"快"挡较为适合。如被测噪声起伏变化比较大应用"慢"挡测量其平均值。在用"慢"挡测量时,应注意有一定的观察时间,以保证能近似读出平均值。

### 1.6.5 试验方法和步骤

**1. 车外噪声的测量**

汽车车外噪声应采用精密声级计或普通声级计来测量。

1)测量条件

(1)测量场地应平坦空旷,在测试中心以25m为半径的范围内,不应有大的反射物,如建筑物、围墙。

(2)测试场地跑道应有20m以上的平直、干燥的沥青路面或混凝土路面。路面坡度不超过0.5%。

(3)周围环境噪声(本底噪声)至少要比所测车辆低10dB。

(4)为了避免风噪声干扰,可采用防风罩,但应注意防风罩对声级计灵敏度的影响。

(5)声级计附近除测量者外,不应有其他人员,如不可缺少时,则必须在测量者背后。

(6)被测车辆空载。测量时发动机应处于正常使用温度。如车辆带有的其他辅助设备也是噪声源,测量时是否开动,应按正常使用状况而定。

测量场地及测点位置示意图如图1.42所示。

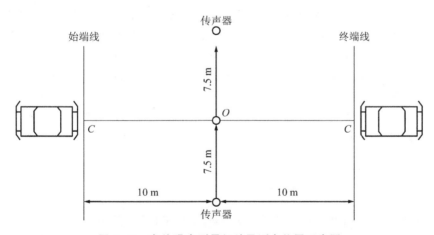

图1.42 车外噪声测量场地及测点位置示意图

测试传声器位于20m跑道中心点$O$两侧,各距中线7.5m,距地面高度1.2m,用三角架固定,传声器平行于路面,其轴线垂直于车辆行驶方向。

2)加速行驶车外噪声测量方法

为了保证测量结果的可比性和重复性,要求各种车辆到达始端线的挡位和车速遵循下列规定。

(1) 无变速挡位车辆：以发动机额定功率时转速的 3/4 稳定到达始端线。

(2) 手动变速器的车辆：4 挡和 4 挡以下的车辆使用 2 挡，4 挡以上的车辆使用 3 挡。车辆到达始端线的速度为相当于发动机额定功率转速 3/4 的速度。如果此时车速超过了 50km/h，那么车辆应以 50km/h 的速度稳定地到达始端线。

从车辆前端到达始端线开始，立即将加速踏板踩到底或将节气门全开，直线加速行驶，当车辆后端到达终端线时，立即停止加速。车辆后端不包括拖车及拖车连接的部分。这时声级计用 A 计权网络、"快"挡进行测量，读取车辆驶过时声级计表头最大读数。

同样的测量往返进行 1 次。车辆同侧两次测量结果之差不应大于 2dB。每侧两次声级的平均值中最大值作为被测车辆的最大噪声级。如果只用一个声级计测量，同样的测量应进行 4 次，即每侧测量 2 次。

3) 匀速行驶车外噪声测量方法

决定加速最大噪声的主要噪声源是排气噪声和发动机噪声，经常使用的另一种测试车外噪声的方法是匀速驶噪声测量法。这种方法的场地和环境要求与加速测量方法相同。

测量时，车辆用常用挡，保持加速踏板稳定，以 50km/h 的车速匀速通过测量区域，声级计用 A 计权网络、"快"挡进行测量，读取车辆驶过时声级计表头的最大读数。同样测量往返进行 1 次，车辆同侧两次测量结果之差不得大于 2dB。如果只用一个声级计测量，同样的测量应进行 4 次，即每侧需测 2 次。

这种测试方法广泛用于确定车辆的噪声特性。车辆匀速行驶噪声与排气噪声、发动机噪声、传动系统噪声、车体噪声及轮胎噪声有关。

2. 车内噪声的测量

1) 测量条件

测量车内噪声时，要求测量跑道应是平直干燥的沥青路面或水泥路面，并应具有足够的试验长度；测量时风速应不大于 3m/s，车辆门窗关闭，车内本底噪声应比所测车内噪声低 10dB 以上，并注意不被偶然的其他噪声源所干扰；如果车内带有的其他设备是噪声源，测量时是否开动，应按正常使用情况而定；车内除驾驶人和测量人员外，不应有其他人员。

2) 车内噪声测点位置

测量车内噪声时通常根据 ISO 5128 及 JASOZ 111 等规定的位置进行设置（乘坐时人耳的位置），传声器朝车辆前进方向，具体位置如图 1.43 所示。

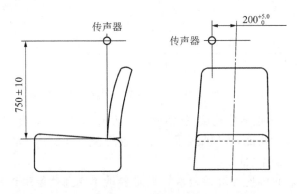

图 1.43 驾驶室车内噪声测点位置示意图

测量客车室内噪声,测点可选在车厢中部及最后排座位中间的位置,传声器高度如图 1.43 所示。

3) 测量方法

在平直光滑的硬路面上,变速器处于最高挡位,从 60km/h 或最高车速的 40%(取两者较小值)到 120km/h 或者最高车速的 80%(取两者较小值)范围内,至少以等间隔的 5 种车速进行 A 声级测量;对于自动挡车辆选择合适的挡位;重复测量 3 次。

**3. 汽车喇叭噪声的测量**

城市用机动车喇叭声级的检测点设置如图 1.44 所示。检测时应注意不被偶然的其他声源峰值所干扰。检测次数宜在 2 次以上,并监听喇叭声音是否悦耳。

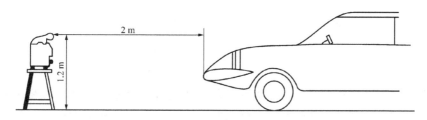

图 1.44 城市用机动车喇叭声级的检测点设置

### 1.6.6 试验报告的基本内容和要求

(1) 详细记录试验过程。
(2) 处理试验记录的数据。
(3) 试验数据分析。
(4) 写出噪声测量所需的基本设备和测量方法。

## 1.7 汽车排放测试

### 1.7.1 理论基础

汽车所排放的污染物主要有一氧化碳(CO)、碳氢化合物(HC 化合物)、氮氧化合物($NO_x$)、微粒(由炭烟、铅氧化物等重金属氧化物和烟灰等组成)和硫化物等。污染物的排放途径为汽车发动机排气管、曲轴箱和燃油供给系统,分别称为排气污染物、曲轴箱污染物和燃油蒸发污染物。

**1. 一氧化碳**

一氧化碳是燃料不完全燃烧的产物,当发动机混合气过浓或燃烧质量不佳时,易生成 CO 而从发动机排气管排出。发动机处于急速状态时,混合气供给偏浓,发动机工作循环中的气体压力和温度不高,燃烧速度减慢,因不完全燃烧所生成的 CO 浓度体积分数增高。发动机在加速过程中供给较浓混合气,或因点火过分推迟补燃增多时,也会使 CO 的排放量增加。

### 2. 碳氢化合物

废气中的碳氢化合物（HC化合物）是发动机未燃尽的燃油分解所产生的气体，其中，20%～25%来自曲轴箱窜气，20%来自化油器和燃油箱中燃油的蒸发，其余则由发动机排气管排出。发动机冷起动或怠速工况下混合气较浓，且燃烧温度过低或化油器雾化不良时，发动机排出的废气中的碳氢化合物含量增加。

### 3. 氮氧化合物

氮氧化合物（$NO_x$）是空气中的 $N_2$ 与 $O_2$ 在高温高压条件下反应而生成的。汽车发动机所排出废气中的 $NO_x$ 主要由 NO 和 $NO_2$ 构成。汽油机排出的氮氧化物中，NO 占 99%，而柴油机排出的氮氧化物中 $NO_2$ 的比例稍大。发动机的负荷和压缩比越高，其燃烧温度越高，燃烧终了气缸内的压力越高，生成 $NO_x$ 的条件也越充分。

### 4. 微粒

汽油机排出的浮游微粒主要有：铅化物、硫酸盐、低分子物质。当汽油机使用含铅汽油时，燃烧废气中将会有含铅化合物以微粒状形式从排气管排出；柴油机排出的微粒比汽油机多 30～60 倍，主要为含碳物质（炭烟）和高分子量有机物（润滑油的氧化和裂解产物）。炭烟是柴油发动机燃烧不完全的产物，主要由直径为 0.1～1.0μm 的多孔性炭粒构成。当汽车起动、加速、上坡时，由于混合气过浓，炭烟排放量增加；或者柴油喷雾质量不高、雾化不良时，也会增大炭烟的排放量。

### 5. 硫化物

发动机排出的硫化物主要为 $SO_2$，由所用燃油中含有的硫与空气中的氧反应而生成。

根据排放标准，汽油车在发动机怠速工况下，应检测所排放废气中的 CO 和 HC 化合物含量，所使用的检测设备有机动车排气分析仪、氢火焰离子型分析仪、化学发光分析仪等。根据 GB 18285—2005《点燃式发动机汽车排气污染物排放限值及测量方法（双怠速法及简易工况法）》，可用机动车排气分析仪对机动车排气污染物进行检测。

GB 3847—2005《车用压燃式发动机和压燃式发动机汽车排气烟度排放限值及测量方法》作为排放性能检测的依据，其排气烟度排放控制要求如下：

1) 对于标准实施后生产的在用汽车

自标准实施之日起，按标准规定经型式核准批准车型生产的在用汽车，应按要求进行自由加速试验，所测得的排气光吸收系数不应大于车型核准批准的自由加速排气烟度排放限值，再加 $0.5m^{-1}$。

2) 对于 2001 年 10 月 1 日起生产的在用汽车

自 2001 年 10 月 1 日起至标准实施之日生产的汽车，应按本国家标准要求进行自由加速试验，所测得的排气光吸收系数不应大于以下数值：自然吸气式为 $2.5m^{-1}$；涡轮增压式为 $3.0m^{-1}$。

3) 对于 2001 年 10 月 1 日前生产的在用汽车

(1) 自 1995 年 7 月 1 日起至 2001 年 9 月 30 日期间生产的在用汽车，应按本国家标准要求进行自由加速试验，所测得的烟度值应不大于 4.5Rb。

(2) 自 1995 年 6 月 30 日以前生产的在用汽车，应按本国家标准要求进行自由加速试验，所测得的烟度值应不大于 5.0Rb。

GB 18285—2005《点燃式发动机汽车排气污染物排放限值及测量方法(双怠速法及简易工况法)》规定了排气污染物排放限值。装用点燃式发动机的新生产汽车，型式核准和生产一致性检查的排气污染物排放限值见表 1-14。装用点燃式发动机的在用汽车，排气污染物排放限值见表 1-15。

表 1-14 新生产汽车排气污染物排放限值(体积分数)

| 车型 | 类别 | | | |
|---|---|---|---|---|
| | 怠速 | | 高怠速 | |
| | CO(%) | HC($\times 10^{-6}$) | CO(%) | HC($\times 10^{-6}$) |
| 2005 年 7 月 1 日起生产的第一类轻型汽车 | 0.5 | 100 | 0.3 | 100 |
| 2005 年 7 月 1 日起新生产的第二类轻型汽车 | 0.8 | 150 | 0.5 | 150 |
| 2005 年 7 月 1 起新生产的重型汽车 | 1.0 | 200 | 0.7 | 200 |

表 1-15 在用汽车排气污染物排放限值(体积分数)

| 车型 | 类别 | | | |
|---|---|---|---|---|
| | 怠速 | | 高怠速 | |
| | CO(%) | HC($\times 10^{-6}$) | CO(%) | HC($\times 10^{-6}$) |
| 1995 年 7 月 1 日前生产的轻型汽车 | 4.5 | 1200 | 3.0 | 900 |
| 1995 年 7 月 1 日起生产的轻型汽车 | 4.5 | 900 | 3.0 | 900 |
| 2000 年 7 月 1 日起生产的第一类轻型汽车 | 0.8 | 150 | 0.3 | 100 |
| 2001 年 10 月 1 日起生产的第二类轻型汽车 | 1.0 | 200 | 0.5 | 150 |
| 1995 年 7 月 1 日前生产的重型汽车 | 5.0 | 2000 | 3.5 | 1200 |
| 1995 年 7 月 1 日起生产的重型汽车 | 4.5 | 1200 | 3.0 | 900 |
| 2004 年 9 月 1 日起生产的重型汽车 | 1.5 | 250 | 0.7 | 200 |

### 1.7.2 试验目的及要求

(1) 掌握汽车排放和国家排放法规的相关知识。
(2) 掌握机动车排气分析仪和不透光烟度计检测的基本原理。
(3) 掌握机动车排气分析仪和不透光烟度计的使用方法。
(4) 对检测结果能做出正确的解释和合理的评价。

### 1.7.3 试验所用的主要仪器和设备

MQW-50A 型机动车排气分析仪，MQY-200 不透光烟度计，ML-100 排气流量分析仪。

### 1.7.4　试验设备的工作原理

**1. MQW-50A型机动车排气分析仪基本原理**

MQW-50A型机动车排气分析仪主要包含仪器总体、冷凝器组件、粉尘过滤组件和探头组件。

MQW-50A型机动车排气分析仪的仪器总体及面板如图1.45所示。其基本工作条件为：环境温度：0～40℃；相对湿度：≤90%；大气压力：86.0～106.0kPa；电源电压：AC(220±22)V。图1.45中前面板4个按键，分别为：确认(F)、菜单(M)、向下键和向右键。仪器的测量范围为：(CO)0.00～15.00，($CO_2$)0.00～18.00，(HC)0～9999，($O_2$)0.00～25.00，(NO)0～5000。

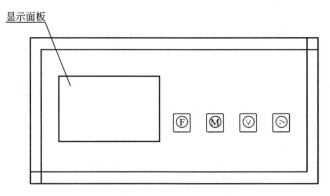

图1.45　MQW-50A型机动车排气分仪仪器总体及面板示意图

冷凝器如图1.46所示，其外部通过管路连接到采样枪，内部有上下两条管路。上管路的作用是抽气，下管路的作用是作为反吹的通道。

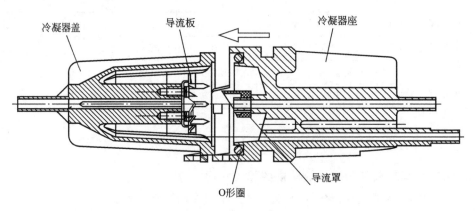

图1.46　冷凝器

粉尘过滤器的组成如图1.47所示。

**2. 不透光烟度计的测量原理**

当将一束光穿过密度和温度一致的气体时，由于光被气体吸收和散射，使其亮度衰减。不透光度计就是利用这一原理，使调制光束通过一段给定长度的排烟，通过测量排烟

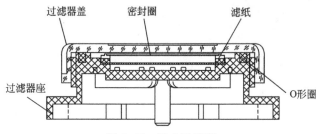

图 1.47　粉尘过滤器

对光的吸收程度来决定排烟对环境的污染程度。

如图 1.48 所示，MQY-200 型不透光烟度计主要由上位机、下位机、取样管和通信电缆等组成。下位机主要是对机动车排放的烟气进行连续测量，动态反映排气污染物的变化，并且把测量结果传给显示部分进行显示，如图 1.49 所示。图 1.50 为上位机面板示意图，左侧为液晶显示面板，右侧为控制按键，烟度计的各种功能都由该部分控制。MQY-200 型不透光烟度计的测量原理如图 1.51 所示。

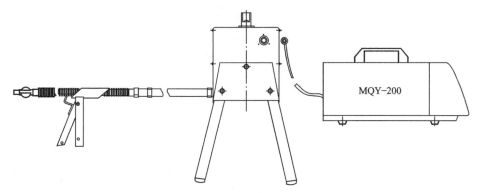

图 1.48　不透光烟度计总成

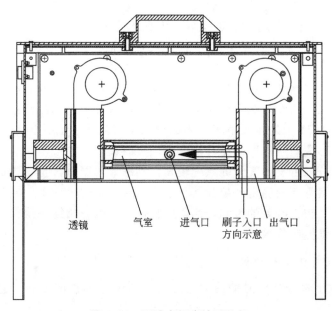

图 1.49　不透光烟度计下位机

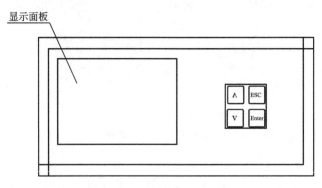

图 1.50 上位机面板示意图

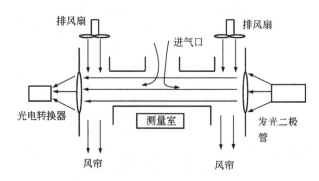

图 1.51 不透光烟度计的测量原理

MQY-200 型不透光烟度计下位机的测量室是一根分为左右两半边部分的圆管,被测排气从中间的进气口进入,分别穿过左圆管和右圆管,从左出口和右出口排出。左右两侧装有两个凸透镜,右端装有绿色发光二极管,左端装有光电转换器,发光二极管至右透镜及光电转换器至左透镜的光程都等于透镜的焦距。因此,发光二极管发出的光通过右透镜后就成为一束平行光,再通过左透镜后,汇聚于光电转换器上,并转换成电信号。排气中含烟越多,平行光穿过测量室时光能衰减就越大,经光电转换器转换的电信号就越弱。

排气中夹带着许多烟炱微粒,如果让排烟直接接触左右透镜的表面,烟炱微粒将会沉积在上面,吸收光能,从而影响测量结果。为使光学系统免遭烟的污染,仪器采用了空气气幕保护技术。图 1.51 中的排风扇将外界的清洁空气吹入左右透镜与测量室出口之间的通道,使透镜表面形成"风帘"避免其沾染上烟炱微粒。

排气中含有水分。由于排气管的温度较高,刚进入仪器时,排气中的水分仍保持在气态。如果一起测量室管壁的温度,要比排气温度低很多,排气中的水蒸气就要冷凝成雾,影响测量结果。为了防止冷凝的影响,测量室管壁的温度应始终保持在 75℃ 左右,为此测量室装有加热及恒温控制装置。

3. ML-100 排气流量分析仪

ML-100 排气流量分析仪是简易瞬态工况法所特有的检测设备。它的基本外形结构如图 1.52 所示。

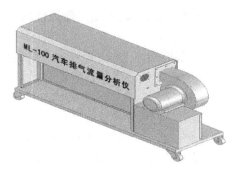

图 1.52　气体流量分析仪外形结构

排气流量分析仪在系统的安装位置参照图 1.53 所示的尾气排放策略系统的基本组成。

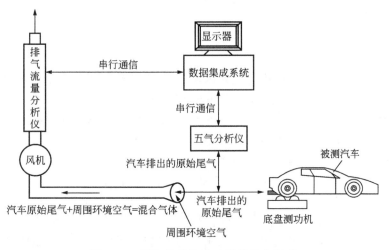

图 1.53　尾气排放策略系统的基本组成

排气流量分析仪由进气管、抽风机、流量测量管、扰流杆、超声波传感器、温度传感器、氧化锆氧传感器、压力传感器、排气管等组成，如图 1.54 所示。

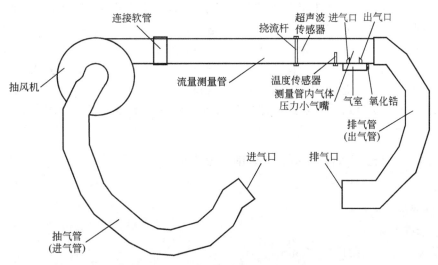

图 1.54　气体流量分析仪基本组成

进气管是汽车排放出来全部尾气(除去进入尾气分析仪的气体)和空气混合气进入流量测管的进气管道。抽风机用来抽取汽车排放出来全部尾气(除去进入尾气分析仪的气体)和空气混合气,使汽车排放出来的气体(除去进入尾气分析仪的气体)全部进入流量测量管内。流量测量管道内装有扰流杆、超声波传感器、温度传感器、压力传感器、氧化锆氧传感器,是汽车排出的全部尾气(除去进入尾气分析仪的气体)和空气混合气的测量管道。扰流杆是流量测量的重要主件之一,是流量测量的重要组成部分,是产生涡街旋涡的重要零件。超声波传感器是流量测量传感器,流量信号就是依靠超声波传感器获得的。温度传感器是汽车排出的全部尾气(除去进入尾气分析仪的气体)和空气混合气的温度测量传感器。氧化锆氧传感器是汽车排出的全部尾气(除去进入尾气分析仪的气体)和空气混合气的氧浓度测量传感器。压力传感器是汽车排出的全部尾气(除去进入尾气分析仪的气体)和空气混合气的压力测量传感器。排气管是汽车排出的全部尾气(除去进入尾气分析仪的气体)和空气混合气的排出管道。

### 1.7.5 气体流量分析仪使用基本方法

(1) 打开风机电源,让风机进行预热 5min,等风机流量基本稳定后再进行测量(注意:风机未开时不得将流量分析仪的进气口套在被测车辆排气口上,以防被测车辆排出废气里的水蒸气在无环境空气混合的情况下,凝结在流量测量管里,损坏流量分析仪的各种传感器)。

(2) 打开流量计测量部件电源,让仪器测量部件预热 5min(注意:仪器在预热过程中不得将流量分析仪的进气口套在被测车辆排气口上,在仪器附近也不要停放发动机起动的汽车,以防车辆排出废气进入流量分析仪测量管道,影响仪器调零)。

(3) 仪器预热完毕后,通过仪器的串行通信口发送仪器调零命令,使仪器进行调零(注意:仪器在调零过程中不得将流量分析仪的进气口套在被测车辆排气口上,在仪器附近也不要停放发动机起动汽车,以防车辆排出废气进入流量分析仪测量管道,影响仪器调零,致使仪器测量不准)。

(4) 如图 1.53 所示,将流量分析仪的进风口套在被测车辆废气排放管道上,让被测车辆排出的全部气体(除去进入尾气分析仪的气体)和空气混合气进入进气管里[注意:被测车辆为双排气管时,应将流量分析仪的两个进气口分别套在被测车辆的两个排气口上,让被测车辆两个排气口排出的气体全部(除去进入尾气分析仪的气体)进入流量分析仪;被测车辆为单排气管时,应将流量分析仪两个进气口中的一个套在被测车辆的排气口上,让被车辆排气口排出的气体全部(除去进入尾气分析仪的气体)进入流量分析仪,另外一个进气口用塞子塞住,不让别的废气进入流量分析仪]。

(5) 通过仪器串行通信口发送仪器取数命令,获取流量分析仪实时测量的各种流量参数值。

### 1.7.6 双怠速法测量点燃式发动机汽车排气污染物排放

1) 准备工作
(1) 仪器的准备:
① 用标准气样校准:
a. 接通电源,仪器预热 30min。
b. 按标准气体的浓度把量程切换开关置于要校正的量程。

c. 取下水分离器，导入新鲜空气。
d. 指针稳定后，旋转零位旋钮将指针调零。
e. 关掉分析仪上的泵开关。
f. 将标准气瓶嘴插入标准气入口并压紧，直到指针稳定。
g. 旋转量距旋钮，使CO分析仪指针与标准气瓶所标明的浓度相符，使HC化合物分析仪指针与换算出的正己烷浓度相符（标准气样为丙烷），换算方法如下：

$$正己烷换算浓度＝标准气样（丙烷）浓度×换算系数$$

换算系数是分析仪的给出值，常标在分析仪右侧，一般为0.472～0.578。每台分析仪的换算系数不相同。

② 简易校正：通简易校正开关，对于有标准刻度线的仪器，可用标准调整旋钮把仪表指针调到正对标准刻度线位置；对于没有标准刻度线的仪器，要在标准气样校正后立即进行简易校正，使仪表指针与标准气样校正后的指示值重合。

③ 清洁取样探头和取样导管：把取样探头和取样导管安装到分析仪上，检查取样探头和导管内是否残留有HC气体。若管内壁吸附残留HC气体很多，仪表指针大大超过零点以上时，要用压缩空气或布条清洁取样探头和导管。

(2) 车辆的准备：
① 进气系统应装有空气滤清器，排气系统应装有排气消声器，并不得有泄漏。
② 取样探头插入排气管深度应不小于400mm，否则排气管应接管加长，但须保证接口处不漏气。
③ 发动机冷却液和润滑油温度应达到规定热状态。
④ 按规定调整怠速和点火正时。

2) 检测方法
(1) 发动机从怠速状态加速至70%额定转速。
(2) 运行30s后降至高怠速状态：轻型汽车高怠速规定为(2500±100)r/min，重型汽车高怠速转速规定为(1800±100)r/min，有特殊规定的按制造厂技术文件执行。稳定后将取样探头插入排气管中深度不少于400mm，维持15s后读取30s内的平均值即为高怠速污染物测量结果，对于使用闭环控制电子燃油喷射系统和三元催化的车辆还应同时采集过量空气系数$\lambda$。
(3) 降至怠速状态15s后读取30s内平均值即为怠速污染物测量结果。
(4) 车辆驶离测功机，检测结束。

3) 注意事项
(1) 测试结束后，应立即从排气管中取出取样探头。
(2) 取样探头导管不能弯曲，不要把取样探头放在地上，取样探头不用时应垂直吊放。
(3) 连续测试时，从排气管取出取样探头，仪表指针回零后，才能进行下一部车的测试。
(4) 测试时，应注意检测场所的通风换气情况。

### 1.7.7 汽车自由加速烟度检测

1) 试验条件
(1) 试验在静止的汽车上进行，应首先通过道路行驶或动态试验，使发动机进入正常工作状态,并应在此热机过程完成之后尽快进行试验。

(2) 试验前不应长时间怠速,以免燃烧室温度降低或积污。

(3) 试验采用符合国家标准的商品燃料。

2) 汽车准备

(1) 进气系统应装有空气滤清器,排气系统应装有消声器,并且不得有泄漏。

(2) 排气管应能够保证取样探头插入深度不小于300mm,否则,排气管应接管加长,并保证接口不漏气。

(3) 必须使用生产厂规定的柴油机润滑油和未加消烟剂的柴油。

(4) 柴油机应预热至规定的热状态。

3) 测量方法

(1) 将不透光烟度计的下位机及取样探头放于清洁空气的环境下,使仪器自动校准。

(2) 校准完成后,操作员先将车辆加速踏板连续踩下2~3次,使发动机内的烟炱全部排出,以便测量准确;再将不透光烟度计的下位机放于汽车排气管附近;然后将取样管插入汽车的排气管,使汽车发动机转速保持在怠速状态,使仪器检测汽车汽车怠速时的排烟状态。

(3) 怠速状态检测完成后,按仪器的"确定"键,仪器将提示"请加速",见此提示后,迅速踩下车辆加速踏板,使发动机急剧加速至最高额定转速,并保持该转速,直至屏幕提示出现"请减速"为止,然后立即松开加速踏板,使发动机恢复至怠速状态。在踩下加速踏板后发动机的排烟将会急剧增加,仪器一旦检测到排烟的光吸收系数 $K$ 超过启动域值,就会开始连续采集数据。当松开加速踏板后,排烟将迅速减少,当光吸收系数 $K$ 下降至停止域值或采样时间超过5s时,仪器将自动停止采样,转入数据处理程序,从采样数据中找出最大值,作为本次的测量结果。

(4) 重复测试3~6次,仪器保存3~6次的测量数据,并显示这3~6个光吸收系数峰值。按照GB 3847—2005的规定,自由加速度试验至少应重复3次,如果光吸收系数示值连续3次均在 $0.25m^{-1}$ 的带宽内,并且没有连续下降趋势,则将这3次示值的算术平均值作为测量结果。

(5) 试验结束后,将结果打印或保存。

(6) 测量结束,及时关闭电源。

### 1.7.8 试验报告的基本内容和要求

(1) 详细记录检测过程中的数据。

(2) 对记录的数据进行处理,并对汽车的排放做出正确的判断。

(3) 掌握汽车排放与检测的相关知识,讨论检测结果与课程理论中的一致性和差别,分析差异产生的原因。

### 1.7.9 设计性试验

以点燃式发动机汽车双怠速时汽车尾气排放检测和汽车自由加速时烟度检测的方法为基础,设计出汽车在循环工况下排气污染物检测方法和步骤,并进行检测。

## 1.8 汽车外形、风阻及测试

### 1.8.1 理论基础

汽车在行驶中由于受到空气的作用,围绕着汽车重心同时产生纵向、侧向和垂直等3个方向的空气动力量,对高速行驶的汽车都会产生不同的影响,其中纵向空气动力量最大,占整体空气作用力的80%以上,因此,将汽车直线行驶时受到的空气作用力在行驶方向上的分力称为空气阻力。如果空气阻力占汽车行驶阻力的比率很大,会增加汽车燃油消耗量或严重影响汽车的动力性能。据测试,一辆以100km/h速度行驶的汽车,发动机输出功率的80%将被用来克服空气阻力,因此减少空气阻力就能有效地改善汽车行驶的经济性。

在汽车行驶范围内,空气阻力的数值通常都描述成与气流相对速度的动压力 $\frac{1}{2}\rho u_r^2$ 成正比的形式,即

$$F_W = \frac{1}{2} C_D A \rho u_r^2 \tag{1-35}$$

式中,$C_D$ 为空气阻力系数;$\rho$ 为空气密度(kg/m³);$A$ 为迎风面积,即汽车行驶方向的投影面积(m²);$u_r$ 为相对速度,在无风时即汽车的行驶速度(m/s)。

式(1-35)表明,空气阻力是与 $C_D$ 及 $A$ 值成正比的。$A$ 值受到乘坐使用空间的限制不易进一步减少,所以降低 $C_D$ 值是降低空气阻力的主要手段。据试验表明,空气阻力系数每降低10%,燃油节省7%左右。曾有人对两种相同质量、相同尺寸,但具有不同空气阻力系数(分别是0.44和0.25)的轿车进行比较,以88km/h的速度行驶了100km,燃油消耗后者比前者节约了1.7L。考察轿车车身的发展史,从20世纪初的福特T型箱式车身到30年代中型的甲虫型车身,从甲虫型车身到50年代的船型车身,从船型车身到80年代的楔型车身,直到今天的轿车车身模式,每一种车身外形的出现,都不是某一时期单纯的工业设计的产物,而是伴随着现代空气动力学技术的进步而发展的。空气阻力系数在过去的轿车手册中从未出现过,今天则是介绍轿车的常用术语之一,成为人们十分关注的一种参数了,现在的轿车空气阻力系数一般在0.28~0.4。

**1. 风洞的特性及空气阻力系数**

即使两个风洞测试的是相同的模型车并且使用相同的测试方法,它们的空气阻力系数也不会完全相同。差异主要体现在试验区内气流的特点上,而且这种差异从一定程度上来说是无法避免的。此外,可能影响空气阻力系数的因素还包括标准流速试管的位置,平衡装置衬垫的安装方式,地板以及外部风力的强度。

**2. 试验车条件与空气阻力系数之间的关系**

通常,同一辆车的不同模型车的空气阻力系数是不一样的。
(1) 车身越新,空气阻力系数越小。
(2) 一定范围内,车前部倾斜角度越大,车的空气阻力系数就越小。

(3) 车外部灰尘较多则空气阻力系数较大。

(4) 如果车的前排有乘客,则该车的空气阻力系数较大。

(5) 一辆车吸收的发动机冷却气体及流通空气的量越多,空气阻力系数越大。

### 1.8.2 试验目的及要求

(1) 了解空气阻力对燃油经济性的影响。

(2) 了解汽车风洞试验的原理及作用。

### 1.8.3 试验所用的主要仪器和设备原理

(1) 整车空气动力学风洞。

(2) 平衡装置。平衡装置是测量风洞中空气动力的必要工具,一般安装在试验区内。汽车风洞中的平衡装置分为四轮型和用于模型风洞的支撑杆型。前者主要用于对实物车的测试,但是由于四轮的负载量相对来说比较容易测量,因此有时模型风洞中也会应用这种装置。四轮型平衡装置适用于不同尺寸(包括轴距和轮距)的汽车,支撑杆型平衡装置的使用范围较小,使用时间也较短。

### 1.8.4 试验设备及试验方法

#### 1. 风洞试验介绍

空气阻力系数值是由风洞试验测试得出来的,由于实车风洞投资巨大,通常是采用缩小的汽车模型在小风洞中进行试验,如图 1.55 所示。

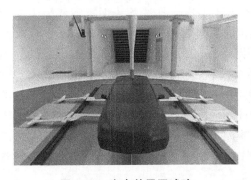

图 1.55 汽车的风洞试验

风洞是一种专门设计的空气试验装置,它用动力装置在其试验段内造成可调节速度的气流,以进行各种类型的空气动力学试验研究。试验时用支架把模型固定在试验段中,当气流吹过模型时,作用在模型上的气动力通过与支架相连的测力机构传给测量仪器,从而获得模型在各种状态下的气动力,根据相似理论则可推算出与模型相对应的原型物在空气中运动时受到的气动力。因此,要求模型与原型物几何相似且空气动力学相似。所谓几何相似就是要求缩小的模型与真实汽车完全相似;空气动力学相似是指模型在风洞中试验时,与汽车实际行驶情况下的雷诺数应相等,即

$$R_e = \frac{u_a l_a \rho_a}{\mu_a} = \frac{u_m l_m \rho_m}{\mu_m} \qquad (1-36)$$

式中,$l_a$ 和 $l_m$ 分别为汽车和模型的长度(m);$u_a$ 和 $u_m$ 分别为汽车行驶速度和风洞中空气的速度(m/s);$\rho_a$ 和 $\rho_m$ 为大气和风洞中空气的密度;$\mu_a$ 和 $\mu_m$ 分别为大气和风洞中空气的黏滞系数。

对于整车空气动力学风洞,要求其尽量准确地模拟运动车辆周围的空气动力学场,而且至少能完成下列试验工作:

(1) 测量汽车上所受到的气动力和力矩,通常通过六分量测量天平来完成。

(2) 显示汽车外部和内部的空气流动状况(流谱),测量车身表面给定点或流场中其他一些点上的压力,以及实施为了解流场的其他辅助测量工作。

汽车风洞的基本结构形式有开式风洞和闭式回路风洞两种。开式又称直流式,它直接从大气中吸进空气,然后再排到大气中去。闭式又称回流式,它有连续的空气回路,气流通过试验段后,经过迂回路线再循环返回到进气口。

开式风洞要求风扇电动机提供全部所需功率,而闭式风洞空气流的一部分动能得到回收,风扇电动机只需补充回路中损失掉的那部分能量,因此风洞效率较高。风洞效率即收缩段出口功率与风扇功率之比:

$$\eta = \left(\frac{1}{2}\rho V^3 A\right)/P \qquad (1-37)$$

式中,$A$ 为收缩段出口面积($m^2$);$V$ 为出口风速($m/s$),闭式风洞的 $V$ 值常可大于1;$P$ 为风扇功率(W)。

此外,与开式风洞相比,闭式风洞还有不受外界环境和气候影响等优点。但由于建造这种风洞投资巨大且需要对循环空气进行冷却而又使总的风洞效率有所下降,因此造价相对较低且气流无需冷却的开式汽车风洞仍有不少的应用。

试验段是风洞的核心部位,试验对象、模拟实际适用条件的一些装置、测量仪器及其传感部分和观察控制室等都设置在这里。试验段也可以分为开式、闭式等类型。闭式试验段是完全封闭的,通常直流式风洞的试验段只能做成闭式。回流式风洞可以采用开式或半开式(如两端封闭、上部开顶)试验段。在闭式试验段中,气流与洞壁四周接触,而在开式试验段中气流则与大量的静态空气接触。因此对截面尺寸相同的试验段而言,开式试验段能够比较好地模拟试验汽车周围的流场,从而获得较为准确的试验结果。

2. 试验方法

(1) 对于路面障隙相对较大的车型(如客车、大型车),可以在车轮及道路都处于静止固定状态的时候进行测量(试验法);但是,由于路面障隙和汽车摆放方式对空气动力的影响很小,因此将试验车安装到平衡装置上时要十分注意,以确保车的状态与行驶中的状态相似。

首先找到能使汽车下拉力达到最大值的路面障隙,而后在一个能最大限度地使汽车保持在行驶状态的环境下对障隙进行测量。这种测量方法可以得到更精确的数据。

(2) 对于路面障隙相对较小的汽车(如赛车等),若要相对准确地确定它们的空气动力特点,就要让车轮在一个类似路面的表面上移动一段距离(即驱动带法)。还有一种镜像法,如图1.56和图1.57所示,是将两个外形相同的车模型沿相反的方向安装在风洞中心轴的两侧。

(3) 对于大型车辆,通常用成比例的模型车来测量整车的空气动力力矩,趋向于使用1∶4或1∶3的模型。由于模型本身的体积较大,故一般使用实物风洞及平衡装置。

3. 利用风洞可进行的试验

1) 刮水器的风洞试验

在小型风洞中放置刮水器并测量作用于其上的空气动力的值。运用肉眼观察及测量照片的办法可以检测到在不同风速和不同降雨量的影响下残余在刮水器上的雨水量。

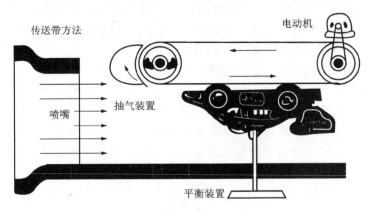

图 1.56　镜像法测量位置 1

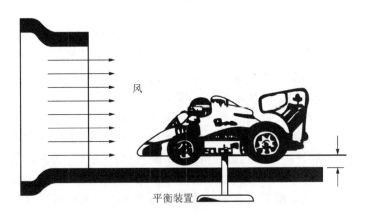

图 1.57　镜像法测量位置 2

2）溅落试验

在高速公路上，一辆车紧随另一辆车行驶时，车身很容易沾上灰尘和泥土，而在泥泞的道路上，行驶的车辆不仅容易沾上被溅起的泥土，还容易把这些泥土甩到其他车上。这个试验的主要目的就是寻求可阻止这种溅落的方法。一辆车上之所以会被其他车溅上泥点，跟位于车表面附近的气流有关；一辆车被自身溅上了泥点，这和车身附近的气流有关。因此，为了做好这个试验，必须首先了解车身周围的气流分布情况，试验方法包括油漆法（观察泥土黏附情况的最佳办法）、烟熏法及栅格法。灰尘旋转试验的目的主要是研究汽车在积有灰尘或沙土的路面上行驶时卷起尘土的问题。防止尘土黏附在车窗或车灯上是改进空气动力特性的重要目标之一。气流视觉化是通常使用的试验方法。尘土颗粒一般都容易停留在有涡旋的气流内，因此我们使用的方法必须要能够清晰地显示出涡旋及车身附近气流的位置。

3）噪声测试

进行该试验的目的是测试正在行驶的车辆周围的气流所产生的噪声。由于减少气流发出的噪声对增加乘客乘坐的舒适性有着极重要的意义，且此类研究经常在风洞中进行，因此有关试验人员认为减少风洞产生的噪声很有必要。该试验必须要弄清楚噪声的特性并寻找抑制它们的方法，由于气流噪声的产生与空气流（尤其是漩涡）有密切关系，因此主要研究车身附近气流漩涡的特性,通常采用风力计来测量风速和漩涡流动频率,也可以用流线型外壳覆盖的噪声计来测定个别噪声的特性。

4) 车厢内部通风换气试验

要增加乘客乘车的舒适性,就需要深入了解并改进现有的通风系统。出于这个目的,该试验将对进气和出气导管进行性能测试,测试方法包括气体聚集探测及利用烟雾生成器进行的烟雾观测。

5) 空调试验

该项试验与调控车厢内部温度和湿度有关,是通过一种热线式的风速计来测定从空调出口排放出的车厢内空气的流速分布。

6) 环境试验

在风洞里再造诸如风、气温、湿度、阳光、雨、雪、雾及其他的气候现象,这样的试验就叫做环境试验。试验的主要目的是寻求并开发一种无污染、舒适且安全的新型汽车。此类试验需要在气候型风洞中进行。

7) 其余类型的风洞试验

除了以上介绍的系列试验外,在风洞中还可以进行以下试验。

(1) 热破坏试验:测试对象为被汽车热源加热的部件或器件。

(2) 密封试验:测试车厢内的漏气情况。

(3) 车厢内空气污染测试:测定来源于发动机和燃油箱的蒸气及废气烟雾对车厢内空气的污染程度。

(4) 利用空气动力吸入法进行的车窗玻璃变形试验:主要针对车窗变形现象,当汽车处于行驶中时,车窗玻璃会因为气压的关系而向外突出。

(5) 冲击试验:测试由于气流的分离波动造成的外部仪表板的颤动(如发动机罩的冲击试验)。

4. 风洞试验应用实例

风洞的用处是十分广泛的,除上面讲到的各种试验外,还可针对不同车型,在某几方面进行试验,并给出数据对比,从而确定不同车型之间的差别。

我国使用汽车模型风洞试验,对新车型和传统车型进行了试验对比。新车型的轮系分布为,前后各一驱动轮,车中部为两从动轮。

汽车模型风洞试验在闭口直流式切角矩形低速风洞中进行。试验抽吸段尺寸的长×宽×高为 2m×1m×0.8m,风洞全长 18.5m,最大风速 60m/s,常用风速 15~50m/s。图 1.58 为试验模型及均匀抽吸地板在风洞中的安装图。

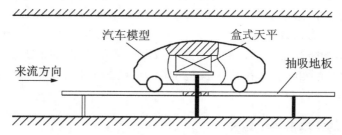

图 1.58 试验模型及均匀抽吸地板在风洞中的安装

该试验在相同的条件下对新车型和传统汽车模型进行了风洞试验对比，并分析了横摆角对对称面压力系数的影响及横摆角对气动力和气动力矩的影响。

1) 横摆角对对称面压力系数的影响

新车型和传统车型的模型纵对称面上压力系数与横摆角的关系对比曲线如图 1.59 所示。试验测量不同横摆角对模型对称面压力分布系数的影响，试验时横摆角 $\beta$ 从 $0°\sim15°$，风速为 30m/s。

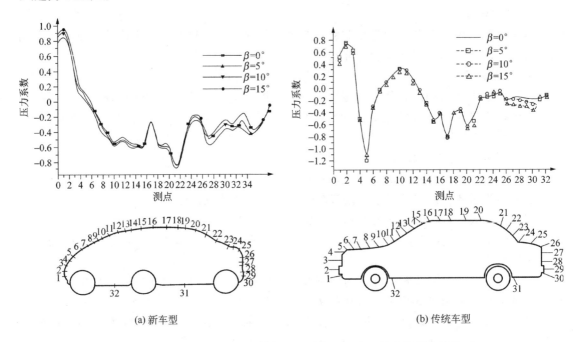

图 1.59　新车型和传统车型的模型纵对称面压力系数与横摆角的关系

由图 1.59 可以看出：由于新型车良好的流线型设计，对称面上的压力系数曲线比较平稳，而传统型汽车则在多处出现局部的正压和负压的峰值。在车身的前部和后部，新型车相对传统型汽车有着较小的正压和负压值，这也部分说明了新型车阻力系数小于传统型汽车的原因。

2) 横摆角对气动力和气动力矩的影响

试验时横摆角从 $0°\sim15°$，风速为 30m/s。新型车、传统型汽车气动力及气动力矩系数与横摆角的关系对比如图 1.60 所示。

由图 1.60 可见，随着横摆角的增大，新型车、传统型汽车的阻力系数、升力系数逐渐增大，但新型车的阻力系数在 $10°\sim15°$ 增幅较小；俯仰力矩系数则从 -0.1 趋向 0，即抬头力矩减小；侧向力系数逐渐增大，新型车的侧向力系数变化远远小于传统汽车，从而大大提高了新型车的操纵稳定性；横摆力矩系数随横摆角的增大而增大；滚转力矩系数的变化不大。在各个横摆角下，新型车模型的阻力特性和升力特性都明显优于传统汽车模型。

### 1.8.5　试验报告的基本内容和要求

（1）试推导汽车风洞试验的相似准则。

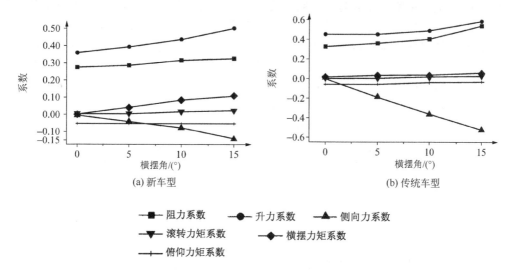

图 1.60 新车型及传统车型气动力和力矩系数与横摆角的关系

（2）根据相似准则设计汽车风洞试验。
（3）试设计一个汽车模型，进行风洞试验方案设计，使之与另一车型进行对比。

# 1.9 汽车检测线

汽车检测线是汽车检测站的重要组成部分，可对汽车的综合性能进行检测。交通运输部门或汽车修理厂通常采用汽车检测线来保证车辆安全运行、提高运行效能和降低消耗等，并可进行汽车性能质量评定。

## 1.9.1 汽车检测线的分类

按照服务功能，检测线可分为安全检测线、环保检测线和综合检测线。它们都是由多个检测工位组成的，布置形式多为直线通道式，检测工位则是按一定顺序分布在直线通道上。图 1.61 所示为汽车检测线工作现场。

图 1.61 汽车检测线工作现场

(1) 安全环保检测线。手动和半自动的安全环保检测线，一般由外观检查工位、侧滑制动车速表监测工位和灯光尾气检测工位3个工位组成。全自动安全环保检测线既可以由上述的3个工位组成，也可以由4个工位或5个工位组成。图1.62所示为五工位全自动安全环保检测线平面图，一般分为汽车资料输入及安全装置检查工位、侧滑制动车速表监测工位、灯光尾气检测工位、车底检查工位、综合判定及主控制室工位。这里不再单独对安全检测线和环保检测线进行介绍。

(2) 综合检测线。综合检测线分为全能综合检测线和一般综合检测线。前者是具有安全环保检测线主要检测设备在内的比较齐全的工位，后者的工位则不包括安全环保检测线的主要检测设备。

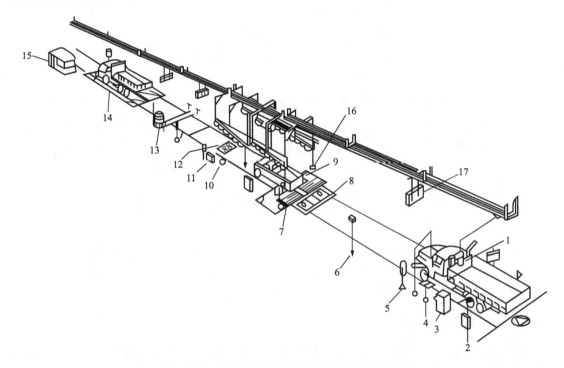

图1.62 五工位全自动安全环保检测线平面图

1—进线指示灯；2—烟度计；3—汽车资料登录计算机；4—外观检查及前轮定位检测工位；
5—烟度计检验程度指示器；6—电视摄像机；7—制动试验台；8—侧滑试验台；9—车速试验台；
10—散热风扇；11—汽车排气流量分析仪；12—汽车底盘测功机；13—前照灯检测仪；
14—车底检查工位；15—主控制室；16—车速表检测申报开关；17—检验程序指示器

### 1.9.2 汽车检测线的设备及检测项目

下面以某型号五工位全自动安全环保检测线为例，对各工位设备及检测项目进行介绍。

**1. 汽车资料输入及安全装置检车工位**

主要设备：进线指示灯、汽车资料登录计算机、工位测控计算机、检测程序指示器及其控制器、轮胎自动充气机、轮胎花纹测量器、检测手锤、不合格项目输入键盘、电视摄像机、光电开关。

检查项目:由检查人员人工检查汽车的灯光、安全装置、防护装置、操纵装置、工作仪表和车身等是否装备齐全、工作正常、连接可靠和符合规定。

2. 侧滑、制动、车速表检测工位

本工位由侧滑检测、轴重检测、制动力检测和车速表检测组成,简称 ABS 工位。

主要设备:工位测控计算机、侧滑试验台、轴重计或轮重仪、制动试验台、车速表试验台及车速表检测申报开关、检验程序指示器、光电开关、反光镜。

检测项目:前轮侧滑量、各轴轴重、各轮制动拖滞力和制动力,计算轴制动力、制动力差和轴制动力占轴荷的百分比、手指动力、车速表指示误差。

3. 灯光排放检测工位

本工位主要由前照灯检测、废气检测、烟度检测和喇叭噪声级检测组成,简称 HX 工位。

主要设备:工位测控计算机、前照灯检测仪、汽车底盘测功机、汽车排气流量分析仪、散热风扇烟度计、声级计、检验程序指示器、停车位置指示器、光电开关、反光镜。

检测项目:前照灯发光强度和光束照射方向、汽油车怠速排放污染物或柴油车自由加速烟度、喇叭噪声级别。

4. 车底检查工位(简称 P 工位)

主要设备:工位测控计算机、检验程序指示器及其控制器、地沟内举升平台、检测手锤、不合格项目输入键盘、对讲传声器及扬声器、光电开关、车辆到位报警灯或报警器、地沟内电视摄像机。

检测项目:本工位是车辆底部的外观检查,由检测人员在地沟内人工检查底盘各装置及发动机的连接是否牢固可靠,有无弯扭断裂及漏油、漏水、漏气、漏电等现象。

车底盘检查项目见表 1-16。

表 1-16 车底盘检查项目

| 序号 | 检查项目 | 序号 | 检查项目 |
| --- | --- | --- | --- |
| 1 | 发动机及其连接 | 12 | 后悬架连接 |
| 2 | 车架 | 13 | 后吊耳销 |
| 3 | 前梁 | 14 | 后部杆系 |
| 4 | 转向轴及其万向节 | 15 | 各种软管 |
| 5 | 转向器支架 | 16 | 油路、气路、电路 |
| 6 | 转向摇臂 | 17 | 储气筒 |
| 7 | 转向器 | 18 | 万向节 |
| 8 | 主销及其轴承 | 19 | 传动轴中间支撑 |
| 9 | 纵、横拉杆 | 20 | 离合器及其操纵机构 |
| 10 | 前悬架连接 | 21 | 变速器 |
| 11 | 前吊耳销 | 22 | 传动轴 |

(续)

| 序号 | 检查项目 | 序号 | 检查项目 |
|---|---|---|---|
| 23 | 减振器 | 27 | 后桥壳 |
| 24 | 钢板弹簧夹及U形螺栓 | 28 | 减振器、保险杠、牵引钩 |
| 25 | 排气管和消声器 | 29 | 漏油、漏水、漏气、漏电 |
| 26 | 制动系统拉杆、驻车制动器 | 30 | 燃油箱、蓄电池等固定装置 |

5. 综合判定及主控制室工位

主要设备：主控制计算机、键盘及显示器、打印机、监察电视（电视摄像机显示器）、控制台及主控制键盘、稳压电源、不间断电源。

检测项目：汽车到达本工位时已全部检测完毕，主控计算机将各个工位检测结果综合判定后，由打印机集中打印检测结果报告单，并由检测长交给汽车驾驶人。

全自动安全环保检测线的主要设备及其作用见表1-17。除表中主要设备外，还可以选购内部电话或对讲设备、空调机和设备校准装置等。表中所列设备里，侧滑试验台、轴重计或轮重仪、制动试验台、车速表试验台、前照灯检验仪、废气分析仪、烟度计和声级计为主要检测设备。

表1-17 全自动安全环保检测线的主要设备及作用一览表

| 序号 | 设备名称 | 用途 |
|---|---|---|
| 1 | 进线指示灯 | 控制进线车辆，绿灯进、红灯停 |
| 2 | 汽车资料登录计算机 | 登录汽车资料并发送给主计算机 |
| 3 | 工位测控计算机 | 工位检测过程控制，数据采集和处理 |
| 4 | 检验程序指示器 | 指示工位检测程序、操作指令、显示检测结果和车辆前进情况 |
| 5 | 轮胎自动充气机 | 按选定的轮胎气压自动充气 |
| 6 | 轮胎花纹测量器 | 测量轮胎花纹深度 |
| 7 | 检测手锤 | 检测连接件是否松动和开裂 |
| 8 | 不合格项目输入键盘 | 把外观检测的不合格项目报告主控制计算机 |
| 9 | 电视摄像机及显示器 | 主控制室监察地沟及整个检测线的工作情况 |
| 10 | 侧滑试验台 | 检测转向轮侧滑量 |
| 11 | 轴重计 | 检测汽车轴重 |
| 12 | 制动试验台 | 检测行车和驻车制动力 |
| 13 | 车速表试验台 | 检测车速表指示误差 |
| 14 | 光电开关 | 当车轮遮挡光电开关时，光电开关产生的电信号输入计算机，报告车辆到位，计算机安排检测开始 |
| 15 | 反光镜 | 供驾驶人观察车轮到达试验台或停车线位置 |

(续)

| 序号 | 设备名称 | 用途 |
|---|---|---|
| 16 | 前照灯检测仪 | 检测前照灯发光强度和光轴偏斜量 |
| 17 | 废气分析仪 | 检测尾气中有害气体的浓度 |
| 18 | 汽车底盘测功机 | 检测汽车驱动轮的输出功率、扭矩和转速 |
| 19 | 汽车排气流量分析仪 | 检测汽车排出剩余气体和空气混合的流量、温度、压力、稀释气体氧$O_2$的浓度 |
| 20 | 散热风扇 | 用于被检测汽车发动机的散热 |
| 21 | 烟度计 | 检测柴油车尾气的烟度 |
| 22 | 声级计 | 检测喇叭噪声级别和车内外噪声级别 |
| 23 | 停车位置指示器 | 指令汽车在灯光尾气检测工位停车线上准确停车 |
| 24 | 地沟内举升平台 | 使地沟内检测维修人员在高度上处于有利的工作位置 |
| 25 | 对讲传声器及扬声器 | 通信、联络 |
| 26 | 车辆到位报警器 | 车辆到达地沟时,以灯光和声响方式通知地沟内工作人员 |
| 27 | 主控制计算机 | 安排检测程序、全线调度,与工位测控计算机交换数据,综合判定检测结果及发往打印机打印 |
| 28 | 打印机 | 打印检测结果报告单 |
| 29 | 控制台及主控制键盘 | 放置主控制计算机、显示器、打印机、稳压电源等,必要时通过主控制键盘对检测线的主要设备进行手动辅助操作 |
| 30 | 稳压电源 | 对安全装置检验程序指示器和车底检验程序指示器的指令显示进行控制 |
| 31 | 不间断电源 | 不间断供电 |
| 32 | 车速检测申报开关 | 车速表指示为40km/h时,按下此开关,计算机采集此时的真实车速数据 |

### 1.9.3 检测工艺程序

下面以图1.62所示的五工位全自动安全环保检测线为例说明检测工艺程序。

1. 汽车资料输入及L工位

(1) 汽车资料输入。汽车资料登录计算机一般放置在进线控制室或检测线入口处的左侧,由登录员操作。经过清洗并吹干的汽车,在检测线入口处等候进线。此时的汽车驾驶人在国外多为原车驾驶人,在国内多为站内的引车员。如系原车驾驶人,在等候期间要读懂挂于门前的入站规则。进线指示灯红色为等待,绿色(或蓝色)为开进。当绿色指示灯亮时，汽车进入检测线停在第一工位上，由登录员根据行车执照和报检单，向登录计算机输入牌照号码、制造厂、车型、车主单位、发动机号码、底盘号码、灯制、驱动形式、车辆状况（新车、在用车）、检验类型（初检、复检）、燃油种类（汽油、柴油或其他燃料）和检测项目（全部检测、某项检测）等资料，并发往主控制计算机，由主控制计算机安排检测程序。此时进线指示灯由绿色转为红色。当汽车在本工位检查完毕驶往下一工位并遮挡下一工位光电开关时，进线指示灯又由红色转为绿色。

(2) L 工位检查。汽车在本工位停稳后，由检查人员按规定项目进行车上部的人工检查。此时汽车驾驶人要始终注视前上方的工位检验程序指示器，并按指示器的指示操纵有关机件，以配合检查人员的检查。检验程序指示器有灯箱式、彩色显示器式和电子灯阵式 3 种形式。灯箱式检验程序指示器内有许多互不透光的格，格内装有灯泡。当检查人员通过检验程序指示器的控制器（红外遥控器或有线按键盒）逐次操纵格内灯泡发亮时，格内毛玻璃上的文字指令便变得非常清晰。L 工位检验程序指示器的面板见表 1 - 18。

表 1 - 18　L 工位检验程序指示器面板图

| 前照灯 | 变光 | 前副灯 |
|---|---|---|
| 车宽标志灯 | 制动灯 | 倒车灯 |
| 转向灯 | 停车灯 | 报警灯 |
| 刮水器 | 喇叭 | 非常信号装置 |
| 安全装置 | ○ | × |
| 前进 | | |

本工位检查中，若有不合格项目，可通过不合格项目输入键盘报告主控制计算机，并在检查完毕后及时按下该键盘上的"检查结束"键，否则主控制计算机一直等待。主控制计算机判定检查结果时，只要有一项不合格，即判定安全装置检查不合格，并将检查结果分别在主控制室的显示屏和本工位检验程序指示器上同时显示。显示"○"时为合格，显示"×"时为不合格。

如果下一工位空闲，则本工位检验程序指示器显示"前进"二字。驾驶人将车辆开入下一工位。于是本工位又空闲，等待下一辆车进入。

2. ABS 工位

(1) 侧滑量检测。汽车沿地面标线，以 3～5km/h 的车速匀速驶往侧滑试验台。汽车纵轴线应垂直于侧滑板，不可转动转向盘。当汽车前轮切断侧滑试验台入口光电开关时，光电开关输出的电信号通知计算机，计算机开始采集侧滑位移量数据。当汽车前轮切断侧滑试验台出口光电开关时，数据采集结束，以此期间侧滑板的最大位移作为侧滑数据，并经主控制计算机判断是否合格，然后将检测结果在主控制显示屏和本工位检验程序指示器上同时显示。

本工位检验程序指示器的面板见表 1 - 19，侧滑试验台栏内显示"○"时为合格，显示"×"时为不合格。

表 1-19 ABS工位检验程序指示器面板图

| 项目 | | | 合格 | 不合格 |
|---|---|---|---|---|
| 侧滑试验台 | | | ○ | × |
| 前制动 | 放开 | 踏下 | ○ | × |
| 中间制动 | | | ○ | × |
| 后制动 | | | ○ | × |
| 驻车制动 | 拉紧 | 松开 | ○ | × |
| 车速表试验台 | 40km/h按下申报开关 | | | |
| | 踩制动踏板 | | ○ | × |
| 前进 | | | 再检一次 | |

（2）制动力检测。检测中汽车驾驶人始终要注视前上方的检验程序指示器，并按指令操作。

若制动试验台前设有轴重计或轮重仪，被检车辆应先称重，称重时被检车辆驶上轴重计或轮重仪并遮挡光电开关，报告计算机车辆到位。车辆重力通过压力传感器变成电信号供计算机采集，然后驶上制动试验台测制动力。

制动试验台本身带有轴重测量装置，在其前面不再设有轴重计或轮重仪，汽车检测完前轮侧滑量后，其前轴直接开到制动试验台上，先称重后测制动力。汽车左右车轮驶入制动试验台两滚筒之间并遮挡光电开关，计算机确认车辆到位，安排称重和制动检测，步骤如下所述。

① 降下制动试验台举升器。
② 测量轴重。
③ 起动制动试验台电动机。
④ 在制动踏板放松的情况下，从第二个滚筒（欧式）转动1s后开始测量阻滞力。若两个滚筒（欧式）中的任一个两次转动不起来，则判为阻滞力不合格，该轴车轮驶出制动试验台，继续后面的检测。阻滞力测量时间为3s，阻滞力不合格可重检。
⑤ 阻滞力合格后，用力踩下制动踏板，采集左、右车轮的最大制动力，至滚筒停转时采集结束，检测制动力差及制动力和，先判断制动力差，后判断制动力和。当制动性能重检时，不再重复检测阻滞力。
⑥ 拉紧驻车制动，采集左、右车轮的最大制动力（只有与驻车制动相连的车轴才进行此项检测）。
⑦ 主控制计算机判定综合检测结果，并分别在主控制室显示器和工位检验程序指示器有关栏目内同时显示。显示"○"为合格，显示"×"为不合格。
⑧ 在检测制动力时，如果一次不合格，则再检一次。如出现重检时，取第二次的数据作为该次检测的结果。其他项目则只检一次，各综合性能检测站不能修改。
⑨ 按同样程序进行再次检测。

主控制计算机将采集到的数据按下列公式算出轴制动力和、差及占轴重的百分比，然后与国家标准对照，判定制动性能是否合格。

左（右）阻滞力（%）＝左（右）阻滞力/轴重×100%　（制动放松）
制动力和（%）＝（左制动力＋右制动力）/轴重×100%

当前轴或后轴制动力不小于后轴载荷的60%时为

制动力差(%)=|左制动力-右制动力|/左、右制动力值中的大者×100%

当后轴制动力小于后轴载荷的60%时为

制动力差(%)=|左制动力-右制动力|/后轴载荷×100%

检测过程中，取车轮抱死这一时刻的制动力值作为制动力和的检测值，即

整车制动力和(%)=所有车轮制动力值的总和/整车质量×100%

驻车制动力和(%)=(左制动力值+右制动力值)/整车质量×100%

(3) 车速表指示误差检测。将与车速表传感器相连的车辆开上车速表试验台，车轮遮挡光电开关，计算机确认车辆到位，落下举升器。驾驶人把垂吊在汽车左侧的车速检测申报开关持于手中，变速杆置于最高挡位，按照检验程序指示器的指令，均匀地使汽车加速至 40km/h(驾驶室内车速表指示值)，待指针稳定后按下车速检测申报开关。计算机采集此时的实际车速数据(车速试验台测量值)，并传输给主控制计算机判定检测结果，如不合格，安排再检一次。检测结果在主控制室的显示屏和工位检验程序指示器有关栏目内同时显示。显示"○"为合格，显示"×"为不合格。

按下车速检测申报开关后，即可踩制动踏板使车轮与滚筒迅速减速。当工位检验程序指示器显示"前进"指令时，汽车开往下一工位。

(4) 本工位检测程序说明。在本工位检测的汽车，由于其轴制、驱动形式和驻车制动器安装位置不同，常见类型汽车的对应检测程序如下。

① 四轮汽车(后驱动、后驻车)：

侧滑→前制动→后制动→驻车制动→车速表。

② 四轮汽车(前驱动、前驻车)：

侧滑→前制动→驻车制动→车速表→后制动。

③ 四轮汽车(前驱动、后驻车)：

侧滑→前制动→车速表→后制动→驻车制动。

④ 六轮汽车(前双轴、后单轴、后驱动、后驻车)：

侧滑→前制动→中间制动→后制动→驻车制动→车速表。

⑤ 六轮汽车(前单轴、中单轴、后单轴、中驱动、中驻车)：

侧滑→前制动→中间制动→驻车制动→车速表→后制动。

⑥ 六轮汽车(前单轴、中后并装双轴、中后驱动、中后驻车)：

侧滑→前制动→中间制动→驻车制动→后制动→车速表。

最后一种汽车的车速表检测，必须在制动试验台与车速表试验台之间装备一组自由滚筒，否则该项不能检测。上述常见类型汽车与对应检测程序非常重要，如果进线时汽车资料输入错误，则会导致检测程序混乱。

3. HX 工位

(1) 前照灯检测。汽车沿地面标线缓慢驶入本工位。注意汽车应与前照灯检测仪的导轨保持垂直，并按引导指示器的指令在停车线上停车。这种引导指示器与两组光电开关(入口光电开关和出口光电开关)相互配合，引导汽车前进、停车和后退。当汽车还未到达停车线时，引导指示器亮出"前进"二字，指令汽车前进；当汽车前照灯遮挡入口光电开关时，引导指示器立即亮出"停车"二字，指令汽车停车。此时汽车停在停车线上，前照

灯与前照灯检验仪的距离符合检测要求。如果汽车未及时停住，越过了停车线并遮挡了出口光电开关，引导指示器亮出"后退"二字，指令汽车后退，直至出口光电开关又导通，引导指示器又显示"停车"二字，直到停车符合要求。

汽车停在停车线上，计算机确认车辆到位即安排检测程序。本工位检验程序指示器指令驾驶人打开远光灯，前照灯检验仪从护栏内驶出，对前右灯和前左灯进行发光强度和光束照射方向的检测。当前照灯发光强度不够或无明显光轴时，前照灯检验仪无法跟踪光轴，此时需要主控制室人工操作主控制键盘上的辅助控制键进行辅助操作。前照灯检验仪的受光器进入光轴投射区，以便实施跟踪。HX工位检验程序指示器的面板说明见表1-20。

表1-20 HX工位检验程序指示器面板说明

|   |   |   | 上 |   | 开远光灯 |   | 上 | 插入探头 | | |
|---|---|---|---|---|---|---|---|---|---|---|
|   |   |   |   |   |   |   |   | 检查中 | | |
| 左 | 光 | 右 | 检查中 | 左 | 光 | 右 | 取出探头 | | |
|   |   |   |   |   |   |   |   | CO | ○ | × |
|   |   |   |   |   |   |   |   | HC化合物 | ○ | × |
| ○ | 下 | × | 前进 | ○ | 下 | × | 按喇叭 | ○ | × |

前照灯检验仪跟踪到前照灯光轴后，进行数据采集，并传输给主控制计算机分析判断，检测结果在主控制室显示屏和工位检验程序指示器上同时显示。在工位检验程序指示器上，发光强度以"○"（合格）或"×"（不合格）的方式显示，光束照射方向以上、下、左、右光的方式显示。前右灯的检测结果一经显示，前照灯检验仪便自动移至前左灯，以同样的方法检测发光强度和光束照射方向，显示检测结果后自动驶回护栏内。左、右前照灯中有一项不合格，前照灯的综合判定为不合格。

(2)排放或烟度检测。汽车在前照灯检测停车线上停车后，计算机确认车辆到位，安排排放检测程序。

如果是汽油车，由本工位检验程序指示器指令检测员或驾驶人将废气分析仪探头插入汽车排气管中，并把汽车排气流量分析仪的进气口套在被测车辆排气口上，让被测车辆排出的全部气体（除去进去尾气分析仪的气体）和空气混合气进入进气管里。检测员或驾驶人根据指示器提示操作汽车。废气分析仪将分析出CO和HC化合物浓度，并把它们转变成电信号供计算机采集；排气流量分析仪通过仪器串行通信口发送仪器取数命令，获取流量分析仪实时测量的各种流量参数值。计算机判定后分别在主控制室显示屏和工位检验程序指示器上同时显示检测结果。

如果是柴油车，由表1-21所示的烟度检验程序指示器指令检测员或驾驶人将烟度计探头插入怠速运转的柴油车排气管中，并在加速踏板上安置踏板开关，然后按指令和操作规程进行3次自由加速。烟度计自动完成抽气取样、烟度检测和清洗等动作，并将烟度转变成电信号供计算机采集。计算机以3次采集的数据的平均值作为检测值，判定后分别在主控制室显示屏和烟度检验程序指示器上同时显示检测结果。在烟度检测操作过程中，加速和怠速的时间由计算机通过烟度检验程序进行控制，只要严格地、及时地按指令操作，即可保证操作规程顺利执行。

表1-21 烟度检测程序指示器面板图

| | 插入探头　安置踏板开关 | |
|---|---|---|
| 第一次自由加速 | 踩加速踏板 | 抬加速踏板 |
| 第二次自由加速 | | |
| 第三次自由加速 | | |
| | 取出探头　拆下踏板开关 | |
| 烟度检测 | ○ | × |

（3）喇叭噪声级别检测。汽车在前照灯检测停车线上停车后，计算机确认车辆到位，安排喇叭噪声级别检测程序。将声级计及其支架移至汽车正前方，对正汽车，且使声级计平行于地面，其传声器距汽车2m，距地面1.2m。驾驶人按工位检验程序指示器的指令按下喇叭3~5s，声级计测量此时的噪声级并将其电信号输入计算机供数据采集。计算机判定后在主控制室显示屏和工位检验程序指示器上同时显示检测结果。显示"○"为合格，显示"×"为不合格。

本工位的前照灯检测、废气或烟度检测和喇叭噪声级检测，既可同步进行，也可按一定顺序进行。一般情况下，前照灯检测与尾气检测可同步进行，喇叭检测则安排在这之前或之后进行。

4．P工位

汽车沿地面标线开入本工位。当汽车遮挡本工位入口光电开关时，通知计算机车辆到位，同时地沟内报警灯闪烁或报警器响或二者同时起作用，通知地沟内检查人员车辆到达本工位。汽车停在地沟上，由检查人员按规定项目进行车辆底部人工检查。此时驾驶人要始终注视前上方的工位检验程序指示器，并按指令操纵有关机件，以配合检查人员的检查。

P工位检验程序指示器的面板说明见表1-22，其上指令由检查人员通过有线按钮盒或红外遥控器控制。检查人员还可通过地沟内的传声器和地沟上的扬声器通知驾驶人与其配合，以完成检验程序指示器指令之外的检查项目。检查中，若有不合格项目，可通过不合格项目输入键盘报告主控制计算机，并在检查完毕后及时按下该键盘上的"检查结束"键，通知计算机车底检查结束。主控制计算机判定检查结果时，只要有一项不合格，即判定车底检查不合格。检查结果在主控制室显示屏和工位检验程序指示器上同时显示。显示"○"为合格，显示"×"为不合格。地沟内的检查人员，可随时通过脚踏开关调节地沟内举升平台的高度，以使两手处于最有利的操作位置。当P工位检验程序指示器显示"前进"二字时，驾驶人将车开入下一工位。

表1-22 P工位检验程序指示器面板说明

| 检查中 |
|---|
| 发动机熄火 |
| 转动转向盘 |
| 踩制动踏板 |

(续)

| | | |
|---|---|---|
| 检查中 | | |
| 拉驻车制动 | | |
| 踩离合器踏板 | | |
| 彻底检查 | ○ | × |
| 前进 | | |

5. 综合判定及主控制室工位

汽车进入本工位，主控制计算机根据该车在前4个工位的检查结果进行综合判定。在L工位、ABS工位、HX工位和P工位各检测项目中，只有各项均合格，整车检测的总评价才判为合格，只要有一项不合格，总评价判为不合格。

主控制计算机将输入的汽车资料、检测项目、检测数据、检测结果及整车检测总评价等打印出检测结果报告单。在检测结果报告单上，各项目检测结果和整车总评价在对应的栏目内，合格打印"○"，不合格打印"×"。驾驶人拿到检测结果报告单后，立即将汽车驶出检测线，全线检测结束。此全自动五工位安全环保检测线可同时检测5辆汽车，检测时限为4min/辆左右。

手动控制的安全环保检测线，各工位上的检测设备均要配备自身的指示装置。当汽车流经每一检测设备时，由检测人员手动操作、目视读数、大脑判定和笔录检测结果，工作效率远不如全自动检测线，且检测结果可能受人为因素影响。

综合性能检测站既能担负车辆动力性、经济性、可靠性和安全环保管理等方面的检测，又能担负车辆维修质量的检测及在用车辆技术状况的检测评定，还能承接科研、教学方面的性能试验和参数测试。这种检测站设备多而配套、检测项目多、自动化程度高、数据处理迅速准确、功能齐全，可为合理制定诊断标准、诊断周期，以及为科研、教学、设计、制造和维修等部门提供可靠数据，并能担负对检测设备的精确测试。

汽车综合性能检测站的检测表基本内容见表1-23。

表1-23 汽车综合性能检测站的检测表

| 牌照号码 | | 车辆单位 | | | | |
|---|---|---|---|---|---|---|
| 车辆类别 | | 号牌类别 | | 厂牌型号 | | |
| 营运证号 | | 车辆类型 | | 燃料类别 | | 驱动型式 |
| 发动机号 | | 车架号码 | | 检测日期 | | 前照灯制 |
| 底盘号码 | | t/座位 | | 辖区单位 | | |
| 类别 | 序号 | 检测项目 | 检测结果 | | 标准限制 | 评价 |
| 动力性 | 1 | (1) 校正驱动轮输出功率 | % | | % | |
| | | 额定扭矩功率 | | | | |
| | | (2) 校正驱动轮输出功率 | % | | % | |
| | | 额定功率 | | | | |
| | 2 | 滑行能力 | m | | m | |

(续)

| 类别 | 序号 | 检测项目 | | 检测结果 | 标准限制 | 评价 |
|---|---|---|---|---|---|---|
| 转向操纵性 | 3 | 转向盘最大自由转动量 | | ° | ° | |
| | 4 | 转向轮侧滑量 | | m/km | m/km | |
| | 5 | 前轮定位 | 车轮前束 | mm | mm | |
| | 6 | | 车轮外倾 | 左：° 右：° | 左：° 右：° | |
| | 7 | | 主销内倾 | 左：° 右：° | 左：° 右：° | |
| | 8 | | 主销后倾 | 左：° 右：° | 左：° 右：° | |
| 制动性能 | 9 | 行车制动力 | 整车 | N / % | % | |
| | | | 一轴 | 左：右：N / % | % | |
| | | | 二轴 | 左：右：N / % | % | |
| | | | 三轴 | 左：右：N / % | % | |
| | | | 四轴 | 左：右：N / % | % | |
| | 10 | 制动力平衡 | 一轴 | % | % | |
| | | | 二轴 | % | % | |
| | | | 三轴 | % | % | |
| | | | 四轴 | % | % | |
| | 11 | 车轮阻滞力 | 一轴 | 左：N % | % | |
| | | | 一轴 | 右：N % | % | |
| | | | 二轴 | 左：N % | % | |
| | | | 二轴 | 右：N % | % | |
| | | | 三轴 | 左：N % | % | |
| | | | 三轴 | 右：N % | % | |
| | | | 四轴 | 左：N % | % | |
| | | | 四轴 | 右：N % | % | |
| | 12 | 驻车制动力 | | % | % | |
| | 13 | 制动协调时间 | | s | s | |
| | 14 | 制动距离 | | m | m | |
| | 15 | 制动减速度 | | m/s$^2$ | m/s$^2$ | |
| | 16 | 制动稳定性 | | m | m | |

(续)

| 类别 | 序号 | 检测项目 | | 检测结果 | | 标准限制 | 评价 |
|---|---|---|---|---|---|---|---|
| 轮载质量 | 17 | 一轴 | | 左： kg | 右： kg | | |
| | | 二轴 | | 左： kg | 右： kg | | |
| | | 三轴 | | 左： kg | 右： kg | | |
| | | 四轴 | | 左： kg | 右： kg | | |
| 前照灯 | 18 | 发光强度 | | 左 | cd | cd | |
| | | | | 右 | cd | cd | |
| | 19 | 近光光束上下偏移量 | | 左 | mm | mm | |
| | | | | 右 | mm | mm | |
| | 20 | 近光光束水平偏移量 | | 左 | mm | mm | |
| | | | | 右 | mm | mm | |
| | 21 | 远光光束上下偏移量 | | 左 | mm | mm | |
| | | | | 右 | mm | mm | |
| | 22 | 远光光束水平偏移量 | | 左 | mm | mm | |
| | | | | 右 | mm | mm | |
| 排气污染物 | 23 | 怠速 | | CO | % | % | |
| | | | | HC | $10^{-6}$ | $10^{-6}$ | |
| | 24 | (1) 双怠速 | 怠速 | CO | % | % | |
| | | | | HC | $10^{-6}$ | $10^{-6}$ | |
| | | | 高怠速 | CO | % | % | |
| | | | | HC | $10^{-6}$ | $10^{-6}$ | |
| | | (2) ASM工况法 | 5025 | HC | $10^{-6}$ | $10^{-6}$ | |
| | | | | CO | % | % | |
| | | | | NO | $10^{-6}$ | $10^{-6}$ | |
| | | | 2510 | HC | $10^{-6}$ | $10^{-6}$ | |
| | | | | CO | % | % | |
| | | | | NO | $10^{-6}$ | $10^{-6}$ | |
| | 25 | 柴油车自由加速工况 | | 光吸收系数 | $m^{-1}$ | $m^{-1}$ | |
| | | | | 烟度 | Rb | Rb | |
| 油耗 | 26 | 等速百公里油耗 | | L | | L | |

(续)

| 类别 | 序号 | 检测项目 | 检测结果 | | 标准限制 | 评价 |
|---|---|---|---|---|---|---|
| 悬架效率 | 27 | 吸收率或悬架效率 | 前左： | ％ | ％ | |
| | | | 前右： | ％ | ％ | |
| | | | 后左： | ％ | ％ | |
| | | | 后右： | ％ | ％ | |
| | 28 | 同轴左右差值 | 前轴： | ％ | ％ | |
| | | | 后轴： | ％ | ％ | |
| 噪声 | 29 | 喇叭声级 | dB（A） | | dB（A） | |
| 其他 | 30 | 车速表示值误差 | ％ | | ％ | |
| 其他 | 31 | 客车防雨密封性 | | | | |
| 整车装备与外观检查 | 32 | 整车装备及标识 | | | | |
| | 33 | 车架车身驾驶室外形与连接 | | | | |
| | 34 | 车门、车窗、刮水器 | | | | |
| | 35 | 驾乘座椅 | | | | |
| | 36 | 卧铺 | | | | |
| | 37 | 行李架（舱） | | | | |
| | 38 | 安全出口、安全带 | | | | |
| | 39 | 车厢、地板、挡泥板 | | | | |
| | 40 | 车轮、轮胎 | | | | |
| | 41 | 悬架装置 | | | | |
| | 42 | 传动系统、车桥 | | | | |
| | 43 | 转向节及臂、横直拉杆及球销 | | | | |
| | 44 | 制动装置（行车应急驻车制动） | | | | |
| | 45 | 螺栓、螺母紧固 | | | | |
| | 46 | 灯光数量、光色、位置 | | | | |
| | 47 | 信号装置与仪表 | | | | |
| | 48 | 漏气、漏油、漏水、漏电 | | | | |
| | 49 | 底盘异响 | | | | |
| | 50 | 发动机异响 | | | | |
| | 51 | 润滑 | | | | |
| | 52 | 灭火器 | | | | |
| | 53 | 车内外后视镜、前下视镜 | | | | |
| | 54 | 汽车与挂车侧面下部防护装置 | | | | |
| | 55 | 外廓尺寸 | 长　　m　宽　　m　高　　m | | | |

| 检测单位综合评定意见： | 车辆技术管理部门评定意见 |
|---|---|
| 审核员签字：　　　　检测线专用章： | 评定专用章： |
| 技术负责人签字：　签发日期：　年　月　日 | 评定员签章：　　　签发日期：　年　月　日 |

## 1.10 汽车性能主观评价

主观评价也叫感觉评价,与客观测试不同,感觉评价是人的主观感受,人的感觉尺度是模糊的,因此用数值客观地表示并不容易。感觉评价得到的数据,不像测量试验数据值那样的比例尺度和间隔尺度,而是以顺序尺度或分类尺度为中心。

汽车性能主观评价法就是由专业人员按照一定的评价规范,对被评价车辆通过自己身体各个器官(眼睛、手、头部、身体等)获取有效的信息,由大脑对这些信息进行综合处理,实现对车辆的外观、噪声、动力性、安全性等的综合评价。

为了能够对汽车的性能进行主观评价和比较,需要有一个合适的评价体系,除了许多数据和文字评价系统外,在部分汽车企业中 10 分表也被广泛采用(表 1-24)。评价分成两部分,第一部分,判断所评价的车辆特性是否符合汽车行业标准。如果符合,就可以给 5~10 分。如果不符合,测试的结果只能给 1~4 分。为了使评分更加细化和便于使用,在 5~9 分的区间中,还可以将评分细分到 0.5 分或 0.25 分。

表 1-24 主观评价打分表

| 打分值 | 基于用户角度 | 功能 |
| --- | --- | --- |
| 10 | 受过专业培训的人员都不能察觉 | 完美 |
| 9 | 专业人员可以发现 | 非常好 |
| 8 | 挑剔用户可以发现 | 好 |
| 7 | 少数用户注意到但没有抱怨 | 较好 |
| 6 | 部分用户注意到但没有抱怨 | 可接受 |
| 5 | 所有用户都可以发现 | 接受边缘 |
| 4 | 所有用户都反映差 | 差 |
| 3 | 所有用户都反映很差 | 很差 |
| 2 | 几乎没有功能 | 有害 |
| 1 | 没有功能 | 非常有害 |

**1. 动力性能主观评价**

下面以动力性能主观评价为例,讲述评价项目、评价操作及数据处理。动力性主观评价项目主要包括汽车加速、行驶中加速、各挡加速性、转弯加速、低附着路面加速、爬坡性能、节气阶跃开(tip-in)、节气阶跃关(tip-out)、加速跑偏、加速俯仰、加速抖动、加速时转向失中等。图 1.63 所示为动力性能主观评价雷达图。

加速性是动力性的主要指标之一,此项评价车辆的起车加速性。包括 100%全节气门加速和 50%节气门开度的部门节气门加速。

行驶工况:平整、干燥的沥青(或水泥)直线路面。

操作要求:0~40km/h 节气门开度为 50%的加速;0~40km/h 节气门开度为 100%的

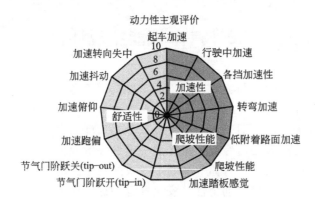

图 1.63 动力性能主观评价雷达图

加速。

评价内容：车辆从静止加速时的部门节气门开度和全节气门开度下的加速性及加速时的速度平顺性如何。

而自动变速器车则是用力踏下脚制动器从节气门全部打开的状态下（此状态叫做失速状态），紧急解除制动起动。

2. 制动性能主观评价

为了能够对汽车的制动性能感觉进行主观的描述和比较，评价人员踏下制动踏板，通过踏板对于脚的反馈来感知踏板力与踏板行程的信号来获得一定的踏板感觉，再加上身体能够感知的车辆产生的制动减速度产生的快慢、大小等因素，再加上在制动过程中听到的一些制动噪声与视觉上车辆是否稳定，共同构成了完整的制动性能评价。

针对汽车主观评价的每个评价项目，驾驶人要按一定的评价尺度对其进行主观评价，需要一个合适的评分标准。主观评价打分标准参照表 1-24，该方法通过赋值的方法给定汽车的主观评价。

主观评价的路况及评价内容如下。

行驶工况：以不同制动初速度和不同减速度进行直线制动。

评价内容共分为 3 部分。低减速度下：评价初始制动响应，评价制动踏板的软硬程度，主要侧重踏板给脚的反馈；中减速度下：评价期望值的线性关系及减速度是否通过踏板调节的可控性；大减速度下：给驾驶人的信心及踏板力、踏板行程是否合适。

3. 客观测试与主观评价的关联性分析

车辆制动性能的好坏是人的感觉，是主观评价的结果；而制动距离、踏板力、踏板行程、制动减速度等都是客观测试指标；如何使客观测试方法及由该方法给出的客观测试结果在最大程度上同主观评价结果相一致是汽车主机厂在性能开发过程中普遍关注的重点。

为研究客观测试结果与主观感受的相关性，设定了对于踏板感觉评价的制动测试：100km/h 制动到停止，测试过程中采集的数据：制动距离、制动减速度、踏板力和踏板行程。选取了一系列的车型，用来获取车型对应的 APEAL 值（主观值），通过软件的分析，得出相关性一致的评价指标。

在软件分析中，分别求出 APEAL 与踏板力、踏板行程和 APEAL 与预置力、减速度的死区、力的死区、初期制动响应、踏板力、踏板行程、力的梯度、行程的梯度、力的线性、行程的线性、踏板刚度的多元回归方程，就可以获得定性与定量关系的联系，实现主观与客观的一致性判断。

## 思 考 题

1. 评价汽车的性能指标有哪些？
2. 为什么说汽车燃料消耗量是一个综合性评价参数？
3. 简述五轮仪的工作原理。
4. 汽车平顺性的测试内容有哪些？
5. 什么是汽车的操纵稳定性？
6. 汽车噪声的检测方法是什么？
7. 汽车排放的污染物有哪些？
8. 检测站的类型有哪些？其组成和工位布置是怎样的？
9. 汽车检测线有哪些类型，各有什么特点？
10. 五工位全自动安全环保检测线的工作有哪些？可检测哪些项目？
11. 自行设计主观评价的其他方式或方法。

# 第 2 章 发动机性能测试

教学提示

发动机主要由发动机点火系统、燃料供给系统、冷却系统、发动机润滑系统等组成。发动机性能的好坏直接关系到汽车的动力性、经济性。随着各国不断提高汽车的排放标准，对汽车发动机性能要求也越来越高。本章将介绍发动机各组成系统在实际试验中的测试方法和测试设备。

教学要求

掌握发动机各系统的组成、测试指标及各种性能指标测试的原理和测试仪器的使用方法，明确试验目的和测试步骤。准确记录试验数据，并根据试验数据对发动机的性能做出合理的评价。

## 2.1 发动机功率测试

### 2.1.1 理论基础

发动机有效功率的检测方法有两种，即稳态测功法和动态测功法。稳态测功法是指用测功机对发动机进行加载，在发动机转速、负荷保持不变的稳定状态下，测定发动机功率；动态测功法是指在发动机转速、负荷均变化的状态下，测定发动机功率，由于测功时不对发动机加载，故又称无载测功。

1. 发动机功率的稳态检测

汽车发动机功率可用发动机自动测控系统检测。检测发动机功率时，通过调节发动机节气门开度和加载装置的负荷，使发动机达到规定的测试工况，在该稳定工况下测出发动机输出功率(kW)。

2. 发动机功率的动态检测

发动机动态测功的基本原理是把发动机的所有运动部件看作是一个没有外界负荷并绕曲轴中心转动的简单回转体，在节气门突然全开后，发动机所产生的有效转矩将全部用来加速发动机部件的运动，即发动机及其自身运动部件的惯性力为载荷的加速运动，只要测出发动机急加速过程中曲轴的加速运动情况就可得知发动机的动力性能。

### 2.1.2 试验目的及要求

(1) 了解电涡流测功机的测功原理。
(2) 了解发动机自动测控系统的测控功能及选择的原则。
(3) 掌握发动机自动测控系统的使用方法。

### 2.1.3 试验所用的主要仪器和设备

发动机自动测控系统。

### 2.1.4 试验设备的工作原理

下面以 FC2000 发动机自动测控系统为例介绍发动机自动测控系统的工作原理。

FC2000 发动机自动测控系统由 FC2010 测控仪、FC2020 数据采集系统、FC2210 智能油耗变送器、FC2310 角行程节气门执行器、FC2030 四参数大屏幕显示器、GW/CW 系列电涡流测功机、FC2000 系统软件等组成。下面只介绍与本试验有关的主要部分。

1. 电涡流测功机

测功机是 FC2000 发动机自动测控系统关键部件，主要作用是对发动机施加大小可调节的负载。根据负载种类的不同，测功机可分为水力测功机、电涡流测功机、电力测功机。由于一般水力式测功机的可控性较电涡流式差，电力测功机的成本较高，因而 FC2000 发动机自动测控系统采用电涡流测功机。

电涡流测功机工作原理如图 2.1 所示。电涡流测功机主要由浮动的定子与转子两部分组成。在定子四周装有励磁线圈，转子在磁场中转动。当励磁线圈通以直流电时，磁力线在定子、涡流环、气隙和转子之间构成回路。转子外圆制成凸凹不同的形状，由于通过凸顶和凹槽的磁通量不一样，凸出部分比凹陷部分通过的磁通量多，所以当转子旋转时，引起磁通量的变化，在凹槽处的磁通量减少，在凸顶处的磁通量增加，由磁感应定理可知，此时在定子的涡流环体内产生感应电动势，力图阻止磁通量的变化，于是就有电涡流产生，电涡流方向用右手定则判定。这种涡流产生的磁场又产生一个与转子旋转方向相同的转矩，即由于作用与反作用的关系，转子产生一个与自己转动方向相反的转矩，该转矩大小与转子转速和磁场电流大小有关。由于转子与发动机输出轴相连，就等于给发动机加了一个阻力，用这个阻力来模拟发动机在被测工况下的负载。这个对转子起制动作用的转矩可以通过控制励磁电流来调节，所以，电涡流测功机很容易实现自动控制。

由图 2.1 可见在齿顶处的电涡流方向为"⊙"，用左手定则判定，此时浮动定子受力，其方向如图 2.1 所示。而在齿槽处由于磁通量很小，所以受力也很小。因此总的受力 $F$ 的方向如图 2.1 所示，此力使与定子外壳相连接的力臂引入称量机构便可进行力矩测量。

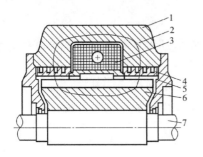
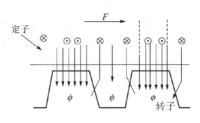

图 2.1　电涡流测功机工作原理示意图

1—磁轭；2—磁力线；3—励磁线圈；4—涡流环；5—气隙；6—感应子；7—滚筒

当测功机转子以转速 $n$(r/min)转动，且给励磁线圈加一定的电流时，可摆动的定子外壳就产生一定的阻力矩 $T$(N·m)，通过式(2-1)可得到发动机的输出功率。

$$P = M \cdot \omega = \frac{2\pi \cdot M \cdot n}{60} = \frac{M \cdot n}{9549.3} \qquad (2-1)$$

式中，$P$ 为发动机输出功率($kW$)；$M$ 为发动机输出转矩(N·m)；$\omega$ 为发动机角加速度(rad/s)；$n$ 为转速(r/min)。

涡流环必须能使涡流在其中自由产生，为此要求制作涡流环的材料电阻越小越好。对转子和定子要求磁力线能顺利通过，材料应具有高的磁导率，为了避免磁力线通过转子轴造成不必要的损失，转子轴可采用非导磁材料制造。

电涡流测功机是一个功率吸收装置，它将吸收的汽车驱动轮输出功率转变成热能，经空气或冷却水散发出去。由于冷却方式不同，电涡流测功机分为水冷(图 2.2)和风冷(图 2.3)两种类型。

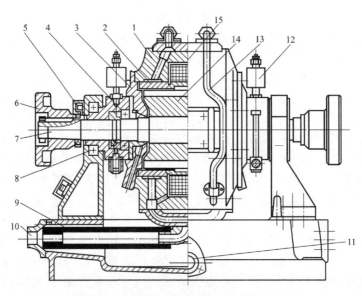

图 2.2　水冷式电涡流测功机结构示意图

1—磁轭；2—涡流环；3—端盖；4—轴承；5—测速传感器；6—联轴器；7—主轴；8—摆动轴承；9—进水管；10—进水口；11—出水口；12—油杯；13—出水管；14—感应子；15—励磁线圈

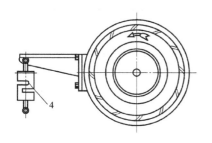
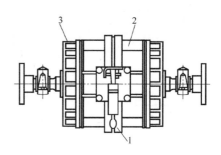

**图 2.3 风冷式电涡流测功机结构示意图**
1—定子；2—励磁线圈；3—转子；4—拉压传感器

水冷式电涡流测功机结构复杂，安装不便，特别是我国北方冬季，由于气温低，必须注意冷却水管路的保温，以防水管冻裂。但测量精度比较高，冷却效率高，适合持续运行。风冷式电涡流测功机结构简单，安装方便，但冷却效率低，功率吸收装置不易长时间运行，其转子的磁导率随温度的上升而下降，因而其最大吸收功率随温度升高而减小，所以一般风冷式功率吸收装置在高转速、大负荷下工作时间不宜超过5min。由于冷却风扇在工作时消耗一定的功率，所以应该将风扇所消耗的功率计入发动机输出功率。

2. FC2010 测控仪

FC2010 测控仪的模块装在一个工业控制标准全钢机箱内，前面板(控件面板)由液晶显示屏、一组 6 个参数设置按键、一组 6 个控制方式按键、远程控制键、打印键、控制参数设定旋钮等几个部分组成，如图 2.4 所示。

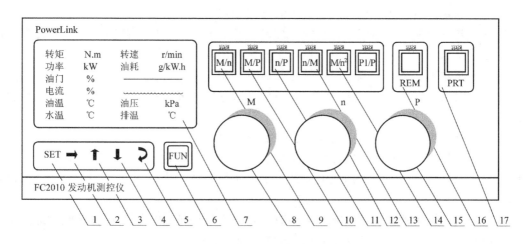

**图 2.4 测控仪前面板**

1) 测控仪前面板

1——设置键，用于测量参数标定值、报警值、PID 参数值的设定；
2——移位键(选项键)，选择需要修改的项目；
3——数值增加键，当项目选中后，增加该项目的数值；

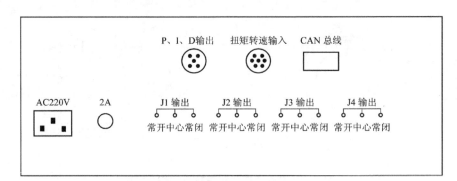

图 2.5 测控仪后面板

4——数值减小键,当项目选中后,减小该项目的数值;

5——回车确认键,当项目修改完毕,确认该项目的修改;

6——扩展功能键,当前可用于测量油耗的开始,当按下此键时,液晶显示屏上的"油耗"会闪烁,表示测量油耗动作已经开始;

7——液晶显示屏,用于显示测量、控制参数的设定值和测量值转矩、转速、功率、油耗率、机油温度、机油压力、出水温度、排气温度、节气门开度百分数、励磁电流(或水门)开度百分数;

8——转矩设定、控制旋钮,设定、控制发动机转矩,当转动此旋钮时,液晶显示屏上的转矩的显示值是控制值,当停止旋转 1~2s 后,恢复显示测量值;

9——测功机恒转矩、节气门恒转速控制方式键;

10——测功机恒转矩、节气门位置控制方式键;

11——测功机恒转速、节气门位置控制方式键;

12——转速设定、控制旋钮,设定、控制发动机转速,当转动此旋钮时,液晶显示屏上的转速的显示值是控制值,当停止旋转 1~2s 后,恢复显示测量值;

13——测功机恒转速、节气门恒转矩控制方式键;

14——测功机恒转矩(设定转矩为 $K \cdot n^2$)、节气门位置控制方式键,即推进特性控制方式;

15——测功机恒位置、节气门恒位置控制方式键;

16——节气门、励磁、水门位置调节旋钮,设定节气门、励磁、水门位置,当转动此旋钮时,液晶显示屏上的节气门或电流的显示值是控制值,当停止旋转 1~2s 后,恢复显示测量值;

17——远程控制键,当键上方灯点亮时,指示本机处于远程控制状态;此时通过本机的面板控制操作无效,测控仪通过 CAN 网络协议接受控制指令;

18——打印键。

2)测控仪后面板

(1) P、I、D 输出插座;

(2) 转矩、转速输入插座;

(3) CAN 总线插座;

(4) J114 继电器信号输出;

(5) 电源插座；

(6) 熔断器座。

## 2.1.5 试验方法和步骤

**1. FC2010 参数设置**

FC2010 测控仪在前面板上安排有一组 6 个用于设置测量、报警参数的按键，利用这些按键可设置发动机转速和转矩、冷却液温度（一般称水温）、油温、排气温度、机油压力的越限报警值。对参数进行报警设置，按以下方法操作。

（1）打开测控仪电源，液晶显示屏显示主界面，如图 2.6 所示。

（2）按动 SET 键，出现选项界面，如图 2.7 所示。

图 2.6 液晶显示屏显示主界面

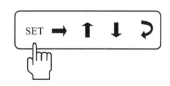

图 2.7 选项界面

（3）按移位键，选中"参数设置"项，选中的项目底色变深，如图 2.8 所示。

（4）按确认键确认，出现报警参数设置界面，所需设置报警参数的项目底色将变深，如图 2.9 所示。

图 2.8 参数设置界面　　　　　　图 2.9 项目设置界面

（5）按移位键，黑框自左到右，自上到下移动，当移到需要修改的项目下，停止按动，被黑框选中的项目即为需要修改的项目。

（6）按数值增加键，被黑框选中的数值在原值基础上递加。

（7）按数值减小键，被黑框选中的数值在原值基础上递减。

（8）以上操作完毕，按确认键，仪器回到主界面，当前设置的报警参数被存入 CPU，在没有新的设置前将被永久保存。

**2. 控制方式设定**

根据测试要求，选择测功机恒转速、节气门恒位置的控制方式，按下图标"n/P"按钮,按键上方的指示灯亮(即测功机恒转速、节气门恒位置指示灯),控制回路已经切换到测功机恒转速、节气门恒位置模式。

3. 转动"n"旋钮

主界面的转速测量值转换为设定值,且背景色变深,通过"n"旋钮设定发动机的转速值,从而测出发动机在设定转速下转矩值和功率值。

4. 转动"P"旋钮

主界面的节气门测量值转换为设定值,且背景色变深,通过"P"旋钮设定的转速值,从而设定被测发动机所出的工况。通过改变节气门测量值,使被测发动机处于不同的工况。

5. 起动被测发动机

当FC2010测控仪上液晶显示屏上的转矩值和功率都稳定后,按下打印键,打印出当前发动机节气门位置设定值所对应的发动机转矩和功率。

6. 重新通过转动"P"旋钮

改变发动机的节气门位置,测出不同工况下,发动机在不同转速下的转矩值和功率值。按下打印键,打印出当前发动机节气门位置设定值所对应的发动机转矩和功率。

7. 关闭发动机

关闭发动机和FC2000发动机自动测控系统。

至此,试验结束。

### 2.1.6 试验报告的基本内容和要求

(1) 试验过程的详细记录。
(2) 试验数据的记录和数据处理。
(3) 根据试验数据分析发动机的动力性。

### 2.1.7 设计性试验

设计出用无负荷测功仪测量发动机功率的方法与步骤,并进行试验,根据测量结果,综合评价无负荷测功机和发动机自动测控系统的优缺点。

无负荷测功是基于动力学原理的一种测功方法。当发动机与传动系统脱开,并将发动机的节气门从怠速位置急速全开时,发动机将克服本身的惯性力矩,迅速加速到无负荷最大转速,即发动机以自身运动机件为负荷加速运转。如果被测发动机的有效功率越大,则其瞬时角加速度越大,而加速时间越短。对某一型号的发动机,其运动件的转动惯量可以认为是一个定值,因此,只要测出发动机在指定转速范围内急加速时的平均加速度,或测量某一转速时的瞬时角加速度,就可以确定发动机输出功率的大小。

## 2.2 发动机点火系统测试

### 2.2.1 理论基础

汽油机在不同工况下工作时,不仅需要供给各个气缸(我国称气缸,部分国家称汽缸)浓度适当的可燃混合气,还必须由发动机点火系统按点火次序适时供给电火花,以点燃混合气。点火系统技术状况好坏,不仅严重影响发动机的动力性和经济性,还决定了发动机能否正常工作。一般情况下,发动机点火系统的检测诊断主要分为点火波形的检测与分析和点火正时检测两个方面。

1. 常用的点火系统类型

1) 传统点火系统

传统触点式点火系统的工作原理如图2.10所示。触点闭合时,一次电流经点火线圈初级线圈后搭铁,同时产生磁场;触点打开时,初级电流突然中断,由于流过点火线圈初级线圈的电流所产生的磁场骤然衰减,从而在点火线圈次级线圈上产生很高的感应电压(15000~20000V);该感应电压产生时,分电器分火头正对应于某缸点火高压线,从而在高电压作用下,火花塞(处于气缸燃烧室内)间隙被击穿,产生电火花点燃气缸内经过压缩的可燃混合气。

2) 电子点火系统

电子点火系统指利用半导体器件(如晶体管)作为开关以代替传统点火系统中的断电器,接通与断开初级电流并在次级线圈中感应出高电压,通过火花塞产生电火花的点火系统,如图2.11所示。

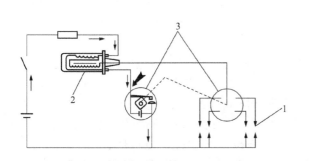

图2.10 触点式点火装置工作原理图
1—火花塞;2—点火线圈;3—分电器

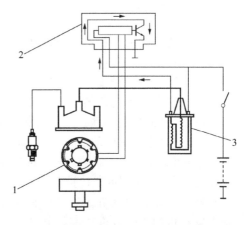

图2.11 电子点火装置工作原理
1—分电器中的点火信号发生器;2—点火控制器;3—高能点火线圈

3) 计算机控制点火系统

计算机控制点火系统指把燃油供给、污染物排放、点火控制等集成为一体的发动机控制点火系统。发动机工作时,通过各种传感器监测发动机的各种运行参数并输入计算机;计算机对输入的各种信息进行处理后,向点火模块发出指令,迅速切断初级电路,使次级电路产生高压,经火花塞放电点燃混合气。该系统取消了离心和真空点火提前机构,点火正时由计算机控制,以保证汽油机在任何工况下均在最佳时刻点火;新型计算机控制点火系统已去掉了分电器,成为无分电器点火系统。

2. 点火电压波形测量原理

无论是传统触点式点火系统还是无触点电子点火或计算机控制的点火系统,都是由点火线圈通过互感作用把低压电转变为高压电,通过火花塞跳火点燃混合气做功。点火系统低压部分、高压部分的变化过程是有规律的。因此,把实际测得的点火系统点火电压波形与正常工作情况下的点火电压波形进行比较并分析,可判断点火系统的技术状况好坏,正常情况下点火电压波形如图 2.12 所示。

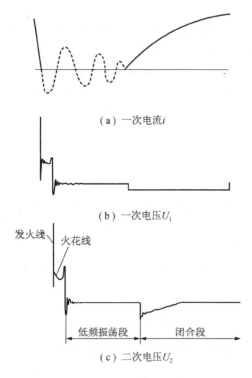

图 2.12 点火工作过程波形图

3. 点火正时的检测

点火正时指正确的点火时间,一般用点火提前角表示。从点火开始到活塞到达上止点这一段时间内,曲轴转过的角度称为点火提前角。点火提前角对发动机的动力性、经济性和排放性能有很大影响,因此应重视对发动机点火提前角的检测。

发动机的最佳点火提前角应随转速、负荷而变化。点火提前角应随发动机转速增高而增大,因为转速升高后,曲轴转过同样角度所用的时间将会缩短;同时,点火提前角应随发动机负荷(节气门开度)的增大而减小,因为在大负荷时,压缩行程终了的压力和温度增高,燃烧速度加快。对于传统点火系统,分电器中具有离心点火提前机构和真空点火提前机构,以实现点火提前角随转速和负荷变化的调节。

在离心点火提前机构和真空点火提前机构工作正常的情况下,发动机点火提前角是否正确往往决定于初始点火提前角,即点火提前装置进入工作状态前的点火提前角。对于现代发动机上的计算机控制电子点火系统,各种传感器将关于发动机工作情况的信息传输至计算机,计算机计算出正确的点火时间,以控制晶体管的导通或截止,控制点火线圈初级电流的接通和切断,实现点火时刻的调节。计算机控制点火时刻,除根据发动机转速和负荷两个因素外,还根据发动机的工作温度、海拔高度、爆燃倾向等有关因素,常用的检测方法是缸压法。

### 2.2.2 试验目的及要求

(1) 了解点火系统的类型及特点。
(2) 掌握点火电压波形测量原理及波形分析方法。
(3) 掌握发动机综合性能检测仪的工作原理和使用方法。

## 2.2.3 试验所用的主要仪器和设备

发动机综合检测仪，正时灯。

## 2.2.4 试验设备的工作原理

**1. 发动机综合性能检测仪的基本功能**

发动机综合性能检测仪是汽车检测设备中功能最多、检测项目和涉及系统最广的装置，也是结构较复杂、技术含量较高的设备，其基本功能一般为：

（1）无负荷测功功能，即加速测功法。
（2）检测点火系统，初级与次级点火波形的采集与处理，平列波、并列波和重叠角的处理与显示，断电器闭合角和开启角，点火提前角的测定等。
（3）机械和电控喷油过程各参数(压力、波形、喷油、脉宽、喷油提前角等)的测定。
（4）进气歧管真空度波形测定与分析。
（5）各缸工作均匀性测定。
（6）起动过程参数(电压、电流、转速)测定。
（7）各缸压缩压力测定。
（8）电控供油系统各传感器的参数测定。
（9）万用表功能。
（10）排气分析功能。

**2. 发动机综合性能检测仪的工作原理**

图 2.13 为发动机综合性能检测仪的工作原理框图，发动机综合性能检测仪一般由信号提取系统(各种传感器)、信号处理系统、中央控制器(主机)和显示系统组成。信号提取系统的作用为测取发动机有关参数的信号，并把非电量转化为电量；信号处理系统的作用是把各种传感器输出的发动机有关参数的信号，经衰减、滤波、放大、整形，转换成标准的数字信号送入中央处理器；检测仪的中央处理器在相应软件支持下，通过键盘操作完成发动机各种参数的测量和故障诊断；检测结果则由显示系统中的示波器或数码管显示，也可由打印机打印输出。

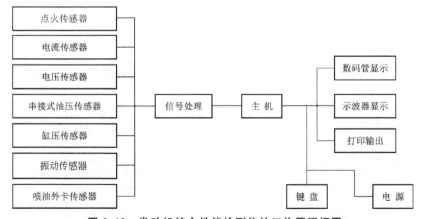

图 2.13 发动机综合性能检测仪的工作原理框图

3. 发动机综合性能检测仪中各类传感器的作用

1) 点火传感器

(1) 转速传感器:在各检测项目中,通过分缸线上的高压电取得发动机的转速信号,并确定波形的相位。

(2) 白金信号黑、红鱼夹:取得初级点火电压信号,控制单缸断火和达到设定的转速或测试时间后,使发动机熄火,在全面检测起动系统时取得发动机的转速信号,同时黑鱼夹也是电压传感器的搭铁极。

(3) 点火高压传感器:取得初级点火电压信号。

2) 电流传感器

测量起动电流和充电电流。根据气缸压缩时电流的变化,可以反映出各缸压力的相对值。

3) 电压传感器

测量起动电压和充电电压。

4) 缸压传感器

测量标准缸的气缸压力。气缸压缩压力最大值出现的时刻即为活塞到达上止点的时刻,依此来检测点火提前角。

5) 振动传感器

取得发动机各种异响的振动信号。通过测试进排气门落座时振动,可以在动态下分析配气相位。

6) 油压传感器

测量供油压力。在供油提前角检测时,确定供油时刻。根据供油频率确定发动机的转速。

7) 喷油外卡传感器

喷油外卡传感器有两个,一个作为标准缸传感器,另一个作为检测缸传感器,在分析喷油波形时用。

各主要检测项目应安装的传感器见表2-1。

表2-1 各主要检测项目应安装的传感器

| 检测项目 | 相应的传感器 |
| --- | --- |
| 起动电流、起动电压、气缸压力不均匀性 | 电流传感器、电压传感器<br>白金信号黑、红鱼夹 |
| 起动转速、各缸的气缸压力值 | 缸压传感器、电流传感器<br>白金信号黑、红鱼夹 |
| 点火提前角 | 缸压传感器、转速传感器<br>白金信号黑、红鱼夹 |
| 闭合角<br>重叠角 | 转速传感器<br>白金信号黑、红鱼夹 |
| 单缸动力性 | 转速传感器、点火高压传感器<br>白金信号黑、红鱼夹 |

(续)

| 检测项目 | 相应的传感器 |
|---|---|
| 充电电流、充电电压、充电转速 | 电流传感器、电压传感器、转速传感器 |
| 观测初级点火波形<br>观测二次点火波形 | 白金信号黑、红鱼夹<br>点火高压传感器+黑、红鱼夹 |
| 异响分析 | 振动传感器、转速传感器 |
| 无负荷测功 | 转速传感器,白金信号黑、红鱼夹 |

4. 发动机综合性能检测仪的使用方法

发动机综合性能检测仪的使用应符合使用说明书的要求。下面主要以国内保有量较大的 WFJ-1 型发动机综合性能检测仪介绍传感器的安装及键盘各键的作用和仪器的调试方法。

1) 传感器与发动机有关部位的连接

使用 WFJ-1 型发动机综合性能检测仪检测汽油机时,传感器在发动机上的连接位置如图 2.14 所示。图中,低压点火传感器的红鱼夹夹在分电器低压火线接线柱上;黑鱼夹夹在真空调节器的金属管上(搭铁);高压点火传感器套在点火线圈高压线上;另一高压点火传感器插接在火花塞上,用于采集转速、点火时刻和点火顺序信号。

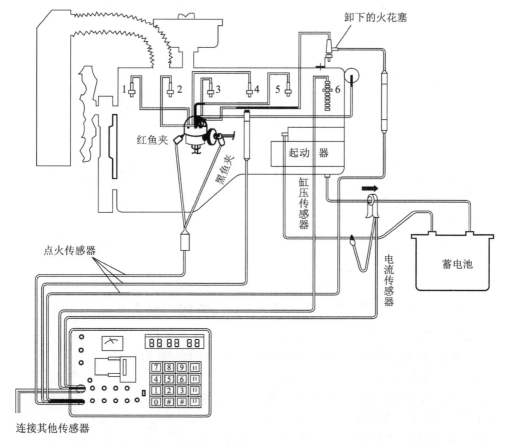

图 2.14 传感器在发动机上的连接位置图

2) 仪器调试

检测仪在开机后、使用前,应进行下列调试工作。

(1) 按照要测试的机型,将仪器的"机型选择"开关置于相应位置。

(2) 接好电源线,打开显示器上的电源开关,数码管上出现"good"字样,显示器上出现"为您服务"字样。

(3) 键入 01,数码管上出现"—Eb—",LV 表头应指零。如果电压传感器的红鱼夹已经夹在蓄电池的正极上,对于汽油机,LV 表头应指向 40%~50%(代表 12~13 V),对于柴油机应指向 80%~90%(代表 24~26 V)。

(4) 分别键入 02、03、04,数码管上显示"—AC—""—Pg—"或"—Pr—",分别调整"电流调零"、"缸压调零"和"油压调零"旋钮,使 LV 表头指到"略正"。

(5) 调整显示器的自动同步系统。

3) 输入键盘的作用

图 2.15 为 WFJ-1 型发动机综合性能检测仪面板图,面板上各键的作用分别如下所述。

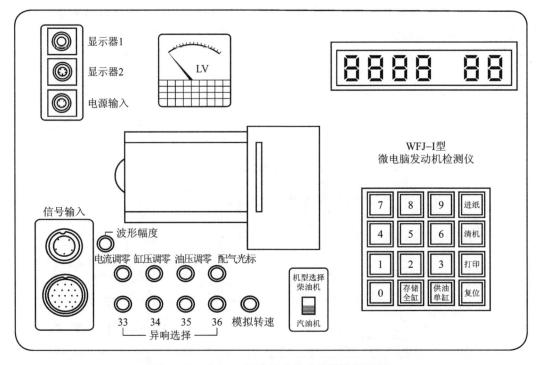

图 2.15 WFJ-1 型发动机综合检测仪面板图

(1) 进纸:装微型打印机打印纸时用。

(2) 清机:清除微型打印机内的无用数据或使 LQ-1600K 打印机复位。

(3) 打印:用微型打印机打印波形时用。

(4) 复位:在任何情况下,可使主机停止工作,处于待命状态。

(5) 供油/单缸:两用键。

(6) 存储/全缸:两用键。

① "存储":
(a) 数据存储:可将显示屏观测到的数据储存起来进行打印或重显。
(b) 波形存储:可使显示屏观测到的波形储存起来进行重显、分析。动力性检测时,发动机置稳定怠速后,使屏幕上的"不可加速"字样消失,恢复转速测量。
② "全缸":键入"*"("*"为发动机气缸数),可用该键依次显示出已存入的多个全缸波形。
(7) 数字键0、1、2、3、4、5、6、7、8、9:当仪器处于待命状态时,轻敲一下这些键(不要按),可对仪器进行0~99共100项操作。例如,在进行发动机无负荷测功时,需按发动机最高转速的大小,键入23、24或25;检测单缸功率时,键入14。

5. 正时灯的工作原理

通常利用正时灯来检测发动机的点火提前角,正时灯也称频闪灯,如图2.16所示。

正时灯一般由灯(氖灯或灯)、传感器、中间处理环节和指示装置等组成。它是利用正时灯闪光时刻与1缸点火同步的原理进行点火提前角检测的。

其工作原理是:在发动机的旋转部件上——飞轮或曲轴传动带上刻有正时标记,在与其相邻的固定机壳上(如发动机缸体)也有一标记。当曲轴旋转到使两标记对齐时,第1缸活塞刚好到达上止点位置,如图2.17所示。

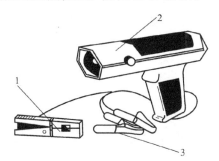

图2.16 正时灯外形图
1—外卡传感器;2—正时灯;3—电源卡

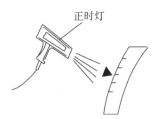

图2.17 两标记对齐示意图

如果用第1缸的点火信号去触发点亮正时灯,并用正时灯来照射这个旋转体(如曲轴皮带轮),每次正时灯闪亮时即是1缸点火时刻。由于发动机高速旋转,闪光和点火频率高达每分钟几百到上千次,每次闪亮时两个标记的相对位置几乎都相同。这样,只要发动机转速不变,频闪效应使人们看到旋转体上的转动标记几乎是不动的,由于正时灯闪亮时1缸活塞尚未到达上止点,因此曲轴皮带轮上的标记和发动机缸体上的标记还没有对齐,上述两标记之间出现一个比较稳定的角度差,即为发动机的点火提前角,如图2.18所示。

图2.18 正时灯测试点火提前角示意图

常用的正时灯有两种类型。一种是直接由人工根据在缸体上的刻度,直接读取两标记的角度差,以确定点火提前角,如图 2.18 所示。还有一种是在正时灯的触发电路上装置了一套延时电路,即当某缸点火信号到来时,正时灯并不闪光,而是通过调整正时灯上的延时旋钮,延迟一段时间再闪亮,当上止点标记正好与固定标记重合时,延时的角度正好等于点火提前角,而延迟的时间是可以用仪表测量出来的,如图 2.19 所示。

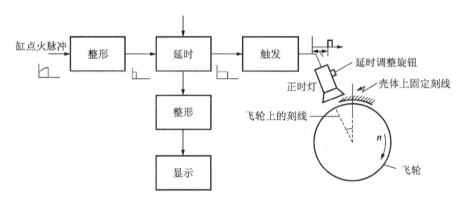

图 2.19　点火提前角测量原理图

当旋转延时旋钮时,可以看到转动标记在前后移动,当调节到转动标记与缸体标记对齐时,延迟旋钮转过的角度与点火提前角成正比,将此信号输入计算机,即可算出点火提前角。

### 2.2.5　试验步骤

**1. 点火电压波形检测**

(1) 按发动机点火示波器或发动机综合检测仪使用说明书的要求,对仪器通电预热,检查校正。

(2) 起动发动机并预热至正常工作温度。

(3) 按要求正确联机,即把各类传感器连接在发动机有关部位。

(4) 通过按键或输入操作码可分别测得发动机的重叠波、并列波、平列波和单缸选缸波。调节检测仪上的"亮度""对比度""水平位置""水平幅度""垂直位置""垂直幅度""示波同步"等旋钮,可使荧光屏上的亮度、对比度、波形位置、波形幅度等符合观测要求。同时,观测波形时应使发动机在规定转速下运转。

平列波、并列波和重叠波及单缸选择波可根据检测目的而选择。

① 平列波:按点火顺序从左至右首尾相连排列,易于比较各缸发火线的高度。

② 并列波:按点火顺序从下至上分别排列,可以比较火花线长度和初级电路闭合区间的长度。

③ 重叠波:把各缸波形之首对齐重叠在一起排列,用于比较各缸点火周期、闭合区间及断开区间的差异。

④ 单缸选择波:按点火顺序逐个单选出一个缸的波形进行显示,把横坐标拉长,以看清点火波形各阶段的变化,也可看清火花线的长度和高度。单缸选择波的显示对火花线和低频振荡阶段的显示和分析非常有利。

2. 点火提前角的检测

(1) 运转发动机使其达到正常工作温度后停机。
(2) 拆下某一缸的火花塞,把缸压传感器装在火花塞孔内。
(3) 把拆下的火花塞固定在机体上使之搭铁(注意:中心电极不能与机体相碰),并把点火传感器插接在火花塞上,连接好该缸的高压线。此时,该缸火花塞可缸外点火。
(4) 起动发动机运转,由于被测缸不工作,因而缸压传感器输出的缸压信号反映气缸压缩压力大小,其最大值产生于活塞压缩终了上止点,连接在该缸火花塞上的点火传感器输出点火脉冲信号或点火电压波形信号。
(5) 按仪器使用说明书的要求操作(如使用 WFJ-1 型发动机检测仪测点火提前角时,需键入操作码 08,按屏幕上的提示进行操作),可从指示装置上测得怠速、规定转速或任一转速下的点火提前角。对具有打印功能的检测仪,在按下打印键后,还可打印出检测结果。

### 2.2.6 试验报告的基本内容和要求

(1) 试验过程的详细记录。
(2) 试验数据的记录和数据处理。
(3) 根据点火电压波形分析点火系统的技术状况。
(4) 分析所测得的点火提前角是否合适,如不合适该如何调整。

### 2.2.7 设计性试验

采用正时灯来检测发动机的点火提前角,写出测试步骤,比较 WFJ-1 型发动机综合检测仪、正时灯测试结果,分析两种仪器测试的优缺点。

## 2.3 发动机燃料供给系统测试

### 2.3.1 理论基础

1. 汽油机燃油供给系统的基本理论

汽油机燃油供给系统的作用是根据发动机各种工况的要求,向气缸即时提供一定数量和浓度的可燃混合气,以便在临近压缩终了时使发动机点火燃烧而膨胀做功,最后把燃烧产物排至大气。燃油供给系统是发动机较易发生故障的系统之一,其技术状况好坏直接影响着发动机的动力性、经济性和工作稳定性。

汽油机燃油供给系统检测的主要项目包括:混合气质量检测、电控喷油信号检测和燃油压力检测。

1) 混合气质量检测

无论是化油器式燃油供给系统还是电控燃油喷射供给系统,都必须根据发动机的工况供给气缸高质量的混合气,只有这样,发动机才能正常工作并具有良好的动力性和经济性。因此,混合气质量是发动机燃油供给系统检测的综合性检测项目。

混合气质量一般用空燃比($A/F$)或过量空气系数($\alpha$)评价。空燃比指可燃混合气中空气的质量与燃油质量的比值;理论空燃比为 14.7,即 1kg 汽油完全燃烧所需要的空气为 14.7kg,所以把空燃比为 14.7:1 的混合气称为标准混合气,空燃比大于 14.7 的混合气称为稀混合气,反之,称为浓混合气;过量空气系数指燃烧过程中实际供给的空气质量与理论上完全燃烧所需要空气质量的比值。

在保证发动机动力性的前提下,获得最佳经济性和排气净化,是发动机燃油供给系统技术状况好、供给可燃混合气的质量高的表现。汽车排放废气中的成分及含量也逐渐成为评价混合气质量的重要指标。

发动机在一定转速和节气门开度下,空燃比或过量空气系数与发动机排放废气的成分及含量间存在一定关系。如图 2.20 所示,当 $A/F$ 值低时,混合气较浓,燃油在燃烧过程中缺氧,一部分燃油未经燃烧而排出,HC 排放量较高;当 $A/F$ 值高时,混合气较稀,若稀到一定程度,就会发生缺火现象,未燃的 HC 经排气管排出,HC 排放量也增大。CO 生成的主要原因是空燃比低,$A/F$ 值低时,混合气浓,燃油缺氧燃烧会产生大量 CO;当 $A/F$ 值高时,燃油在高氧含量状态下燃烧,所排废气中的 CO 含量降低。由图 2.20 可见,CO 含量与空燃比的大小有极好的对应关系,因此可通过检测废气中 CO 的含量来判断空燃比的大小。

如果排出的废气中 CO、HC 的含量很高,$CO_2$ 和 $O_2$ 的含量很低时,表示空燃比太小,混合气过浓;如果 HC、$O_2$ 的含量高,而 CO、$CO_2$ 的含量均较低时,表明空燃比太大,混合气过稀。

$O_2$ 的含量是最有用的诊断分析依据之一。发动机技术状况正常时,装有催化转换器的发动机所排出废气中氧的含量在 1.0%~2.0% 之间。小于 1.0% 时,说明空燃比太小,混合气太浓,不利于完全燃烧;大于 2.0% 时,说明空燃比太大,混合气过稀,易于导致缺火。

由于发动机排气成分与空燃比具有直接关系(图 2.20),因此可在使用废气分析仪对发动机排放进行监测的条件下,对化油器或电控燃油喷射装置进行调整,改善混合气质量,使其达到各工况下的最佳空燃比,以提高发动机的动力性、经济性和排放性能。

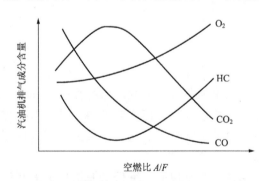

图 2.20 发动机排气成分与空燃比的关系

2)电喷信号检测和燃油压力检测

对于电控燃油喷射系统而言,电控喷油信号和燃油压力与混合气的质量有着直接的联系,直接反映电控发动机燃油供给系统的好坏。因此,电喷信号和燃油压力是发动机燃油供给系统检测的重要项目。

2. 柴油机燃油供给系统的基本理论

柴油机具有热效率高、可靠性强、排气污染少和较大功率范围内的适应性好等优点,因而在汽车上的应用越来越广泛。与汽油机相比,柴油机最大的不同点是所用燃料和燃料供给、着火方式的不同。汽油机吸入气缸中的混合气是由电火花点燃的,而柴油机采用压燃点火的方式,即在压缩行程接近终了时,把柴油喷入气缸,使之与空气混合成可燃混合气,并利用空气压缩所形成的高温、高压使其自行发火燃烧。柴油机燃油供给系统的作用是根据柴油机各种工况的需要,将适量的柴油在适当的时间并以合理的空间形态喷入燃烧室,即对燃油喷入量、喷油时间和油束的空间形态 3 个方面进行有效控制。柴油机燃油供给系统的技术状况对于混合气的形成及燃烧过程的组织具有重要作用,是对发动机的动力性和经济性影响最大的因素。

柴油机燃油供给系统检测的主要项目包括:混合气质量检测、喷油压力检测和供油正时检测。

1) 混合气质量检测

与汽油机所燃用混合气质量的检测方法类似,测试柴油机排放废气的烟度,根据空燃比或过量空气系数与烟度的关系对混合气质量进行分析评价。

在一定工况下,发动机的过量空气系数取决于进入气缸的空气量和喷油器的喷油量。对于柴油机而言,过量空气系数 $\alpha$ 只能通过改变供油量调整,即 $\alpha$ 主要与供油量的多少有关。一般情况下,柴油机每一工况对应于一确定的 $\alpha$ 值(称冒烟界限)。低于该值时,混合气过浓,燃烧不完全,烟度增大。若进气系统工作状况正常,则由冒烟界限决定了柴油机在各种工况下的极限供油量。由于在不同转速下,冒烟界限有所不同,因此不同转速下的极限供油量也会有所不同。如果在任何转速下,喷油泵和喷油嘴的供油量均低于极限供油量,柴油机排放废气的烟度就较低。

图 2.21 为柴油机所排放废气中 CO 浓度(体积分数)和烟度(哈特里季烟度 $R_H$)与过量空气系数的关系。如图 2.21 所示,烟度($R_H$)与过量空气系数几乎呈线性关系。因此,可根据测得的柴油机排放废气的烟度值反映混合气质量好坏及过量空气系数是否适当;同时,可在对排放烟度值进行监测的条件下,对喷油泵的循环供油量进行精确调整,以改善可燃混合气质量,提高柴油机的动力性、经济性和排放性能。

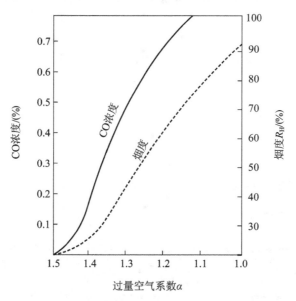

图 2.21 柴油机废气中 CO 浓度(体积分数)和烟度与过量空气系数的关系

2) 喷油压力检测

柴油机喷油泵和喷油器的技术状况决定了燃油的喷射质量，从而对柴油机的工作性能有很大影响。在不解体情况下，可以通过燃油喷射过程中高压油管中的压力变化来检测柴油机燃油供给系统的技术状况。因为当燃油供给系统某一主要零部件工作不良时，必然会对燃油喷射过程产生影响，其喷油压力波形也就会发生变化。因此，根据测得的喷油压力波形的特征并与标准波形进行比较，就可以据此判断燃油供给系统的故障原因。

3) 供油正时检测

供油正时指喷油泵正确的供油时刻，可用供油提前角表示。供油提前角则指喷油泵的柱塞开始供油时，该缸活塞距压缩行程上止点所对应的曲轴转角。供油提前角的大小对柴油机的工作性能有很大影响。柴油喷入气缸后过一段时间（称着火落后期）才能燃烧；喷油泵向喷油器供油时，由于高压油管的弹性变形、压力的升高和传递过程均使喷油器喷油的时刻滞后于喷油泵供油的时刻。因此，要使活塞在通过压缩行程上止点附近气缸内出现最高爆发压力，以获得最佳燃烧效率，喷油泵必须在上止点前开始供油。供油提前角过大时，气缸内燃油的速燃期出现在上止点前，活塞到达上止点前，气缸内压力升高速率过大或出现压力峰值，将使发动机工作粗暴、功率下降、油耗增加、怠速不良、加速不灵及起动困难；当供油提前角过小时，气缸内燃油的速燃期出现在活塞越过上止点下行后，将使爆发压力峰值降低，也会使发动机功率下降、油耗增多、加速无力，同时会因补燃增多而使发动机过热。供油提前角的最佳值，应能在供油量和转速一定的情况下，获得最大功率和最小油耗。柴油机的最佳供油提前角应能随转速和负荷变化而变化。转速升高或供油量增大时，供油提前角也应相应增大。有些喷油泵上装有供油提前角调节器，可在初始供油提前角的基础上，随转速变化而自动调节。

供油提前角的检测有人工经验检查校正、发动机综合测试仪检测和柴油机供油正时灯检测 3 种方法。该供油提前角的检测通过发动机综合测试仪来检测。

### 2.3.2 试验目的及要求

(1) 了解发动机燃油供给系统功用。
(2) 掌握发动机燃油供给系统检测的方法和原理。
(3) 熟悉试验步骤，各相关仪器的使用方法。
(4) 准确记录试验测量的数据，并且对发动机燃油供给系统进行评价。

### 2.3.3 试验所用的主要仪器和设备

MQW-5A 型机动车排气分析仪，转速表，打印机，压力表，发动机综合测试仪，MQY-200 不透光烟度计。

### 2.3.4 试验设备的工作原理

MQW-5A 型机动车排气分析仪和 MQY-200 不透光烟度计的工作原理参考 1.7 节，发动机综合测试仪的工作原理参看 2.2 节。

## 2.3.5 试验方法和步骤

**1. 汽油机燃油供给系统检测步骤**

1) 混合气质量检测

(1) 起动发动机,把发动机预热至正常工作温度。
(2) 预热并校准废气分析仪。
(3) 接好转速表,调整发动机,使其处于怠速状态。
(4) 把废气分析仪的取样探头插入排气管中,插入深度不小于 300mm。
(5) 把废弃仪上所记录的数据,输到打印机上,并打印出来。
(6) 重复步骤(3)、(5),测出发动机小负荷、中等负荷和大负荷工况下的数据,并记录。
(7) 根据所记录数据,对发动机 4 种工况的混合气质量做出理论分析。

2) 电喷信号检测

对于电控燃油喷射系统而言,如果燃油压力由调节器控制,使其与进气歧管的压力之差为规定值,则从喷油器喷出的燃油量仅取决于喷油器的开启时刻,该时刻是由微处理器向喷油器电磁线圈发出指令的信号控制的。

为测得电控喷油系统的喷油压力脉冲信号,可拆开喷油器电路插头,中间接入专用 T 形接头。其一端接喷油器,另一端接电路插头,中间引出端接发动机综合检测仪的信号提取系统的信号探针,如图 2.22 所示。该 T 形接头有两种形式,直接插头引出式 [图 2.22 (a)] 和鱼夹引出式 [图 2.22 (b)],可供多种传感器信号引出用。

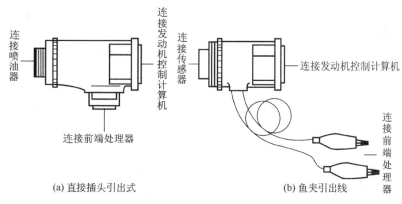

(a) 直接插头引出式　　(b) 鱼夹引出线

图 2.22　T 形接头的连接

3) 燃油压力检测

对于 MPI 多点燃油喷射系统而言,压力检测时应把压力表接到燃油分配总管的测压接口上,使油泵工作或发动机怠速运转,从压力表上可测得调节压力;拔掉燃油压力调节器上的真空软管,可测得系统压力。保持压力指发动机熄火后为便于再次起动,燃油管路中所应保持的压力。测得系统压力后,使发动机熄火,待 10min 或 20min 后,压力表上指示的压力值就是保持压力。保持压力低的原因是由于燃油泵单向阀不密封或喷油器、燃油压力调节器泄漏。

对于 SPI 单点燃油喷射系统,一般情况下应检测系统压力或调节压力,压力表应安装在喷油器与滤清器之间。

表2-2所列为电控燃油喷射系统供油压力和供油量的规定值。

表2-2 电控燃油喷射系统的供油压力和供油量规定值

| 类型 | 测试项目 | | 压力值/MPa | 测试条件 |
| --- | --- | --- | --- | --- |
| MPI型电控喷射系统 | 系统压力 | | 0.25~0.35 | 油泵运转或怠速 |
| | 调节压力 | | 0.20~0.26 | |
| | 系统保持压力 | 10min后 | >0.20 | 熄火后开始计时 |
| | | 20min后 | >0.15 | |
| | 油泵压力 | | 0.50~0.70 | 油泵运转 |
| | 油泵保持压力 | | 0.35 | 油泵运转 |
| | 油泵供油量/(L/min) | | 1.20~2.60 | 油泵运转 |
| SPI型电控喷射系统 | 系统压力 | | 0.07~0.10 | 油泵运转或怠速 |
| | 调节压力 | | 0.10 | |
| | 调节保持压力 | | 0.05 | |
| | 油泵压力 | | 0.30 | 油泵运转 |
| | 油泵供油量/(L/min) | | 0.83~1.50 | 油泵运转 |

2. 柴油机燃油供给系统检测步骤

1) 混合气质量检测

(1) 仪器准备。

① 通电之前,检查指示电表指针是否在机械零点上,否则用零点调整旋钮使指针与"0"刻度重合。

② 通电后,仪器预热。用标准色纸(白滤纸和标准烟样)检查指示电表指针是否符合染黑度数据,并进行调整。

③ 查取样装置和控制装置中各部件的工作情况,特别要检查脚踏开关与抽气泵动作是否同步。

④ 查控制用和清洗用压缩空气的压力是否符合要求。

⑤ 查滤纸进给机构的工作情况。检查滤纸是否合格,应洁白无污。

(2) 柴油发动机准备。

① 进气系统应装有空气滤清器,排气系统应装有消声器,并且不得有泄漏。

② 气管应能够保证取样探头插入深度不小于300mm,否则,排气管应加接管,并保证接口不漏气。

③ 须采用生产厂规定的柴油机润滑油和未加消烟剂的柴油。

④ 柴油机应预热至规定的热状态。

(3) 测量方法。

① 取样探头逆气流固定于排气管内,并使其中心线与排气管轴线平行。

② 接好转速表,调整发动机,使其处于怠速状态。

③ 调整发动机，从怠速状态工况下进行急加速，再使发动机回到怠速工况下，如此反复3次，以便将排气管内的炭粒除掉，在此期间用压缩空气清洗机构对取样探头和取样管吹洗3～4s。

④ 调整发动机，使发动机维持怠速运转11s。在此期间内完成取样、抽气泵复位、走纸（或更换新滤纸）、清洗和指示（或打印测量结果）。

⑤ 重复3次，两次加速之间间隔15s。3次读数的算术平均值即为所测烟度值。

⑥ 重复步骤③～⑤，测出发动机小负荷、中等负荷和大负荷工况下的数据，并记录。

⑦ 根据所记录数据，对发动机4种工况的混合气质量做出理论分析。

2）喷油压力检测

发动机综合测试仪检测时，检测仪经预热、自校、调试后，把串接式油压传感器按使用要求安装在高压油管与喷油器之间或把外卡式油压传感器按要求卡在高压油管上；将发动机转速稳定在800～1000r/min，按使用说明书的要求通过按键选择，屏幕上即可出现被测发动机的供油压力波形，检测步骤参见2.2节。

3）供油正时检测

使用发动机综合测试仪，采用缸压法可快速检测发动机某缸的供油提前角。检测步骤参见2.2节。

### 2.3.6 试验报告的基本内容和要求

（1）试验过程的详细记录。

（2）试验数据的记录和数据处理。

（3）根据试验数据，对发动机燃油供给系统做出正确的判断。

## 2.4 发动机冷却系统测试

### 2.4.1 理论基础

冷却系统的作用是保证发动机在最适宜的温度状态下连续工作。发动机工作温度过高或过低，不仅会使其动力性和经济性变坏，而且会加速机件的磨损或损坏，因此，一般车用发动机均设有独立的冷却系统。水冷式发动机冷却系统是最普遍使用的一种冷却系统，水冷式冷却系统冷却液温度过高或过低，都会使发动机功率下降，油耗增加。在正常情况下，冷却液温度保持在80～90℃。但在使用过程中，由于冷却系统的技术状况逐渐变坏，冷却系统冷却液温度会过高或过低，其主要原因为：冷却液过少，有渗漏处；散热器水管堵塞、冷却系统内有水垢、风扇传动带打滑、节温器失灵等。

一个性能良好的发动机冷却系统应满足以下基本要求。

（1）散热能力应能满足发动机在各种工况下运转时的需要。当工况和环境条件变化时，仍能保证发动机可靠地工作和维持最佳的冷却水温度。

（2）功率消耗小，发动机在起动后，能在短时间内达到正常工作温度。

（3）体积小、质量轻、便于拆装维护和修理。

（4）使用可靠、寿命长、制造成本低。

### 2.4.2 试验目的及要求

(1) 测定气缸和冷却系统密封性、水泵性能、节温器性能等。
(2) 熟悉试验步骤，掌握试验台各相关仪器的使用方法。

### 2.4.3 试验所用的主要仪器和设备

气缸压力表，万用表，散热器盖测试仪，空压机。

### 2.4.4 试验方法

冷却系统检测与诊断的常用方法有外观检查、气缸和冷却系统密封性检查、水泵性能检查、散热器管道检查、节温器性能检查及冷却液温度表的检测等。

1. 外观检查

外观检查主要是察看散热器、水泵、水管、水套和放水开关等部位是否泄漏，冷却液的量是否足够，风扇和散热器的距离是否正确，传动带两侧面是否有磨损。外观检查应在发动机静止而且冷机状态下进行，因为冷却系统的外部渗漏在发动机冷态时容易被发现。当发动机热态时，这种泄漏因蒸气而不易被发现。对那些不容易接近的部位（汽缸后部、放水阀以及水泵的密封圈等），可以通过留在地面上水迹判断泄漏部位。检查风扇传动带松紧度可用拇指压在风扇和发电机带轮中间的传动带上并施加 20~50N 的力，此时传动带压进距离应为 10~20mm 比较适当。

2. 气缸和冷却系统密封性检测

1) 气缸密封性检测

通过压力试验检查内部渗漏。一般常见的内部渗漏有气缸衬垫漏气、气缸盖螺栓松脱及气缸盖或气缸体上有裂纹等。试验时可用气缸压力表进行，拆下表头，接上压缩空气管，依次对每个火花塞孔输给压力为 700kPa 的压缩空气（这时活塞应处于压缩行程的上止点）。如果拆去气缸盖上的出水软管，气缸漏气时冷却液中将有气泡冒出，或从出水口液面升高反映出来。另外，还可以采用气缸漏气量检验仪进行检验。

2) 冷却系统密封性能和具有空气蒸气阀的散热器盖压力的检测

冷却系统密封性能和具有空气蒸气阀的散热器盖压力通常用散热器及冷却系统密封性测试仪（图 2.23）检测。测试散热器盖压力的方法如下：从散热器上拆下散热器盖，若有污垢须用清水清洗干净；按不同车种选择合适的散热器盖装在连接端并旋紧，将另一端装在测试仪上，旋紧并检查是否漏气。起动发动机使水泵提高压力，当仪表上的指针上升停止后立刻读数；若读数值超过技术标准，即为不良。测试冷却系统密封性的方法是：先在测试之前按规定在散热器中补充足够的冷却液，并使发动机暖机至正常工作温度；不使用连接器，直接将测试器装在散热器的冷却液注入口，在确定没有漏气的情况下拧紧；使水泵工作压力达到规定压力值，然后给冷却系统加压，使压力值达到规定值以上（一般为 120~150kPa）；检查水泵、散热器、橡胶接管及连接部是否漏冷却液现象。

3. 水泵性能检查

1) 水泵工作状态检查

打开散热器盖，使发动机缓慢加速，察看散热器内冷却液的循环；若不断加快，则水泵工作正常，叶轮也不打滑，反之，水泵有问题。当不易从冷却液加注口观察冷却液的循环情况时，可用另一种方法：让发动机在冷却液温度高时熄火，并迅速拆下气缸盖通往散热器上水室接头的胶管，再用布团塞住下水室接头，从冷却液加注口向散热器内加注冷却液，再起动发动机，如气缸水套内和散热器中的冷却液被水泵泵出胶管口外 200mL 左右，说明水泵工作正常，叶轮也不打滑。反之则异常。

2）水泵流量试验

水泵流量试验在专用试验台上进行，由试验台驱动装置带动水泵转动，观察泵水量是否符合制造厂的标准或者是否有漏冷却液现象。

4. 散热器管道和膨胀水箱检测

散热器管道因杂质、油污、积垢多而堵塞时，冷却系统就会因冷却液循环受阻而使冷却液温度过高。

检查的方法是：打开散热器盖，使上水室的液面低于加水口 10mm 左右，然后起动发动机，先以急速运转，注意观察冷却液流量和液面，随后使发

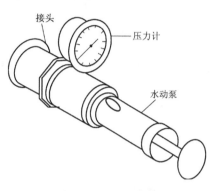

图 2.23　散热器盖测试仪

动机转速提高到 1 200r/min 左右，仔细观察转速提高时的液面变化，如果比急速时的液面升高，甚至冷却液溢出加水口，说明管道堵塞；如果比急速时液面略低，而且又随着发动机转速的稳定，液面相对保持不变，则表示散热器畅通。

某些发动机（如桑塔纳汽车发动机）的散热器芯由铝质管片构成，固定在发动机左前侧，通过软管与膨胀水箱相连接。散热器盖上有循环阀和排液阀，冷却液通过此阀进出膨胀水箱。

膨胀水箱内装有自动液位报警装置，当液面过低时，仪表板上的冷却液温度和液面警告灯会连续闪烁。当液面低于最低线时，应及时添注冷却液，但不应超过最高线。

散热器和膨胀水箱的检验主要是检查散热器有无泄漏和膨胀水箱盖的开启压力。

5. 节温器性能检测

节温器是一个随冷却液温度高低，自动调节流经散热器的冷却液流量的装置，从而使冷却液温度保持平衡。节温器是否失灵的检查方法是：在冷却液温度高时，拆下气缸盖通往散热器上水室接头的胶管，用布或棉纱塞住上水室接头，向散热器内加注冷却液，然后起动发动机。当冷却液温度达到 80℃时，节温器处于开启状态，此时，就看到散热器中的冷却液从开启的节温器内泵出。发动机转速越高，泵出的距离越远，高温冷却液泵出一段时间后，向散热器内加入冷却液，节温器随着发动机温度降低而关闭，通往上水室的胶管就没有冷却液泵出了。如果发动机继续运转，冷却液温度升到 80℃以上时，节温器又重新开启。当上述动作异常时，可拆下节温器或换装新的节温器试验，以确定使用的原节温器是否失灵。应当注意，不同的车辆用的节温器开启和关闭温度是不一样的。检验节温器好坏还可以用另一种方法：把节温器从发动机上拆下，清洗后放在水中加热，用量程为 100℃的温度计测量温度，按节温器主阀门开启或侧阀门关闭的温度规定，检查其性能是否良好，工作是否可靠。

### 6. 冷却液温度表检测

正常的冷却液温度表，在打开点火开关后，指针应从100℃向40℃方向偏转，然后逐渐指示正确冷却液温度。当打开点火开关，仪表板上的其余仪表正常，冷却液温度表如果不动，可能有两种情况：一是冷却液温度表损坏，二是冷却液温度表正常，冷却液温度传感器损坏。将冷却液温度传感器接线柱与机件短路，若冷却液温度表指针从100℃向40℃摆动，说明冷却液温度表正常，其温度传感器有故障。如冷却液温度表指针仍然不动，说明冷却液温度表本身有故障。当打开点火开关，冷却液温度表指针迅速从100℃位置移至40℃位置，但发动机温度升高后，指针仍然在40℃位置不动，此时可拆下冷却液温度传感器导线，若指针迅速从40℃位置回到100℃位置，则说明冷却液温度传感器内部有搭铁短路之处；若指针仍然在40℃位置不动，则说明冷却液温度表至传感器的连接导线有搭铁处，诊断时如发现传感器内部有故障，接线与发动机机体间发生短路，应立即关掉点火开关，以免烧坏冷却液温度表。另外，冷却液温度表还可以用汽车电器万能试验器等设备检测。

### 7. 判断电动风扇的好坏

某些发动机冷却系统和空调冷凝器共用的风扇是直流永磁电动机驱动的电动风扇，它用装在散热器上的温度控制开关或空调继电器控制，当散热器中冷却液温度高于93％～98％时，风扇开始运转(温控开关接通)；当温度降到88～93℃时，风扇停转。由于风扇电动机的电源不受点火开关控制，因此发动机熄火后，散热器冷却液的温度高于88～93℃，电动风扇运转是正常的，不要误认为是故障加以处置；若低于88℃时风扇仍转，则不正常；若温度高于98℃时，风扇仍不能转动也是不正常的。

当出现不正常时，首先应检查熔丝。若熔丝完好，则应检查温控开关，将温控开关短接，若此时风扇转动，说明温控开关损坏。若风扇仍不转动，说明是电动风扇损坏。同时由于空压机和冷凝器靠冷却系统的风扇冷却，当空调工作时，电动风扇维持正常转动。所以当电动风扇因故障停止转动时，应立即停止使用空调，否则制冷系统产生超高压，会损坏空调电磁离合器等。

若使用空调时，电动风扇不转，首先应检查熔丝；若熔丝完好，应检查冷却继电器和空调继电器。若完好，应检查电动风扇。

### 8. 对温度控制开关进行检测

温控开关又称热敏开关，它的作用是根据冷却液温度不同自动接通和切断风扇电动机电源电路。检查温控开关是否工作正常时，应将温控开关拆下放入水中，将万用表两个触笔分别接到温度控制开关的接线端和外壳上，当冷却液温度低于(87±2)℃时，万用表指针应指示断开，即电阻无穷大。改变冷却液温度，当冷却液温度达到(92±2)℃时，万用表指针指示一定电阻值即接通。否则说明温控开关损坏，应更换。

## 2.4.5 试验报告的基本内容和要求

(1) 试验过程的详细记录。
(2) 试验数据的记录和数据处理。
(3) 分析冷却系统及其各部件性能状况。

## 2.5 发动机润滑系统测试

### 2.5.1 理论基础

摩擦阻力是发动机起动和运转时的主要阻力，改善润滑状况可以减小发动机的机械磨损，提高发动机输出的有效功率；同时，润滑状况不良时，发动机做相对运动的配合副磨损加剧，正常的配合间隙被破坏，还易于产生发动机"拉缸"或"烧瓦"等破坏性故障。因此，发动机润滑系统的技术状况，直接影响整机的工作性能和使用寿命。发动机润滑系统的技术状况主要通过机油压力，机油消耗量和机油品质等参数体现。

1. 机油压力

机油压力是发动机润滑系统的重要诊断参数。机油压力的大小，取决于机油的温度、黏度，机油泵的供油能力，限压阀的调整，机油通道和机油滤清器的阻力及曲轴主轴承、连杆轴承和凸轮轴轴承的间隙等。

2. 机油品质

机油品质在发动机使用过程中会逐渐变化，表现为颜色变黑、黏度下降或上升、添加剂性能丧失等。机油品质变化的主要原因是机械杂质对其污染和机油自身理化性能指标的降低。污染机油的机械杂质主要指通过气缸进入机油池的道路尘埃，运动机件表面因摩擦剥落下来的金属微粒，以及未完全燃烧的重质燃料、胶质和积炭等。这些杂质在机油中或处于悬浮状态，或沉积到油泥中去。除上述固体杂质外，从气缸漏入机油池内的未燃燃油蒸气和水蒸气也会影响机油品质。其中，未燃燃油蒸气会稀释机油，而微小的水滴则与机油构成乳浊液。此外，机油在发动机工作过程中的高温和氧化作用下，能生成氧化产物和氧化聚合物。这些物质对机件有一定的腐蚀作用。机油中氧化产物和氧化聚合物逐渐增多的品质变化，通常称为机油老化。

机油品质变化对发动机润滑会导致严重后果，因而加强对在用机油的定期检测与分析，实行按质换油非常重要。这不仅可以节约机油，保证发动机良好的润滑，而且可以掌握润滑系统甚至整机技术状况的变化。

对在用机油的检测与分析，通常有滤纸斑点分析法、清净性分析法、介电常数分光率分析法、理化性能指标分析法、光谱分析法、铁谱分析法和磁性探测器分析法。本试验采用介电常数分析法。

3. 机油消耗量

机油消耗量的影响因素很多，润滑系统渗漏，空气压缩机工作不正常，机油规格不符，气缸活塞组磨损等都会影响机油消耗量。因此，机油消耗量除可以反映发动机润滑系统技术状况外，还可据此判断发动机气缸活塞组的磨损情况。

4. 介电常数分析法简介

电容的电容值除与两极板间的面积和极板间的距离有关外，还与极板间填充物有关。

对于一个已经确定了极板面积和极板距离的电容,极板间充填物质对电容值的影响可用一个系数反映,称介电常数,如式(2-2)所示。

$$C = \varepsilon \cdot S/\delta \qquad (2-2)$$

式中,$C$ 为电容(F);$S$ 为极板的面积($m^2$);$\delta$ 为极板间距离(m);$\varepsilon$ 为介电常数。

每种物质都有其自身的介电常数,润滑油也不例外。清洁机油不含杂质,有较为稳定的介电常数;而使用中的机油,由于污染程度不同,机油中所含的杂质成分和数量不同,其介电常数也会发生变化。因此,介电常数值可反映润滑油的污染程度。被测机油的介电常数与清洁机油介电常数的差别越大,表明机油的污染程度越大。

### 2.5.2 试验目的及要求

(1)了解机油压力、机油品质和机油消耗量对润滑系统的影响。
(2)了解介电常数分析方法。
(3)掌握相关仪器的用法和各参数的测试步骤。

### 2.5.3 试验所用的主要仪器和设备

油压表,润滑油质量微电脑检测仪油质仪,油标尺。

### 2.5.4 试验设备的工作原理

润滑油质量微电脑检测仪(图2.24)是按介电常数分析法的原理制成的,该检测仪的关键元件为安装在油槽底部的螺旋状电容。测试时,机油作为电容介质。当机油污染后,其介电常数发生变化,引起电容值的变化。以该电容作为传感器并使其作为检测仪测试电路的一部分,传感器电容的变化引起测试电路中电量的变化,电信号通过专用数字电路转变为数字信号,送入微型计算机处理并与参考信号比较。当数字显示屏显示值为零时,表明所测机油无污染;显示值不为零时,表明所测机油有污染;显示值越偏离零值,表明机油污染程度越大。用润滑油质量微电脑检测仪测试机油污染程度时,所推荐的换油标准为:汽油机油的显示值大于4.2~4.7;柴油机油的显示值大于5.0~5.5。

图 2.24 润滑油质量微电脑检测仪
1—数字显示屏;2—机油传感器;3—清零按钮;
4—测量按钮;5—电源开关;6—固定螺钉

### 2.5.5 试验方法和步骤

1. 机油压力检测

(1)在发动机润滑油道上的油压传感器,装上油压表。
(2)起动发动机使其在规定的转速下运转。
(3)读取油压表上的指示值,并记录下来。

2. 机油品质的检测

(1) 使用油质仪时，应先用脱脂棉彻底清洁传感器油槽。

(2) 将 3~5 滴与被测机油同牌号新机油置于传感器油槽中，使机油与油槽边沿齐平。2~5s 后机油在油槽内已扩散完毕，轻轻按一下"清零按键"，约 2s 后清零，显示"±00.00"，再一次彻底清洁传感器油槽。

(3) 将 3~5 滴被测机油油样置于传感器油槽中，要求与上述相同。被测机油的油样，应在运转停止后 5min 内，从工作温度正常的（新机油油样也应加热到这一温度）发动机油池内提取。轻轻按一下"测量按键"，数字显示屏立即显示出被测油样相对新机油介电常数改变值。

(4) 读取数据，并作数据记录。

3. 机油消耗量检测

(1) 测试前，车辆置于水平硬路面上，起动发动机，预热机油后，停止发动机转动。

(2) 将机油加至机油规定的液面高度，然后在机油标尺上清楚地画上刻线，以记录这一油面的位置。

(3) 被测车辆投入使用，行驶一定里程时，停止运行，仍置车辆于原地点，打开油池，向油池里加机油，使油面升至机油标尺上所画刻线的位置，并且记录所加的机油油量，即机油消耗量。

## 2.5.6 试验报告的基本内容和要求

(1) 试验过程的详细记录。

(2) 试验数据的记录和数据处理。

(3) 分析机油压力是否合理，机油品质的好坏及被测汽车机油消耗量是否正常。

# 2.6 发动机气缸密封性测试

## 2.6.1 理论基础

气缸密封性与发动机气缸活塞组的技术状况直接相关，因而气缸密封性的检测参数可作为气缸活塞组技术状况的评价指标。

气缸活塞组包括气缸、活塞、活塞环、气门、气缸盖和气缸垫等包围发动机工作介质的零部件，如图 2.25 所示。在使用过程中，由于磨损、烧蚀、结胶、积炭等原因，气缸活塞组技术状况变坏，从而使气缸密封性不良，发动机动力性和经济性下降。

评价气缸密封性的主要参数有气缸压缩压力、气缸漏气率或气缸漏气量、曲轴箱窜气量、进气管真空度等，但这些参数各有侧重，具有不同的使用特点，在使用时应注意各自的适用性。

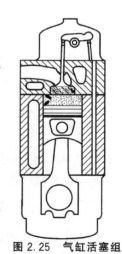

图 2.25 气缸活塞组

### 2.6.2 试验目的及要求

(1) 测定气缸压缩压力、气缸漏气率、进气管真空度、曲轴箱窜气量等评价参数。

(2) 熟悉试验步骤,掌握试验台各相关仪器的使用方法。

### 2.6.3 试验所用的主要仪器和设备

根据评价气缸密封性的参数不同,所采用的仪器和设备也不一样,主要有以下4种测试仪器。

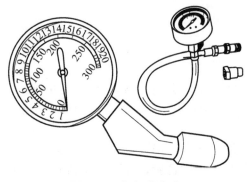

图 2.26 气缸压力表

(1) 气缸压力表(图2.26)是一种专用压力表,一般由表头、导管、单向阀和接头等组成。气缸压力表接头有螺纹管接头和锥形或阶梯形橡胶接头两种。螺纹管接头可以拧在火花塞或喷油器的螺纹孔中;橡胶接头可以压紧在火花塞或喷油器孔中。单向阀处于关闭位置时,可保持测得的气缸压缩压力读数(保持压力表指针位置);单向阀打开时,可使压力表指针回零,以用于下次测量。

(2) 气缸压力传感器式气缸压力测试仪。

(3) QLY-1型气缸漏气量检测仪。

(4) 曲轴箱气量检测议。

### 2.6.4 试验设备的工作原理

**1. 气缸压力传感器式气缸压力测试仪检测原理**

发动机起动时,起动机驱动曲轴的转矩 $M$ 与起动工作电流 $I_s$ 之间存在一定函数关系。电枢电流 $I_s$ 与磁场(通常由励磁电流产生)磁通量 $\Phi$ 相互作用,产生电磁力和电磁转矩,其关系为

$$M = K_m \cdot \Phi \cdot I_s \tag{2-3}$$

式中,$K_m$ 为电动机常数,与结构有关;$\Phi$ 为磁通量(Wb);$I_s$ 为电枢电流(A);$M$ 为起动力矩(N·m)。

另一方面,电枢在磁场中旋转时,电枢绕组也要切割磁场的磁力线,从而在绕组中感应出反电动势 $E'$,其方向与电枢绕组电流 $I_s$ 的方向相反,其值大小与电动机转速成正比。

$$E' = K_E \cdot \Phi \cdot n \tag{2-4}$$

式中,$E'$ 为感应电动势(V);$K_E$ 为常数,与电动机结构有关;$n$ 为起动机转速(r/min)。

起动机电枢端电压 $V$、电枢内阻 $R_a$ 与电枢电流 $I_s$ 间的关系为:

$$I_s = \frac{V - E'}{R_a} \tag{2-5}$$

起动机的电磁转矩 $M$ 为驱动力矩,稳定运转时,应与发动机的起动阻力矩 $M'$ 平衡。发动机的起动阻力矩 $M'$ 由机械阻力矩、惯性阻力矩和气缸压缩空气的反力矩构成。正常

情况下，前两种阻力矩变化不大，可看作常数；而压缩空气反力矩显然是周期性波动的，在每一缸活塞到达压缩行程上止点时具有峰值。若阻力矩增加，电磁转矩 $M$ 便暂时小于阻力矩 $M'$，起动机转速 $n$ 下降；随着 $n$ 下降，反电动势 $E'$ 将减小，而电枢电流 $I_s$ 将增大。于是电磁转矩 $M$ 随之增加，直到与阻力矩 $M'$ 达到新的平衡。若阻力矩降低，则起动机加速旋转，转速 $n$ 增大，反电动势 $E'$ 随之增大，从而电枢电流 $I_s$ 及转矩 $M$ 减小，直至 $M$ 与 $M'$ 平衡。由此可见，发动机起动时，压缩压力的波动引起了起动机起动工作电流的波动，电流波动的峰值与气缸压缩压力成正比。如果能确定某一电流峰值所对应的气缸，如第一缸，按点火次序即可确定各缸所对应的起动电流峰值，其大小可代表该缸气缸压缩压力值。用示波器记录的起动机起动电流曲线如图 2.27 所示。如果在测发动机起动电流的同时，用缸压传感器（图 2.28）测出任一气缸（例如 Ⅰ 缸）的气缸压缩压力值，则其他各缸的气缸压缩压力值可按其起动电流波形峰值计算而得。

起动机工作电流 $I_s$ 与蓄电池端电压 $V$ 的关系为
$$V = E - I_s \cdot R \tag{2-6}$$
式中，$E$ 为蓄电池电动势（V）；$R$ 为蓄电池内阻（Ω）。

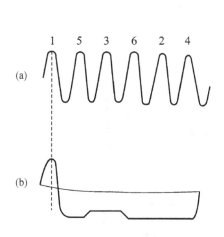

图 2.27 起动电流与缸压波形图
（a）起动电流波形；（b）缸压波形

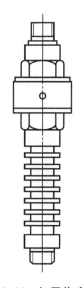

图 2.28 缸压传感器

因此，由气缸压缩空气阻力矩引起的起动机工作电流波动会导致蓄电池端电压的波动。起动电流增大时，端电压降低，即起动电流与电压降成正比。如前所述，起动电流峰值与气缸压缩压力成正比，因此起动时蓄电池的电压降也与气缸压缩压力成正比。所以，可以通过测量蓄电池的起动电压降检测气缸压缩压力。

根据上述原理制成的气缸压缩压力测试仪，称为起动电流式或起动电压降式气缸压缩压力测试仪。有的测试仪可以显示各缸压缩压力的具体数值，并能与标准值对照；有的仅能定性显示"合格"或"不合格"；也有的只能显示波形。对于后者，如果检测时显示的各缸波形振幅一致，峰值又在规定范围内，说明各缸压缩压力符合要求；若各缸波形振幅不一致，对应某缸电流峰值低于规定范围，则说明该缸压缩压力不足，应借助其他方法测出压缩压力的具体数值，以便分析判断。至于各缸波形峰值对应的缸号，一般是通过点火传感器或喷油传感器（柴油机）确定Ⅰ缸波形位置，其他缸的波形位置按点火次序确定。

2. 气缸漏气量（率）检测原理

图 2.29 为常用 QLY-1 型气缸漏气量检测仪原理图。测试时，检测仪的充气嘴安装于所测气缸的火花塞孔 E，该缸活塞处于上止点位置。外接气源的压力应相当于气缸压缩压力，一般为 0.6～0.8MPa，其具体压力值由进气压力表显示；经调压阀调压至某一确定压力 $p_1$（0.4MPa）后，压缩空气经过校正孔板上的量孔及快换管接头、充气嘴进入气缸。当气缸密封不严时，压缩空气就会从不密封处溢漏出去，校正孔板量孔后的空气压力下降为 $p_2$。$p_1$ 和 $p_2$ 的关系为

$$p_1 - p_2 = \rho \cdot Q^2 / 2\Phi^2 \cdot A^2 \tag{2-7}$$

式中，$Q$ 为空气流量（m³/s）；$A$ 为量孔截面积（m²）；$\rho$ 为空气密度（kg/m³）；$\Phi$ 为流量系数。

$$\Phi = 1/\sqrt{1+\xi} \tag{2-8}$$

式中，$\xi$ 为量孔局部阻力系数。

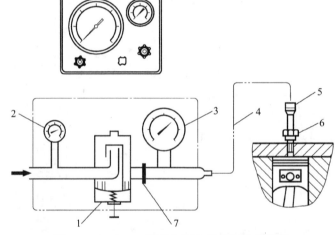

图 2.29　QLY-1 型气缸漏气量检测仪原理图
1—调压阀；2—进气压力表；3—测量表；4—橡胶软管
5—快换管接头；6—充气嘴；7—校正孔板

当校正孔板量孔截面积和结构一定时，$A$ 和 $\Phi$ 为常数；而进气压力 $p_1$ 及测试时的环境温度一定时，空气密度 $\rho$ 也为常数，因此校正孔板量孔后的压力 $p_2$（由测量表指示）取决于经过量孔的空气流量 $Q$。显然，空气流量 $Q$ 的大小（漏气量）与气缸的密封程度有关。由于气缸、活塞、活塞环和气门、气门座等处磨损过大或因故障密封不良时，漏气量 $Q$ 增大而使测量表指示压力 $p_2$ 低于进气压力 $p_1$ 的量增大。因此，根据测量表压力下降值即可判断气缸的漏气量，并据此检测气缸的密封性。

通过气缸漏气量检测，发现某一缸的密封性不良后，可进一步在化油器、排气消声器出口、散热器加水口和机油加注口等处，察听有无漏气声，以判断气缸的漏气部位。

对于气缸漏气率检测，无论所使用的是何种仪器、检测方法，还是何种判断故障的方法，都与气缸漏气量的检测基本一致。所不同的是气缸漏气量的测量表以 kPa 或 MPa 为单位，而气缸漏气率测量表的标定单位为百分数，即密封仪器出气口，漏气率为零时，测量表指针指示"0"；而打开仪器出气口，表示气缸内压缩空气完全漏掉，测量表指针指示

值为100%。测量表指示值在0~100%之间均匀分度,并以百分数表示。这样,把原表盘的气压值标定为漏气的百分数,就能直观地指示气缸的漏气率了。

3. 进气管真空度检测原理

进气管真空度指进气管内的进气压力与外界大气压力之差。通过检测发动机进气歧管真空度来评价发动机的气缸密封性,主要针对汽油机而言。

汽油机负荷采用"量"调节,即依靠节气门开度变化控制进入气缸混合气的量,改变发动机输出功率。怠速时,节气门开度小,进气节流作用大,进气管中真空度较高;节气门全开时,进气管中真空度较小。由此可见,进气管真空度首先取决于发动机工作状态。检测进气管真空度,大多数是在怠速条件下进行,因为技术状况良好的汽油机怠速时,进气管真空度有一较为稳定的值(化油器式发动机为57~70kPa),同时怠速时进气管真空度高,对因进气管、气缸密封性不良引起的真空度下降较为敏感。

进气管真空度还与发动机技术状况有关,可以反映气缸活塞组和进气管的密封性。若进气管垫、真空点火提前机构等处密封不良,气缸活塞组、配气机构因磨损或故障间隙增大,以及点火系统和供油系统的调整等都会影响发动机进气管的真空度。因此,通过对进气管真空度的检测也可发现这些部位的故障。

4. 曲轴箱窜气量检测原理

气缸活塞组配合副磨损、活塞环弹性下降或粘接均会使密封性下降,工作介质和燃气将会从不密封处窜入曲轴箱。窜入曲轴箱的气体量越多,表明气缸与活塞、活塞环间不密封程度越高。窜入曲轴箱的废气可以溢出的通道有:加机油口、机油尺口和曲轴箱强制通风阀,如图2.30所示。

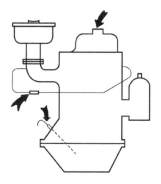

显然,曲轴箱窜气量与使用工况有关。但在确定工况下,曲轴箱窜气量可反映气缸活塞组的技术状况或磨损程度。图2.31表明曲轴箱窜气量与功率和油耗的关系。

图2.30 曲轴箱废气可以溢出的通道

因此,检测发动机工作状态下单位时间内窜入曲轴箱的气体量,可评价气缸活塞配合副的密封性。

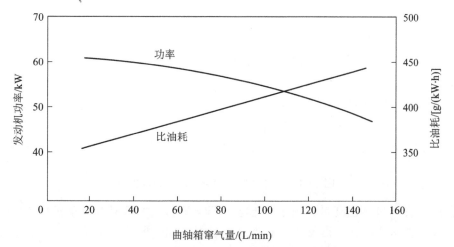

图2.31 曲轴箱窜气量与功率、油耗的关系

### 2.6.5 试验方法和步骤

**1. 气缸压缩压力检测**

1) 利用气缸压力表检测

根据热力学的有关结论,气缸压缩压力与发动机的热效率和平均指示压力有直接关系。气缸压缩压力是评价气缸密封性最为直接的指标,并且由于所用仪器简单,测量方便,因此得到广泛应用。

(1) 发动机应运转至正常工作温度,水冷发动机冷却液温度75~95℃,风冷发动机机油温度80~90℃。

(2) 拆除全部火花塞或喷油器(柴油机)。

(3) 把节气门和阻风门置于全开位置。

(4) 把气缸压力表的锥形橡胶接头压紧在被测缸的火花塞孔内,或把螺纹管接头拧在火花塞孔上。

(5) 用起动机带动曲轴旋转3~5 s,指针稳定后读取读数,然后按下单向阀使指针回零。每个气缸的测量次数应不少于两次。

(6) 按上述方法依次检测各个气缸。

(7) 检测结果的影响因素:用气缸压力表测得的气缸压缩压力,不仅与气缸密封性有关,还受发动机转速的影响,即与活塞在缸内压缩行程所持续的时间密切相关。图2.32为气缸压缩压力与发动机曲轴转速的关系曲线。由图2.32可见,当起动机带动发动机在较低转速范围内运转时,即使是较小的转速差$\Delta n$,也能使气缸压缩压力检测结果发生较大的变化$\Delta p$。只有当发动机曲轴转速超过某一值时(一般为150 r/min),检测结果受转速的影响才会较小。因此,检测时的转速应符合制造厂规定,具体见表2-3。

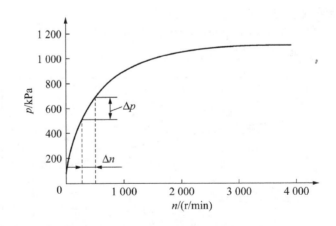

图2.32 气缸压缩压力与曲轴转速的关系

检测时,发动机转速高低取决于蓄电池和起动机的技术状况及发动机旋转时的摩擦阻力矩。因此,要求蓄电池、起动机的技术状况良好;同时要求发动机润滑条件良好,并运转至正常热状况,以减小运转时的摩擦阻力。

表 2-3 常用汽车发动机气缸压缩压力

| 汽车或发动机型号 | 压缩比 | 气缸压力/kPa | 检测压力时的转速/(r/min) |
|---|---|---|---|
| 解放 CA6102 | 7.4 | 930 | 100~150 |
| 东风 EQ6100-1 | 7.0 | ≥833(各缸差＜147) | 100~150 |
| 跃进 NJG427A | 7.5 | 981 | 200~250 |
| 跃进 NJD433A | 20.0 | ≥3 040 | 200~250 |
| 北京 2020 | 6.6 | 784 | 300 |
| CA488 | 8.1 | 896 | 200~250 |
| 天津夏利 TJ7100 | 9.5 | 1029~1225 | 350 |
| 一汽捷达 | 8.5 | 900~1200(各缸差＜300) | 200~250 |
| 桑塔纳 JV | 8.5 | 1000~1300 | 200~250 |
| 奥迪 100 | 8.5 | 800~1100(各缸差＜300) | 200~250 |
| 切诺基 | 8.6 | 1068~1275(各缸差＜206) | 200~250 |
| 丰田 1Y、2Y、3Y | 8.8 | 1225.83 | |
| 4K | | 1 078.73 | |
| 4M/5M | 8.5/8.8 | 1078.73 | 250 |
| 12R | 8.5 | 1078.73 | |
| 2103 | 8.5 | ≥980.67 | |
| 1300BB | 7.5 | ≥1029.70 | |
| 菲亚特 116C、076/56 | 9.0 | ≥1029.70 | |
| 4JB1 或 493Q | 18.2 | 3100 | 200 |
| 日野 EC100 | 20.3 | 3138.13~3530.39 | |
| 日产 RD8 | 16.0 | 2 942 | 200 |
| 三菱扶桑 6DS70A | 19.0 | 2549.73 | |
| 太脱拉 T928 | 16.5 | 2942~3236.19 | 600~1000 |
| 沃尔沃 D70A | 17.0 | 2745.86 | |

起动转速不符合检测气缸压缩压力时的转速要求是用气缸压力表所得测试结果误差大的主要原因。因此，在检测气缸压力时，如能监控曲轴转速，对于减小测量误差，以获得正确的检测分析结果是非常重要的。

(8) 检测结果分析：

当气缸压缩压力的检测值低于标准值时，常根据润滑油具有密封作用的特点，以下述方法确定导致气缸密封性不良的原因所在。

由火花塞或喷油器孔注入适量(一般 20~30mL)润滑油后，再次检测气缸压缩压力，并比较两次检测结果。若：

① 第二次检测结果比第一次高，并接近标准值，表明气缸密封性不良是由于汽缸、活塞环、活塞磨损过大或活塞环对口、卡死、断裂及缸壁拉伤等原因而引起的。

② 第二次检测结果与第一次近似，表明气缸密封性不良的原因为进、排气门或气缸衬垫不密封（滴入的润滑油难以达到这些部位）。

③ 两次检测结果均表明某相邻两缸压缩压力低，其原因可能是两缸相邻处的气缸衬垫烧损窜气。

如果气缸压缩压力高于标准值，并不一定表示气缸密封性好；具体原因应结合使用和维修情况分析。因为燃烧室内积炭过多、气缸衬垫过薄或缸体与缸盖的结合平面经多次修理后加工过甚，均会导致气缸压缩压力过高。同时，气缸压缩压力高于标准值常会导致爆燃、早燃等不正常燃烧情况的发生。

气缸压缩压力检测标准值一般由制造厂通过汽车使用说明书提供。常用汽车发动机压缩压力标准值见表2-3。

气缸压缩压力与发动机的压缩比有直接关系，因此也可根据式（2-9）近似计算，但对于新型轿车，式（2-9）的计算值偏低。

$$p = 0.15\varepsilon - 0.22 \qquad (2-9)$$

式中，$p$ 为气缸压缩压力（MPa）；$\varepsilon$ 为压缩比。

根据 GB/T 15746—2011《汽车修理质量检查评定方法》的规定：大修竣工后，气缸压缩压力应符合原设计规定；每缸压力与各缸平均压力的差，汽油机不超过 8%，柴油机不超过 10%。

2）利用气缸压力测试仪检测

（1）用气缸压力传感器式气缸压力测试仪检测。用压力传感器式测试仪测试气缸压力时，需先拆下被测气缸的火花塞或喷油器，旋上仪器配置的压力传感器，用起动机转动曲轴 3~5s，由传感器输出的关于气缸压力的信号经放大后送入 A/D 转换器进行数模转换，输入显示装置即可指示出所测气缸的压缩压力。

（2）用起动电流或起动电压降式气缸压力测试仪检测。用气缸压力测试仪检测气缸压力时，发动机应首先运转至正常工作温度，并把节气门和阻风门置于全开位置。其传感器的安装及测试过程中的操作应按测试仪使用说明书的要求进行。用 WFJ-Ⅰ型发动机检测仪测试气缸压力时，传感器的安装和操作过程如下：

① 拆下任一缸火花塞，把缸压传感器安装在火花塞孔中。

② 把电流传感器夹在蓄电池的搭铁线上，传感器上箭头指向蓄电池负极，两爪对正、密合，如图 2.33 所示；转速传感器安装于分缸线上；白金信号红鱼夹夹在点火线圈"负"极接线柱上或分电器接线柱上（触点点火系统），白金信号黑鱼夹搭铁。

③ 在输入键盘上键入操作码 06，用起动机带动发动机运转 4~6s，仪器将会自动打印出各缸的压缩压力值。缸压传感器所在缸为标准缸，其余各缸的压缩压力值从标准缸以下按点火次序排列。

应注意的是：标准缸的气缸压缩压力值是由缸压传感器直接测出的，其余各缸的压力值则是通过各缸起动电流峰值与标准缸起动电流峰值相比较而得到的。因此，为保证测试结果可靠、准确，应经常用气缸压力表的检测值与用缸压传感器的检测值相比较，以检查缸压传感器是否准确。

2. 气缸漏气量(率)检测方法

气缸的漏气量也可用于对气缸密封性进行检测。检测时，发动机不运转，活塞处于压缩行程上止点；若把具有一定压力的压缩空气从火花塞或喷油器孔充入气缸，通过压力的变化即可检测气缸的密封性。

(1) 发动机预热至正常工作温度。

(2) 用压缩空气吹净火花塞周围，清除脏物，而后拧下所有气缸的火花塞，并在火花塞孔上装好充气嘴。

(3) 接好压缩空气源，在检测仪出气口堵塞的情况下，用调压阀调节进气压力，使测量表指针指示 0.4MPa。

(4) 卸下分电器盖，安装好活塞定位盘(图 2.34)，使分火头旋转至第一缸跳火位置(此时Ⅰ缸活塞到达上止点，Ⅰ缸进、排气门均处于关闭位置)，然后转动定位盘使刻度 1 对准分火头尖端(分火头也可用专用指针代替)。

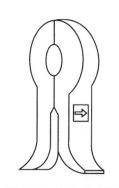 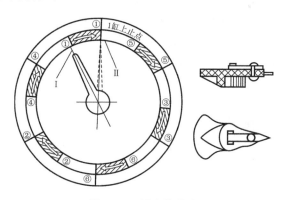

图 2.33　电流传感器　　　　图 2.34　活塞定位盘

(5) 为防止压缩空气推动活塞使曲轴转动，变速器挂高速挡，拉紧驻车制动。

(6) 把Ⅰ缸充气嘴接上快换管接头，向Ⅰ缸充气，此时测量表上的压力读数便反映了该缸的密封性。

(7) 摇转曲轴，使分火头(或指针)对准活塞定位盘上下一缸刻度线，按以上方法检测下一缸的漏气量。

(8) 按以上方法和点火次序检测其余各缸的漏气量，为使检测结果可靠，各缸应重复检测一次。

(9) 检测标准：气缸漏气量(率)检测标准应根据发动机种类、缸径、磨损情况等因素通过试验确定。对于缸径为 102mm 左右的汽油发动机，用 QLY-1 型气缸漏气量检测仪检测时，若测量表上的压力指示值大于 0.25MPa，则密封性良好；而当测量表压力指示值小于 0.25MPa 时，说明密封性较差，应进一步察听漏气部位，找出故障原因。气缸漏气率检测标准可参考表 2-4。当气缸漏气率达 30%～40% 时，若能确认进排气门、气缸衬垫、气缸盖等处均不漏气，则说明气缸活塞摩擦副的磨损临近极限值。

气缸漏气量(率)的检测虽然比较麻烦、费时，但检测全面、指示直观，比用气缸压缩压力检测值反映气缸密封性精确。

表 2-4　气缸漏气率参考值

| 气缸密封状况 | 仪器读数值/(%) |
|---|---|
| 良好 | 0～10 |
| 一般 | 10～20 |
| 较差 | 20～30 |
| 换环或镗缸 | 30～40 |

3. 进气管真空度检测方法

（1）检测进气管真空度的真空表由表头和软管构成，软管一头固定在真空表上，另一头可方便地连接在进气管上的检测孔上（真空助力或真空控制装置从进气管取真空的孔，即可作为检测孔）。检测步骤如下：

① 发动机预热至正常工作温度。

② 把真空表软管与进气歧管上的检测孔连接。

③ 变速器置于空挡，发动机怠速稳定运转。

④ 在真空表上读取真空度读数。

（2）检测结果分析：通过对进气管真空度检测结果的分析，可判断发动机的技术状况和故障。

① 在海平面高度发动机怠速运转时，若真空表指针稳定在 57～70kPa 之间，表明气缸密封性正常，海拔高度每升高 500 m，真空度应相应降低 4～5kPa；当迅速开启、关闭节气门时，指针应能随之在 6.7～84.5kPa 范围内摆动。

② 怠速时，指针在 50.66～67.55kPa 间摆动，表示气门黏滞或点火系统有故障。

③ 怠速时，指针低于正常值，主要是由于活塞环、进气管或化油器衬垫漏气造成；若指针在 20kPa 以下，主要是由于进气管漏气。此时若突然加大并关闭节气门，指针指示值降至零且回跳不到 84.5kPa。

④ 怠速时，指针在 40.53～60.80kPa 间缓慢摆动，表示化油器调整不良。

⑤ 怠速时，指针在 33.78～74.31kPa 间缓慢摆动，且随转速升高而加剧摆动，表示气门弹簧弹力不足、气门导管磨损或气缸垫泄漏。

⑥ 怠速时，若指针指示值有规律地下跌几千帕或十几千帕，表明气门密封不严、气门烧蚀或有结胶。

⑦ 怠速时，指针指示值逐渐下降至零，表示排气消声器或排气系统堵塞。

⑧ 怠速时，指针快速摆动；升速时，指针反而稳定，表示进气门、气门导管磨损导致间隙增大。

进气管真空度检测是一种综合性检测，能检测多种故障现象，而且检测时不需要拆下火花塞，因此是较实用、快速的检测方法；但不足之处是往往不能确定故障的具体原因。

（3）检测标准：根据 GB/T 15746—2011《汽车修理质量检查评定方法》的规定，大修竣工的汽油发动机在怠速时，进气歧管真空度应在 57～70kPa 范围内。进气歧管真空度波动：六缸汽油机不超过 3kPa，四缸汽油机不超过 5kPa（大气压力以海平面为准）。

进气管真空度随海拔高度升高而降低。海拔每升高 1000m，真空度将降低 10kPa 左右。因此检测发动机进气管真空度时，应根据当地海拔高度修正检测标准。

4. 曲轴箱窜气量检测方法

由于从曲轴箱窜出的气体具有温度高、量小、脉动、污浊的特点，因而检测难度较大。

曲轴箱窜气量可采用曲轴箱窜气量检测仪检测。早期生产的检测仪由气体流量计及与之相连的软管、集气头构成。曲轴箱窜出的废气经集气头、软管输送到气体流量计，并测出单位时间流过气体流量计的废气流量。目前，曲轴箱窜气量检测仪使用微压传感器，当废气流过取样探头孔道时，在测量小孔处产生负压，微压传感器检测出负压并将其转变成电信号。流过集气头孔道的废气流量越大，测量小孔处产生的负压越大，微压传感器输出的电信号越强。该信号输送到仪表箱，由仪表指示出大小以反映曲轴箱窜气量的大小。曲轴箱窜气量检测仪如图 2.35 所示。

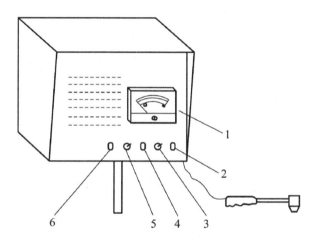

图 2.35　曲轴箱窜气量检测仪

1—指针仪表；2—预测按钮；3—预调旋钮；4—挡位开关；5—调零旋钮；6—电源开关

测试步骤如下所述。

(1) 打开电源开关，按仪器使用说明书的要求对检测仪进行预调。

(2) 密封曲轴箱，即堵塞机油尺口、曲轴箱通风进出口等，将取样探头插入机油加注口内。

(3) 起动发动机，待其运转平稳后，仪表箱仪表的指示值即为发动机曲轴箱在该转速下的窜气量。

曲轴箱窜气量除与发动机气缸活塞副技术状况有关外，还与发动机转速和负荷有关。因此在检测时，发动机应加载，节气门全开(或柴油机最大供油量)，在最大转矩转速(此时窜气量最大)测试。发动机加载可在底盘测功机上实现。测功机的加载装置可方便地通过滚筒、驱动车轮和传动系对发动机进行加载，可使发动机在全负荷工况下从最大转矩转速至额定转速的任一转速下运转，因此可用曲轴箱窜气量检测仪检测出任一工况下曲轴箱的窜气量。

对曲轴箱窜气量，还没有制定出统一的检测标准；同时，由于曲轴箱窜气量大小还与缸径大小和缸数多少有关，也很难把众多车型的曲轴箱窜气量综合在一个检测标准内。维修企业和汽车检测站应积累具体车型的曲轴箱窜气量检测数据资料，经分析整理制定企业标准，以作为检测依据。对于东风 EQ1090E 汽车和解放 CA1091 汽车，可用以下试验分析结果作为曲轴箱窜气量检测时的参考标准：

(1) 东风 EQ1090E 型汽车，2000r/min 时窜气量不大于 70L/min；

(2) 解放 CA1091 型汽车，1000r/min 时窜气量不大于 40L/min。

曲轴箱窜气量大，一般是因气缸、活塞、活塞环磨损量大、配合间隙增大或活塞环对口、结胶、积炭、失去弹性、断裂及缸壁拉伤等原因造成，要结合使用、维修和配件质量等情况进行分析判断。

### 2.6.6 试验报告的基本内容和要求

(1) 试验过程的详细记录。

(2) 试验数据的记录和数据处理。

(3) 分析密封性状况及可能产生的故障。

## 2.7 电喷发动机测试

### 2.7.1 试验目的及要求

(1) 掌握发动机上的主要传感器及各种传感器在控制系统中所起的作用。

(2) 掌握读取故障码的过程。

(3) 了解传感器的故障码及根据故障码分析发动机的故障。

(4) 了解传感器的检测方法。

### 2.7.2 试验方法

现代汽车广泛应用电子控制系统，实现汽车高智能化。汽车电子控制系统包括硬件和软件两部分，硬件有电子控制单元(Electronic Control Unit, ECU)及其接口、执行机构、传感器等；软件则存储在 ECU 中支配电子控制系统，完成实时测控功能，包括各种数据采集、计算处理、输出控制、系统监控和自诊断等。ECU 是整个电子控制系统的核心，汽车上大部分控制系统的电路结构大同小异，其基本结构图如图 2.36 所示。节气门体中设有节气门，用以控制进入发动机的空气量，从而控制发动机的输出功率(或负荷)。

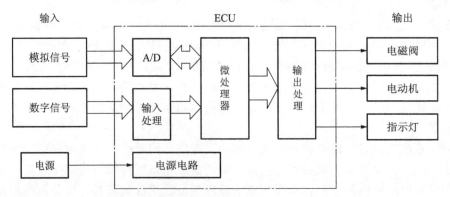

图 2.36　ECU 基本结构图

发动机采用电子控制系统,提高发动的燃油利用率,应用在发动机上的电子控制系统主要包括电控发动机进气系统、电控发动机点火系统、电控发动机排放控制系统和其他辅助控制系统。

1. 电控汽油发动机的进气系统

发动机工作时,空气经过空气滤清器过滤后,由空气流量传感器(也称空气流量计)检测进气量,通过节气门进入进气总管,再通过进气歧管分配给各气缸,如图 2.37 所示。在节气门体的外部或内部设有与主进气道并联的旁进气道,并由怠速控制阀控制怠速时的进气量。

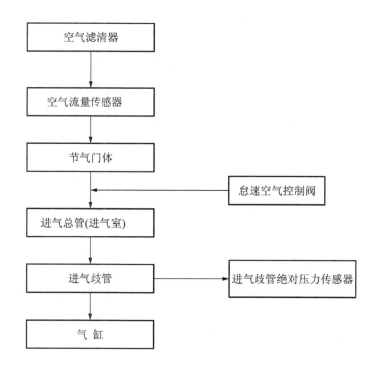

图 2.37 进气系统的组成

汽油机的负荷(转矩)与每循环充气量有关,在一定的转速下,还与进气的质量流量有关。每循环充气量的传感方法可以分为间接法和直接法两种。

1) 空气流量传感器及故障诊断

空气流量传感器安装在空气滤清器和节气门体之间的进气通道上(图 2.37),这样整个吸入气缸的空气完全通过传感器。图 2.38 所示为空气流量传感器的常见类型。

因空气流量传感器的原因,会造成车辆出现加速无力、冒黑烟、无法跑到最高车速、没有怠速等现象。

第二代随车诊断系统(OBDⅡ系统)给出空气流量传感器故障码见表 2-5。

(1) 空气流量传感器电路故障:当质量型空气流量(MAF)传感器电路断路或短路时,空气流量传感器信号持续过高或过低,信号超出正常范围,OBDⅡ系统给出故障码 P0100。诊断该故障码,发动机只需运行 1 个驱动循环,即可检测出该故障码。出现该故障码时,ECU 进入失效保护模式,固定点火正时和喷油脉宽。

```
              ┌ 体积型空气流量传感器 ┌ 叶片式空气流量传感器(在早期产品上应用比较普遍)
空气流量传感器 ┤                    └ 卡门旋涡式空气流量传感器(应用在个别车型上)
              └ 质量型空气流量传感器 ── 热线式和热膜式空气流量传感器(主流产品,现在大部分车型)

                  ┌ 电压信号(模拟信号,经A/D转换后给ECU) ┌ 叶片式空气流量传感器
空气流量传感器    ┤                                    └ 热线式和热膜式空气流量传感器
输出信号形式      └ 频率信号(数字信号,直接给ECU) ── 卡门旋涡式空气流量传感器
```

图 2.38　空气流量传感器的常见类型

表 2-5　空气流量传感器故障诊断

| P0100——空气流量传感器电路故障 | | | |
|---|---|---|---|
| 检测条件 | 信号检测结果 | 发动机驱动循环 | ECU策略 |
| 时间＞3s,发动机转速＞4000r/min | 0gm/s 或 271gm/s | 1个 | 进入失效保护模式:点火正时和喷油脉宽固定 |
| P0101——MAF传感器信号与其他传感器信号相矛盾 | | | |
| 检测条件 | 信号检测结果 | 发动机驱动循环 | ECU策略 |
| 发动机暖机,节气门关闭,发动机转速＞1000r/min,时间＞10s | MAP信号电压＞2.2V | 2个 | |
| 发动机转速＞12000r/min,时间＞6s,VTA≥0.64V | MAP信号电压＜1.0V | 2个 | |

(2) 空气流量传感器信号与其他传感器信号相矛盾:ECU根据实际检测到的空气流量传感器信号值算出进气率,再与进气歧管绝对压力(RPM)、发动机转速、节气门位置(TP)和进气温度(IAT)信号进行对比,最终判断MAF传感器信号不可信,OBD系统给出故障码P0101。诊断该故障码,发动机需运行两个驱动循环。

2) 进气歧管绝对压力传感器、故障诊断及方法

(1) 压力传感器:压力传感器在汽车上有广泛的应用,主要检测进气歧管绝对压力、真空度、大气压力、发动机油压、制动系统油压、轮胎压力等。依据不同原理,分为压阻式、电容式、压电式、共振式、光学式等。压阻式压力传感器广泛用于检测发动机进气歧管压力(绝对压力和大气压力)、涡轮增压压力、燃油泄露蒸气压力检测。

(2) 进气歧管绝对压力传感器的故障诊断及方法:OBDⅡ系统给出空气流量传感器故障码见表 2-6。

表 2-6 进气歧管绝对压力传感器故障诊断

P0105——进气歧管绝对压力传感器电路故障

| 检测条件 | 信号检测结果 | 发动机驱动循环 | ECU 策略 |
| --- | --- | --- | --- |
| 打开点火开关，发动机不发动 | 0kPa 或 >130kPa | 1 个 | 进入失效保护模式：点火提前角固定在上至点前 5° |

P0106——进气歧管绝对压力传感器信号与其他传感器信号相矛盾

| 检测条件 | 信号检测结果 | 发动机驱动循环 | ECU 策略 |
| --- | --- | --- | --- |
| 发动机暖机，节气门关闭，发动机转速：400~1000r/min 时间 ≥10s | MAP 信号电压 >3.0V | 2 个 | |
| 发动机转速 ≥2500r/min，时间 ≥5s，VTA≥1.85V | MAP 信号电压 <1.0V | 2 个 | |

① 进气歧管绝对压力传感器电路故障：当进气歧管绝对压力传感器电路开路或短路时，进气歧管绝对压力传感器信号持续过高或过低，信号超出正常范围，OBD 系统给出故障码 P0105。发动机只需运行 1 个驱动循环，即可检测出该故障码。出现该故障码时，ECU 进入失效保护模式，固定点火提前角为上止点前 5°。

② 进气歧管绝对压力传感器信号与其他传感器信号相矛盾：ECU 根据实际检测到的进气歧管绝对压力传感器信号值算出进气量，再与节气门位置（TP）和发动机转速信号进行对比，最终判断进气歧管绝对压力传感器信号不可信，OBD 系统给出故障码 P0106。诊断该故障码，发动机需运行 2 个驱动循环。

3）节气门位置传感器及故障码诊断

（1）节气门位置传感器。在汽油机性能的试验研究中，常用节气门开度来表示负荷率，这种表示不能用于控制，因为节气门转角与循环充气量没有线性关系，也没有确定的对应关系（在节气门由小开大和由大减小时不重复）。控制系统之所以要有节气门开度信号，是为了下列用途：

① 用来判断发动机的工况处于急速控制区、部分负荷区还是节气门接近全开的加浓区（或催化转化器的高温保护区），即用来界定开环、闭环控制区。对于有自动变速器控制功能的电子管理系统来说，节气门开度和车速是决定换挡时刻的条件参数。

② 用节气门转角变化率的大小作为加速、减速过程 $r$ 中修正喷油量的条件。它直接反映驾驶人的意图，比其他负荷传递热的响应更快。

③ 可与空气流量计的信号对照互检，提供后者发生损坏的信息，并代替后者与转速配合，作为 ECU 控制喷油量的条件参数。

④ 还用于点火正时修正、废气再循环控制、空调系统控制、燃油蒸发控制、车辆动态稳定控制、巡航控制、牵引力控制等。

节气门位置传感器的类型有开关触点式节气门位置传感器、线性式节气门位置传感器和霍尔元件型节气门位置传感器。

(2) 节气门位置传感器的故障诊断方法：OBDⅡ系统给出节气门位置传感器故障码见表2-7。

表2-7 节气门位置传感器故障诊断

| P0120——节气门位置传感器电路故障 | | | |
|---|---|---|---|
| 检测条件 | 信号检测结果 | 发动机驱动循环 | ECU策略 |
| 打开点火开关，时间≤5s | VAT＜0.1V 或 VAT＞4.9V | 1个 | 进入失效保护模式：固定以0°开度代替现有传感器的信号 |
| P0121——TP传感器信号与其他传感器信号相矛盾 | | | |
| 检测条件 | 信号检测结果 | 发动机驱动循环 | ECU策略 |
| 车速已超过30km/h；车速从30km/h下降到0km/h，TP传感器信号电压超出范围 | 信号电压超出范围 VAT＜0.7V 或 VAT＞5.27V | 1个 | |

① 节气门位置传感器电路故障：在点火开关打开时，OBDⅡ系统只需一个检测行驶工况周期即可检测到该故障，即传感器信号电压低于0.1V或高于4.9V。若故障发生，OBDⅡ系统给出故障码P0120，ECU启用失效保护模式，固定以0°代替现有传感器的信号值。

② 节气门传感器信号与其他传感器信号相矛盾：ECU可以根据进气歧管绝对压力传感器信号和转速信号数值倒推出节气门转角。当进气歧管绝对压力读数低于50 kPa时，诊断检查节气门位置传感器是否偏高；当进气歧管绝对压力读数高于70 kPa时，诊断检查节气门位置传感器是否偏低。如果此时算出的节气门转角与节气门位置传感器信号指示的转角值相差甚远，并且没有节气门位置传感器电路及进气歧管绝对压力传感器的故障信息记录等，所检测状况持续10s以上，OBDⅡ系统只需一个检测行驶工况周期即可检测到该故障，给出故障码P0121。

③ 以无怠速触点式的线性式节气门位置传感器为例，介绍节气门位置传感器的检测方法：

a. 用手持式测试仪读取故障码为P0120或P0121。

b. 用手持式测试仪读取节气门开度，如图2.39所示。

c. 检测节气门位置传感器的电阻、线束、插头和ECU，如图2.40和图2.41所示。

4) 温度传感器及故障码诊断

基于温度传感器，ECU用于调节控制很多系统。这些系统要正常工作就需要发动机处于工作温度范围，温度传感器输送给ECU信号要准确。发动机温度传感器包括冷却液温度(ECT)传感器、进气温度(IAT)传感器和废气再循环温度(EGR)传感器等。

(1) 以冷却液温度传感器为例，介绍温度传感器故障的现象。当出现如下情况时，OBDⅡ系统确认冷却液温度传感器的故障。

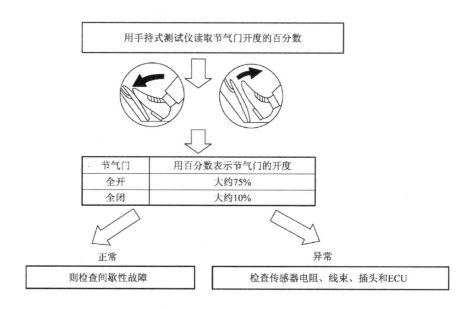

图 2.39 读取节气门开度的步骤

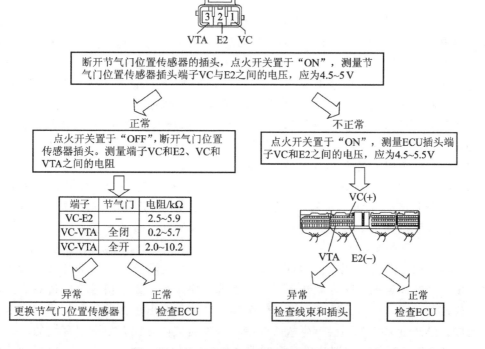

图 2.40 检查节气门位置传感器的步骤

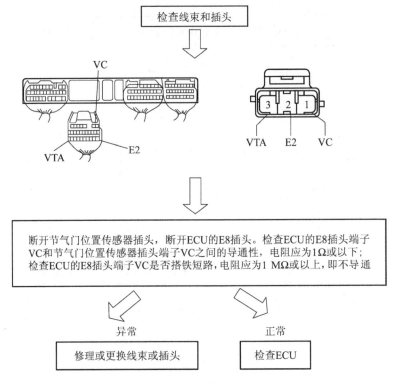

图 2.41　检查线束和插头的步骤

① 传感器信号电压超出正常范围，温度低于-40℃或高于140℃，在 ECU 与温度传感器之间出现断路（开路）时，将使电阻成为无穷大（∞），此时信号电压读数将等于 5V，会导致 ECU 读出温度过低，导致燃油经济性变差，发动机过热；在 ECU 与温度传感器之间发生搭铁短路时，将使信号电压趋近于 0V，会导致 ECU 读出温度过高；在 ECU 与温度传感器搭铁端之间的电阻过大（接触不良），则信号电压值会高于正常值。冷却液温度传感器电路断路、短路和接触不良导致电阻过大等，都会出现传感器信号电压超出正常范围。OBD Ⅱ 系统只需一个检测行驶工况周即可检测到该故障，给出故障码 P0115，启用失效保护模式，固定以 80℃代替现有传感器的信号值。

② 传感器输入信号变化不正常，从而导致实现闭环控制等功能失败，OBD Ⅱ 系统需要两个检测行驶工况周期才能检测到该类故障，给出故障码 P0116。如发动机暖机过程中，冷却液温度达到正常值的时间超出逻辑范围，或发动机转速不稳，冷却液温度变化量低于 3℃。

③ 传感器电路间歇工作，OBD Ⅱ 系统每隔 100 ms 间隔检测一下冷却液温度传感器信号电压值，并在固定的间隔内累计其超出正常范围的次数，如果信号电压过高或过低的次数超出规定的范围，即认为冷却液温度传感器信号电压超出正常范围。如果信号电压偶尔超出范围，OBD Ⅱ 系统是不会产生故障码的，即冻结帧内是没有故障码存储的。

（2）以冷却液温度传感器为例，介绍温度传感器的故障诊断方法。其他温度传感器的故障诊断方法与冷却温度传感器的故障诊断方法一样。

① 短路检测：第一步，用导线如图 2.42 所示跨接，ECU 读取温度为高，相应风扇会

动作；否则，说明 ECU 及传感器连线有问题。第二步，继续检测，跨接 ECU 的两个端子如图 2.43 所示。如果显示温度上升，则说明是传感器连线问题；否则说明是插头或 ECU 内部问题。

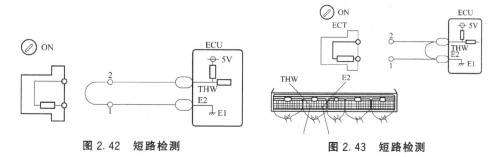

图 2.42　短路检测　　　　　　　图 2.43　短路检测

② 断路测试：为了进一步确定前面短路检测第二步中到底是传感器连线问题还是插头或 ECU 内部问题，将传感器与 ECU 连接插头拔下。如果显示温度降低，则说明是传感器连线或插头问题；否则说明是 ECU 内部问题，如图 2.44 所示。

③ 电阻检测：按图 2.45 所示方法检测传感器电阻，并与曲线中与实际温度所对应的电阻值进行比较，判断传感器电阻的好坏。

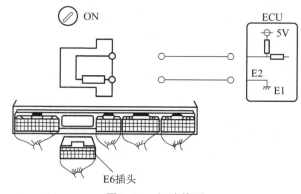

图 2.44　短路检测

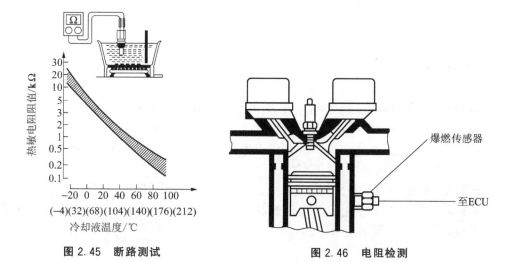

图 2.45　断路测试　　　　　　　图 2.46　电阻检测

## 2. 电控汽油发动机的点火系统

### 1) 凸轮轴/曲轴位置传感器

凸轮轴位置(CMP)传感器给 ECU 提供第一缸压缩上止点信号,作为喷油和点火控制的主要信号,该传感器信号也称为 G 信号、判缸信号。曲轴位置(CKP)传感器,用于检测曲轴转角位移,给 ECU 提供发动机转速和曲轴转角信号,也是喷油和点火控制的主要信号,该传感器有时称为转速传感器,其信号也被称为 NE 信号。

凸轮轴/曲轴位置传感器按工作原理可分为:磁感应式、霍尔效应式、磁控电阻式、韦根德效应式、各项异性磁阻式和巨磁电阻式。

以霍尔效应式凸轮轴/曲轴位置传感器为例讲述凸轮轴/曲轴位置传感器的检测方法。

(1) 信号电压的检测:以 $C^3I$ 点火系统为例,测量霍尔效应式传感器的输出电压。关闭点火开关,将分高压线搭铁,用数字万用表的两表笔接在传感器信号输出端子和接地端子上,然后按发动机转动方向转动发动机,电压表置于直流量程,观察电压表上的读数,其值一般在 0~5V 之间变化。当遮蔽板转到磁铁和霍尔元件之间时,其值为 2~5V;当遮蔽板转离磁铁和霍尔元件时,其电压值为 0.3~0.4V。若电压值不在 0~5V 之间变化,则应更换霍尔效应传感器。以上所述电压表显示的数值,由于生产年代不同,内部电路参数不同,其电压值有所不同。测试值应与同期生产的汽车进行对比判定。

(2) 信号波形的检测:连接波形测试设备,起动发动机,怠速运转,加速或按照行驶性能发生故障的需要驾驶,以获得波形。

波形分析:波形频率应与发动机转速相对应;由于传感器供电电压不变,因此所有波峰的高度(幅值)均应相等。

### 2) 爆燃传感器

当发动机温度过高或使用辛烷值低的汽油有爆燃倾向时,ECU 会根据爆燃(KNK)传感器的信号对点火提前角实行反馈控制,以避免爆燃。

爆燃传感器一般安装在发动机缸体上,如图 2.46 所示。

爆燃传感器的类型:一般采用检测发动机振动的方法来判断有无爆燃及爆燃的强度,可分为电感式和压电式。压电式又有共振型、非共振型和火花塞型 3 种。

以通用公司压电共振式爆燃传感器系统为例,介绍爆燃传感器的检测,从图 2.47 所示电路中可知,传感器信号电压为最大幅值为 5V 的交流信号。

拔下爆燃传感器的连接插头,在发动机怠速时用万用表交流电压挡检查爆燃传感器的接线端子与搭铁间的电压,应有脉冲电压输出。如没有,应更换爆燃传感器。在发动机运转时,连接好传感器导线,用小锤子轻轻敲击排气歧管,同时用万用表交流电压挡测量。如果电压指示值发生波动,则表明传感器是好的。当发动机运转时,连接好传感器导线,缓慢提高发动机转速至 3000r/min,同时用万用表交流电压挡测量传感器的输出电压。如果电压随之升高,则说明传感器可能有故障。

用万用表测量爆燃传感器的插座和插头,不应该有短路现象;在发动机运转的情况下,信号端子与搭铁之间的电压值符合规定(比如桑塔纳插座端子 1 和 2 之间的电压为 0.3~1.4V),否则线路可能有故障。

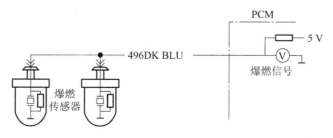

图 2.47 通用公司压电共振式爆燃传感器

3. 电控汽油发动机的排放控制

1) 氧传感器和空燃比传感器及故障检测

(1) 氧传感器和空燃比传感器：氧传感器的最初作用是在闭环控制中用于喷油脉宽的修正，现今还用于检测催化转化器的转化效率。

为最大程度地发挥装有三元催化转化器(TWC)发动机的排气净化性能，必须将空燃比保持在理论空燃比附近很窄的范围内。发动机 ECU 根据氧传感器输出的信号，判断混合气是浓还是稀，通过增加或减少燃油喷射量，使空燃比保持在理论空燃比附近。发动机排气管上安装有两种类型的传感器：一种是窄型氧传感器，即老式的氧传感器，简单地称为氧传感器；另一种是宽型氧传感器，即新型的氧传感器，被称为空燃比(A/F)传感器。

(2) OBD II 系统对氧传感器的检测：OBD II 系统对氧传感器所检测的项目主要包括氧传感器的信号电压和前氧传感器的响应速度、前氧传感器活跃工作的快慢、氧传感器的加热系统状况。3 个主要检测项目归纳为检测 3 个主要参数：氧传感器的响应时间、氧传感器开始工作所经历的时间和氧传感器信号电压。

① 前氧传感器开始工作所需时间：OBD II 系统通过记录氧传感器加热至开始活跃工作所经历的时间，来判断氧传感器活跃工作的快慢。如果氧传感器的加热功能有问题，那么氧传感器活跃工作将变慢甚至无法检测。这项检测只有在冷车起动时才能检测。

② 前氧传感器响应时间的测试：检测氧传感器信号电压从 300mV 到 600mV（混合气从稀到浓）和从 600mV 到 300mV（混合气从浓到稀）跳变所经历的时间，如图 2.48 所示。

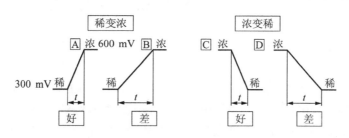

图 2.48 氧传感器的响应时间对比

③ 氧传感器信号电压的测试：前氧传感器和后氧传感器都要检测信号电压，以判断传感器信号电压是否停置在某一值不变（混合气或浓或稀）、传感器信号电压是否超出范围、传感器是否短路、传感器是否搭铁。氧传感器信号电压具体界限范围如图 2.49 所示。

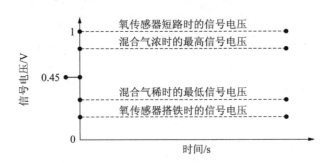

图 2.49　氧传感器信号电压界限

2）燃油蒸气排放控制系统

（1）燃油蒸气排放控制系统。汽车上排放的 HC 化合物有 20% 来自于汽油蒸发，燃油蒸气排放系统简称 EVAP 系统，其功能是收集汽油箱和浮子室（化油器式汽油机）内蒸发的汽油蒸气，并将汽油蒸气导入气缸参加燃烧，从而防止汽油蒸气直接排入大气而造成污染。汽油蒸气应在发动机处于闭环控制时导入燃烧室燃烧，只有在闭环控制时才能对因额外蒸气作用导致混合气变浓的情况下调节喷油量。同时，还必须根据发动机工况，控制导入气缸内参加燃烧的汽油蒸气量。EVAP 系统不正确的操作会造成因混合气浓而出现驱动性下降、怠速不稳或排放不合格等问题。

（2）OBD Ⅱ 系统对加强 EVAP 控制系统的监测方法。加强型 EVAP 系统应能检测到直径最小为 1.02mm 孔的泄漏。对于容量为 94.6L 的燃油箱，应能检测到直径为 1.02～2.03mm 大小的孔的泄漏。燃油箱不同，检测标准也不同。从 2000 年以后生产的汽车起，EVAP 系统要执行新的标准，应能检测到直径最小为 0.51mm 的小孔泄漏。ECU 依据蒸气压力传感器的信号判断该系统有没有问题，所有关于 EVAP 系统的故障码要经过两个发动机驱动循环才能得出。

随车诊断系统可采用几种不同的方法来检测加强型 EVAP 系统的工作状态，如通电真空测试、真空过大测试、活性炭罐负载测试、低真空测试、小泄漏测试和净化电磁阀泄漏测试。

① 通电真空测试：该测试方法是被动测试，用于检测通风通道是否阻塞。当通风电磁阀开启、净化电磁阀关闭时，且发动机处于冷机状态，打开点火开关但发动机不运转，此时蒸气压力传感器感知不到真空。燃油箱容量在 15%～85% 时，EVAP 系统才能进行这项监测。

② 真空过大测试：与通电真空测试方法一样，该测试方法也是被动测试，用于检测通风通道是否阻塞。检测条件是在通风电磁阀开启，发动机运转活性炭罐净化工作时进行的。此时蒸气压力传感器不应感知真空过大。这项测试为非连续测试，只在条件满足且燃油箱容量在 15%～85% 时，EVAP 系统才能进行这项监测。

③ 活性炭罐负载检测（未装燃油蒸发排放阀 ORVR 的 EVAP 系统）：该测试方法是被动测试，用于判断活性炭罐收集燃油蒸气的工作情况。大多数汽车上，该项检测是通过监测净化电磁阀的占空比来实现的。净化电磁阀的占空比变化频繁，则说明活性炭罐内的燃油蒸气过多，需要净化掉；若净化电磁阀的占空比变化少，则说明活性炭罐内燃油蒸气少。

④ 真空过小检测：该测试方法是主动测试，用于判断总的泄漏量。检测是在活性炭罐正常净化、通风电磁阀关闭期间进行的。该项测试只能在活性炭罐负载测试完成后，发现活性炭罐收集燃油蒸气不足的情况下才能开始。燃油箱容量在 15%~85% 时，EVAP 系统才能进行这项监测。

⑤ 燃油蒸气泄漏检测：该项测试是主动测试，用于监测是否有小的泄漏。这项测试紧接着真空过小主动测试，且关闭通风电磁阀和净化电磁阀，使 EVAP 系统密封，用蒸气压力传感器感知燃油箱内压力下降的快慢。燃油箱容量在 15%~85% 时，EVAP 系统才能进行这项监测。

⑥ 净化电磁阀泄漏检测：该项测试是主动测试，用来监测经过净化电磁阀后 EVAP 系统是否出现与进气歧管一样的真空。关闭通风电磁阀和净化电磁阀，如果蒸气压力传感器感知到真空，说明净化电磁阀关闭不严有泄漏。燃油箱容量在 15%~85% 时，EVAP 系统才能进行这项检测。

下面以丰田汽车的燃油蒸气泄漏检测为例，图解泄漏检测过程，见表 2-8。

表 2-8　EVAP 系统燃油蒸气泄漏检测图解

| 检测步骤 | 图示说明 |
| --- | --- |
| 蒸气压力传感器安装在燃油箱上，当燃油箱内的蒸气压力高于或低于大气压力时，ECU 得知燃油系统没有泄漏，一旦蒸气压力与大气压力相当时，则说明有蒸气泄漏 | 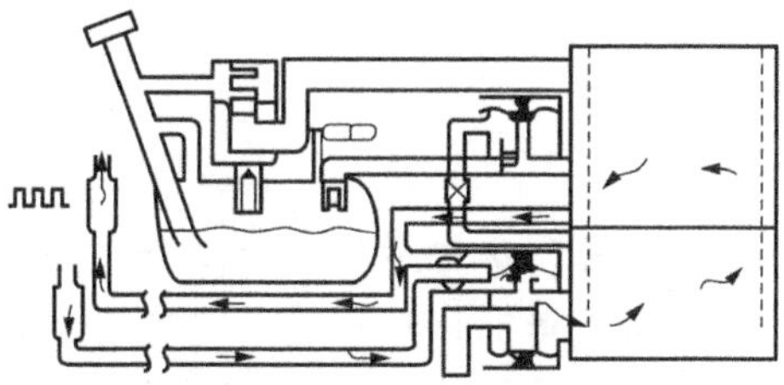 |
| 汽车行驶 5~20min 后，ECU 开启净化阀（VSV），之后再开启旁通阀（VSV），关闭活性炭罐关闭阀（CCV），这将降低 EVAP 系统内的燃油蒸气压力 | 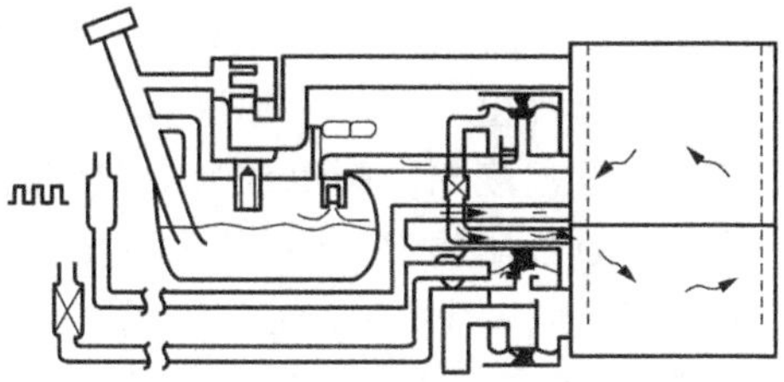 |
| 当蒸气压力降低到极限点时，ECU 关闭净化过程，并通过检测蒸气压力的增加率，来判断泄漏情况 | 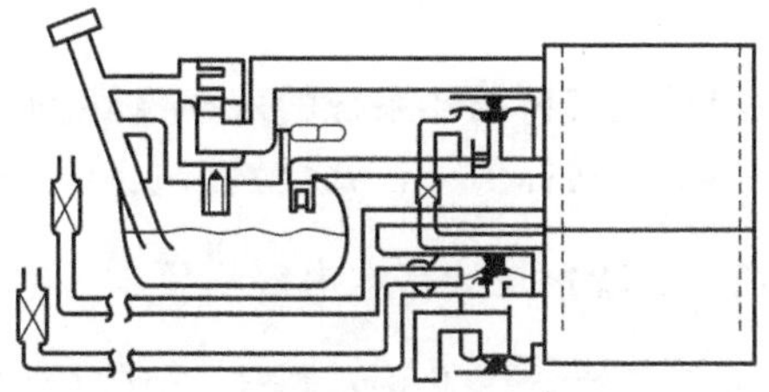 |

长时间怠速、车辆在太阳照射下停留过久都会造成燃油蒸发量过多，使活性炭罐净化流程实施得过多，引起发动机故障和排放进一步恶化。为避免因上述原因导致不能通

过排放检测,应让车辆在高速公路上行驶 5min,将活性炭罐彻底净化后,再进行排放检测。

3) 废气再循环系统

(1) 废气再循环系统。废气再循环(EGR)系统用于降低废气中的氮氧化物($NO_x$)的排出量。汽车废气是一种不可燃气体(不含燃料和氧化剂),在燃烧室内不参与燃烧。它通过吸收燃烧产生的部分热量来降低燃烧温度和压力,以减少氮氧化物的生成量。为了避免影响电控燃油喷射的性能,一些比较新的发动机已不需要 EGR 系统来降低排放,而是利用进、排气门的重叠开启时刻,吸入一些废气到气缸内重新燃烧。

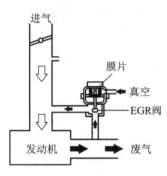

图 2.50 废气再循环系统的工作原理

当发动机在负荷下运转时,EGR 阀开启,使少量的废气进入进气歧管,如图 2.50 所示。在进气歧管内,废气与新鲜进气混合,同时也取代了一部分新鲜进气。这样最终进入到燃烧室内的新鲜进气减少。再循环的废气是惰性的,不参与燃烧过程。废气再循环的结果就是降低燃烧的最高温度,减少氮氧化合物的生成。

(2) OBD II 系统对废气再循环系统的监测:在第二代随车诊断系统中,对于 EGR 系统监测,采用了各种各样的方法,具体使用哪一种方法,取决于制造商和应用要求。大多数车辆使用进气歧管绝对压力传感器来监测废气再循环情况。在减速期间,计算机指令废气再循环系统工作,同时观察进气歧管绝对压力传感器的反应。如果废气再循环流量是充足的,发动机进气歧管的真空度会下降,进气歧管绝对压力传感器会检测到这一变化量。如果废气再循环量不足,进气歧管绝对压力将检测不到真空度的变化。

有些排气背压控制的 EGR 系统利用废气温度传感器检测废气再循环情况,废气温度传感器安装在废气返回通道上。废气流正常循环时,废气温度传感器感知的温度应比进气温度高 35℃。当 EGR 阀开启时,ECU 将废气温度与进气温度进行比较,如果废气温度没有比进气温度高出一定值,则认为 EGR 系统有问题;当 EGR 阀关闭时,若检测到的废气温度还比进气温度高,则也认为 EGR 系统有问题。

有些真空控制的 EGR 系统利用 EGR 阀位置和废气温度信号来判断废气再循环情况,如图 2.51 所示。当 EGR 阀开启时,若废气温度没有比进气温度高出一定值,则认为 EGR 系统有问题。多一个 EGR 阀位置传感器,用来检测废气再循环量是否过多。当 EGR 阀关闭时,若 EGR 位置传感器信号比 ECU 内存储的数值高,则可判断出 EGR 阀关闭不严。

如果废气再循环系统的效率没达到预定的水平,ECU 经过连续两个发动机驱动循环还捕捉不到达标信号,就会置出故障码并点亮故障指示灯。

### 2.7.3 试验报告的基本内容和要求

(1) 了解空气流量传感器、节气门位置传感器和温度传感器的检测原理。

(2) 试设计采用常用仪器检测传感器,并根据故障码对发动机进行故障分析的试验。

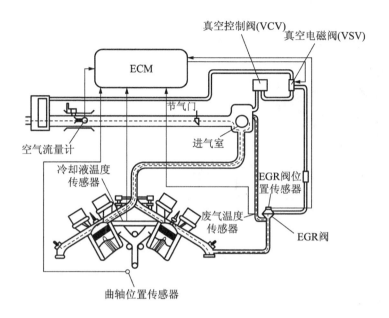

图 2.51 真空控制的 EGR 系统传感器安装位置示意图

### 2.7.4 设计性试验

设计出应用欧姆表检测空气流量传感器、节气门传感器和温度传感器的检测方法和步骤，并进行设计检测。

# 思 考 题

1. 简述电涡流测功机的测功原理和主要测量内容。
2. 发动机点火系统测试有哪些指标？
3. 简述混合气质量检测的原理。
4. 一个性能良好的发动机冷却系统应满足哪些基本要求？
5. 简述润滑系统的功用。
6. 气缸密封性的诊断参数主要有哪些？
7. 简述故障码的读取过程。

# 第3章 汽车底盘测试

 教学提示

汽车底盘主要由传动系统、转向系统、制动系统、汽车悬挂系统等组成。汽车底盘各组成系统性能的好坏直接关系到汽车的动力性、经济性、安全性和舒适性。随着各国不断提高汽车整车的动力性、经济性、安全性和舒适性的要求,对汽车底盘性能的要求也越来越高。本章主要介绍底盘各组成系统在实际试验中的测试情况。

 教学要求

掌握底盘各系统的组成、测试指标及各种性能指标测试的原理和测试仪器的使用方法,明确试验目的和测试步骤。准确记录试验数据,并根据试验数据对底盘各系统的性能做出合理的评价。

## 3.1 底盘输出功率测试

### 3.1.1 理论基础

汽车在道路上行驶时存在着运动惯性、行驶阻力,底盘测功机就是模拟汽车道路运行工况的设备,即利用飞轮的转动惯量来模拟汽车运行时的转动惯量及汽车直线运动质量的惯量,采用功率吸收(加载)装置来模拟汽车在运行过程中所受的空气阻力、非驱动轮的滚动阻力及爬坡阻力等,通过滚筒旋转运动来模拟路面行驶等,对汽车运行状况进行动态检测。底盘测功机能完成的检测项目有如下几项:

(1) 检测驱动轮的输出功率和驱动力,如发动机初始输出功率已知,可以间接判断发动机输出的功率是否下降及下降的程度;同时可通过底盘输出功率和发动机输出功率对

比，计算出汽车的传动效率，从而判断传动系统的技术状况。

（2）检测汽车的加速、滑行能力。

（3）配备相应仪器、设备，还可对汽车的排放、油耗及传动系统等进行检测。

（4）汽车车速表、里程表的校核。

### 3.1.2 试验目的及要求

（1）了解汽车底盘测功机的检测原理。

（2）熟悉汽车底盘测功机的检测功能。

（3）掌握汽车底盘测功机的操作方法。

### 3.1.3 试验所用的主要仪器和设备

汽车底盘测功机。

### 3.1.4 试验设备的工作原理

1. 底盘测功机的组成

底盘测功机包括加载装置（功率吸收装置：水力测功机或电力测功机或电涡流测功机）、测量装置（测力装置、测速装置、功率值标度）、滚筒组件（滚筒、飞轮）、纵向约束装置（从动轮固定、钢丝绳固定）、车辆举升装置、轮胎冷却装置、发动机冷却装置等，备等几部分组成，如图3.1所示。

1）滚筒组件

（1）滚筒。底盘测功机所采用的滚筒一般是直径为180～400mm的钢滚筒，按其结构形式可分为单滚筒和双滚筒两种。单滚筒路面模拟系统由两根短滚筒组成，其特点是支承轴承少，台架的机械损失小；双滚筒路面模拟系统由两根短滚筒组成，它比单滚筒多了两个支承轴承和一个联轴器，在检测过程中，其机械损失较大。常用单滚筒，滚筒直径为185～400mm。

（2）飞轮。汽车在道路上行驶时汽车本身具有一定的惯性，即汽车的动能；而汽车在底盘测功机上测试时车身静止不动，由车轮带动滚筒旋转，在汽车加、减速工况，惯量比较小，不能再现汽车真实的运行工况。为了能够在试验台上检测汽车的加速性能和滑行性能，需要模拟汽车行驶时的惯量，所以在测功机上安装一套飞轮，按照汽车不同质量配以相应质量的飞轮。飞轮与滚筒的结合分离一般由电磁离合器控制。

目前由于我国对汽车底盘测功机转动惯量没有制定相应的标准，因而国产汽车底盘测功机所装配的惯性飞轮的个数不同，且飞轮惯量的大小也不同，飞轮的个数越多，则检测的精度越高。进行驱动力、车速等检测，不需要飞轮。表3-1为某型底盘测功机飞轮质量与汽车质量的关系。

（3）引导与举升及滚筒锁定系统。

① 引导系统。引导系统其作用是引导驾驶人按照提示进行操作。

提示的方法有两种，一种是显示牌，另一种是大屏幕显示装置。显示牌一般是与计算机的串行通信口相连，当计算机对显示牌初始化后，便可对显示牌发送ASCII码与汉字，

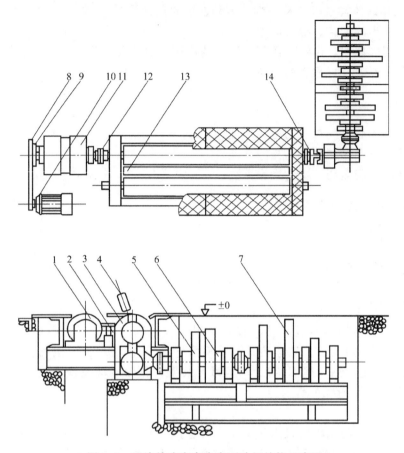

图 3.1 双滚筒式汽车底盘测功机结构示意图

1—滚筒；2—举升器；3—变速箱；4—挡轮；5—小飞轮；
6—电磁离合器；7—大飞轮；8—传动链；9—单向离合器；10—电动机；
11—功率吸收装置；12—联轴器；13—举升板；14—牙嵌离合器

以提示驾驶人如何操作车辆及显示检测结果。大屏幕显示装置是通过AV转换盒与计算机相连，AV转换盒的目的是将计算机的数字信号转换成视频信号供电视机用。

表 3-1 某型底盘测功机飞轮质量与汽车质量的关系

(单位：kg)

| 汽车质量 | 飞轮质量 | 汽车质量 | 飞轮质量 |
| --- | --- | --- | --- |
| <800 | 不配置飞轮 | 1400～2100 | 1200 |
| 800～1400 | 700 | >2100 | 700～1200 |

② 举升系统。在前后滚筒之间安装举升器，举升器升起，以便于汽车平稳进入和离开试验滚筒。测试时，举升器降下，以便于车轮与滚筒接触。

举升系统的类型较多，底盘测功机常用的类型有气压式和液压式两种。气压式举升装置由电磁阀、气动控制阀及双向气缸或橡胶气囊组成，在气压力的作用下，气缸中的活塞便可上下运动以实现升降目的。液压式举升装置通常由磁阀、分配阀、液压举升缸等组成。在液压作用下,举升缸活塞向上移动,实现举升目的。

③ 滚筒锁止系统。滚筒锁止一般采用棘轮棘爪式锁止,其结构如图3.2所示,它由双向气缸、棘轮、棘爪、回位弹簧、杠杆及控制器组成,通过控制器控制压缩空气的通断,当某一方向通气后,空气推动气缸活塞运动控制棘爪与棘轮离合,以达到锁止或放松滚筒的目的。

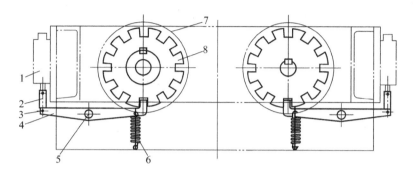

图 3.2　滚筒锁止系统

1—双向气缸；2—拉杆；3—连接销；4—棘爪；5—固定销；6—回位弹簧；7—滚筒；8—棘轮

2) 功率吸收装置(测功器)

测功器是底盘测功机的关键部件,主要作用是对驱动轮施加大小可调节的负载。汽车底盘测功机大多数采用电涡流测功机。

GWG 盘式电涡流测功机在此不再介绍,详见 2.1 节。

3) 底盘测功机数据采集与控制系统

(1) 车速信号采集。目前国内检测线用的汽车底盘测功机所采用的车速信号传感器可分以下几个类型。

① 光电式车速信号传感器。图 3.3 为光电式车速传感器的工作示意图。它由光源、带孔圆盘(光栅)和光电二极管组成。汽车车轮在光滚筒上滚动时,带动光栅以一定的转速旋转,光源连续发光,当光束通过光栅上的小孔时,光束照到光电二极管上,使它产生相应的电脉冲信号。此信号送入计数器即可得到被测轴的转速。车速信号有两种,其一是单位时间计数(频率),其二是测脉宽(周期),两者均可得到滚筒的转速信号,根据滚筒的半径及光栅盘上小孔的个数可得到车速信号。

② 磁电式(也称磁感应式)车速信号传感器。图 3.4 为磁电式车速传感器工作示意图。它由旋转齿轮和永久磁铁及感应线圈等组成。汽车车轮驱动滚筒转动时,滚筒带动齿轮以一定的转速旋转,当磁电传感器对准齿顶时,磁电传感器感应电动势增强,同理当磁电传感器对准齿槽时,磁电传感器感应电动势减弱,由于磁阻的变化,磁电传感器输出的电压信号为交变信号。因信号较弱(一般在 3mV 左右),所以必须经过信号放大及整形电路,将交变信号变为脉冲信号,再送入到工控机中,以获取车速信号。

③ 测速发电机。图 3.5 为测速发电机工作示意图,汽车车轮驱动滚筒转动时,滚筒带动测速发电机旋转,测速发电机产生的电压正比于滚筒的转速,通过 A/D 转换和计算可得到车速转速和车速信号。

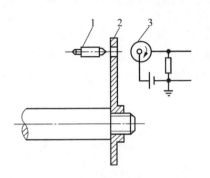

图3.3 光电式车速传感器工作示意图
1—光源；2—带孔圆盘；3—光电二极管；

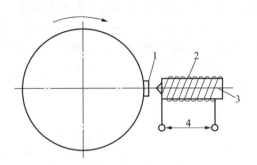

图3.4 磁电式车速传感器工作示意图
1—销子；2—感应线圈；
3—永久磁铁；4—脉冲电压

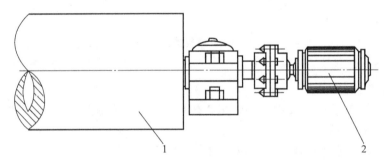

图3.5 测速发电机工作示意图
1—滚筒；2—测速发电机

（2）驱动力信号采集。汽车底盘测功机驱动力测量传感器有两种，拉压传感器和位移传感器，它们一边连接功率吸收装置的外壳，另一边连接机体。功率吸收装置在工作过程中，无论是水力式、电涡流式还是电力式功率吸收装置，其外壳都是浮动的。以电涡流式为例，当线圈通过一定的电流时，就产生一定的涡流。对转子来说，电磁感应产生力偶作用方向与其转动的方向相反；对外壳来说，力偶作用的方向与转子转动的方向相同。当传感器固定后，外壳上的力臂对传感器就有一定的拉力或压力（与安装的位置有关），拉压传感器在工作时，传感器受力产生应变，通过应变放大器可得到一定的输出电压，这样将力信号转变成电信号来处理，通过标定，可以得到传感器的受力数值。

位移传感器利用功率吸收装置外壳的作用力作用在弹簧上，根据胡克定理，在弹性范围内作用力与位移成正比的关系，所以，通过位移可得到对传感器作用力。

底盘测功机测力的工作原理如图3.6所示。试验汽车的驱动轮放在滚筒上，滚筒轴端装有液力或电力测功机。测功机能产生一定的阻力矩并调节滚筒的转速（即汽车的速度）。由测力装置可测出施加于滚筒的转矩 $T$ 值，显然：

$$T=FL \tag{3-1}$$

式中，$F$ 为由拉力表测出的作用于测功机外壳长臂上的拉力（N）；$L$ 为测功机外壳长臂的长度（m）。

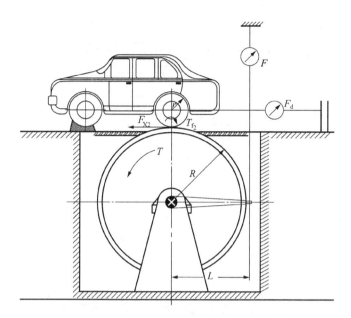

图3.6 单滚筒式汽车底盘测功机工作原理

为了固定汽车，应有钢丝绳拉住试验汽车。从装在钢丝绳中的拉力表可读出汽车的挂钩拉力 $F_d$，而

$$F_d = F_{X2} \tag{3-2}$$

式中，$F_{X2}$ 为车轮与滚筒间的摩擦力（N）。

根据汽车驱动轮和滚筒的力矩平衡，可以得出驱动轮上的驱动转矩为

$$T_X = F_d(r+R) - FL \tag{3-3}$$

式中，$T_X$ 为驱动轮上的驱动转矩（N·m）。

故汽车驱动轮上的切向力为

$$F_X = \frac{T_X}{r} = \frac{F_d(r+R) - FL}{r} \tag{3-4}$$

式中，$F_X$ 为驱动轮与滚筒间的切向力（N）。

(3) 控制系统。由于电涡流式加载装置可控性好、结构简单、体积小、质量轻、便于安装，在底盘测功机中得到广泛的应用。在此以电涡流测功机的控制系统为例介绍。

汽车在行驶过程中存在滚动阻力、空气阻力、加速阻力和上坡阻力，其中加速阻力是通过惯性飞轮来模拟的；通过台架模拟道路必须选用加载装置，要想控制它，就必须知道控制电压及电流。

电涡流式加载装置控制系统的框图如图3.7所示。测试时的控制方法有两种：恒车速控制和恒转矩控制。恒车速控制就是在测试前，选定一个试验车速，当达到这个试验车速后，如果驱动轮输出功率增大使得转速增高，测功机的控制系统能自动加大励磁线圈的电流，从而加大滚筒的阻力矩，使车速回到原设定的数值。在整个测试过程中，车速会自动保持在设定的数值不变。恒转矩控制就是保持励磁线圈中的电流不变，因而给驱动轮施加的阻力矩也固定不变，当发动机输出功率增大时，车速提高。

4) 安全保障附属设备

安全保障系统包括左右挡轮、系留装置、挡块、发动机和车轮冷却风机。

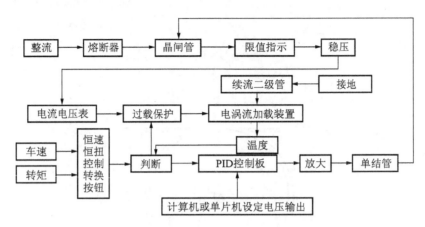

图 3.7　电涡流测功机加载控制框图

（1）左右挡轮的目的是防止汽车车轮在旋转过程中，在侧向力的作用下驶出滚筒，对前轮驱动车辆更应注意。

（2）系留装置是指地面上的固定盘与车辆相连，以防车辆高速运转时，由于滚筒的卡死而飞出滚筒。

（3）挡块的作用之一是防止车辆在运行过程中，车体前后移动，同时也达到与系留作用相同的功能。

（4）发动机与车轮冷却风机是防止车辆在运行过程中发动机和车轮过热。

2. 汽车底盘测功机的工作原理

测功试验时，汽车驱动轮置于滚筒装置上，驱动滚筒旋转并经滚筒带动测功器的转子旋转。当定子上的励磁线圈没有电流通过时，转子不受制动力矩作用；而励磁线圈通以直流电时，所产生磁场的磁力线通过转子、气隙、涡流环和定子构成闭合磁路。由于通过齿顶和凹槽的磁通量不同，因而当转子在滚筒带动下旋转时，通过涡流环任一点的磁通量呈周期性变化而产生了涡电流，涡电流产生的磁场与励磁磁场相互作用，产生了与转子旋转方向相反的转矩，从而对滚筒起到了加载作用。测出该转矩和转子转速，便可据此得到由滚筒传递给测功器转子的驱动功率。

作用力和反作用力是成对出现的。对转子施加制动力矩的同时，定子受到与制动力矩大小相等但方向相反的力矩的作用，力图使可绕主轴摆动的定子顺着转子旋转方向摆动。在测功器定子上安装有一定长度的测力杠杆，并在其端部下方安装有压力传感器，压力传感器便会受压力作用而产生与此成正比的电信号。显然，该压力与杠杆长度（压力传感器至测功器主轴的距离）之积便是定子（或转子）所受力矩的数值。在滚筒稳定旋转时，该力矩与驱动轮驱动力对滚筒的驱动力矩相等。据此，可求出车轮作用在滚筒（其半径为已知常数）上的驱动力的大小。

底盘测功机进行测功试验，以及进行加速试验、车速表检测、滑行试验、燃油经济性试验时，都需要测得试验车速，因此必须配备测速装置。测速装置通常安装在从动滚筒一端，随从动滚筒一起转动，把滚筒的转速转变为电信号。

由压力传感器和测速传感器传来的电信号输入到控制装置，经计算机处理后，在指示装置上显示出功率、驱动力和车速的数值。显然，三者间具有如下关系：

$$P_K = Fv/3600 \qquad (3-5)$$

式中，$P_K$ 是驱动轮输出功率(kW)。

### 3.1.5 试验方法和步骤

1. 准备工作

(1) 被测试车辆驶上汽车底盘测功机滚筒前，必须进行以下准备工作：

① 车辆外部清洗干净，不允许轮胎花纹中夹有石粒。
② 轮胎气压符合标准。
③ 发动机机油油面的高低应在允许范围内，机油压力正常。如有自动变速器，自动变速器(液力变矩器)的液面应在规定的范围内。
④ 发动机冷却系统的工作正常。
⑤ 汽车发动机和底盘经过维护，供油系统和点火系统处于最佳工作状态，发动机在正常工作温度下。

(2) 测功机的准备。

① 对于水冷测功机，应将冷却水阀打开。
② 接通电源，升起举升器托板，根据被检车的功率，选择测试功率的挡位。
③ 用两个三角铁抵住停在地面上的车轮的前方，防止汽车在检测中由于误操作而冲出去。
④ 为防止发动机过热，将一台冷却风扇置于被检汽车前方约 0.5m 处，对发动机吹风。
⑤ 使汽车以 5km/h 的速度运行，观察有无异常，看水温表灯是否点亮。

2. 汽车底盘测功机的使用

(1) 开机前必须按使用说明书的要求，对底盘测功机做好准备工作。
(2) 按规定程序进行操作。
(3) 惯性模拟系统除进行多工况油耗试验、加速、滑行试验以外，不允许任意使用。
(4) 突然停电时，引车驾驶人应即刻松节气门并挂空挡。
(5) 引车驾驶人必须严格按引导系统提示操作。

3. 一般检测步骤

(1) 选择试验控制方式，设定试验的恒定车速或恒定转矩。在全面评价汽车发动机及底盘技术状况的时候，可以选择 3 个有代表性的工况检测驱动轮输出功率。一是发动机额定功率转速所对应的车速；二是发动机最大转矩转速所对应的车速；三是选用汽车的常用速度(如经济车速)作为检测点。在一般情况下，不选用最大输出功率测试，而选取常用车速，如载货汽车选用 50km/h、轿车选用 80km/h，节气门全开测试驱动轮输出功率。

(2) 起动发动机，由低速挡逐级换入直接挡，同时逐渐踩下加速踏板，使节气门全开。

(3) 待发动机稳定后，读取和记录功率值。

(4) 重复检测 3 次，取平均值。

**4. 注意事项**

(1) 走合期的新车或大修车不宜进行底盘测功；

(2) 测功时，应注意各种异响和发动机冷却液温度及轮胎表面温度；

(3) 被测汽车前严禁站人，以确保安全。

在底盘测功机上测得的驱动轮输出功率取决于发动机输出功率、传动系统传动效率、滚动阻力损失功率和试验台传动效率等因素。由于受滚筒表面曲率的影响，驱动轮在底盘测功机滚筒上的滚动阻力比在良好路面上行驶时的滚动阻力大，由滚动阻力所消耗的功率可达所传递功率的 15%～20%；在汽车传动系统技术状况良好的情况下，传动系统的功率损失占发动机输出功率的 10%～20%，其具体数值取决于传动系统的类型。底盘测功机驱动轮功率检测标准，可根据在用汽车发动机功率检测标准(不低于原额定功率的 75%)、传动系统传动效率和滚动阻力损失功率及试验台传动效率的试验结果合理确定。

### 3.1.6 试验报告的基本内容和要求

(1) 试验过程的详细记录各工况数据。

(2) 对试验数据进行处理。

(3) 用汽车的相关理论知识对汽车在 3 种工况下所测功率的试验数据分析。

## 3.2 传动系统测试

### 3.2.1 理论基础

传动系统是汽车底盘的主要组成部分，一般由离合器、变速器、传动轴、主传动轴、差速器和半轴等构成，其作用是把发动机输出的动力传给驱动轮。

传动系统技术状况不良将使汽车的动力性和燃油经济性变差；同时，起步能力变坏和超车能力不足易于造成安全行车隐患；离合器、变速器等主要部件性能不良对汽车的操纵方便性也有很大影响。

根据 GB 7258—2012《机动车运行安全技术条件》，汽车传动系统应满足如下要求：

(1) 机动车的离合器应接合平稳、分离彻底，工作时不得有异响、抖动和不正常打滑等现象。踏板自由行程应与该车型的技术要求一致。踏板力应不小于等于 300N，手握力应小于等于 200N。

(2) 变速器和分动器换挡时齿轮啮合灵便，互锁和自锁装置有效，不得有乱挡和自行跳挡现象；运行中无异响；换挡时，变速杆不得与其他部件干涉。在变速杆上必须有驾驶员在驾驶座位上容易识别变速器挡位位置的标志。若变速杆上难以布置，则应布置在变速杆附近的易见部位。

(3) 传动轴在运转时不得发生抖振和异响，中间轴承和万向节不得有裂纹和松旷现象。

### 3.2.2 试验目的及要求

(1) 测定汽车传动系统功率损失和传动效率。

(2) 检测离合器滑转状况。
(3) 检测传动系统角间隙。
(4) 熟悉试验步骤、掌握试验台各相关仪器的使用方法。

### 3.2.3 试验所用的主要仪器和设备

(1) 底盘测功机。
(2) 离合器打滑测定仪。
(3) 指针式角间隙测量仪。
(4) 数字式角间隙检测仪。

### 3.2.4 试验设备的工作原理

(1) 底盘测功机的工作原理参看 3.1 节。

(2) 离合器打滑测定仪工作原理。离合器滑转（俗称打滑）使发动机动力不能有效地传递至驱动轮，汽车动力性下降，摩擦片磨损严重，同时也影响汽车的正常行驶，汽车起步困难；加速时，车速不能随发动机转速的提高而迅速上升；负载上坡传递大转矩时，打滑更为明显，严重时会烧坏摩擦片。

采用离合器打滑测定仪可对离合器打滑状况进行检测，该仪器由闪光灯、高压电极、电容、电阻等构成，如图 3.8 所示。

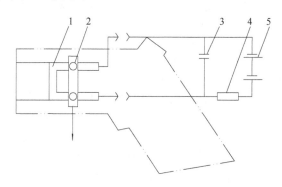

图 3.8 离合器打滑测定仪
1—闪光灯；2—高压电极；3—电容；4—电阻；5—蓄电池

离合器打滑测定仪的基本工作原理是频闪原理，即：如果在精确的确定时刻，相对转动零件的转角照射一束短暂（约 1/5000s）的频率与转动零件的旋转频率相同的光脉冲时，由于人们的视觉暂留现象，似乎觉着零件静止不动。

(3) 传动系角间隙检测仪工作原理。传动系角间隙检测所用仪器有指针式角间隙测量仪和数字式角间隙测量仪两种。

① 指针式角间隙检测仪原理。指针式角间隙检测仪由指针、测力扳手和刻度盘构成，如图 3.9 所示。使用时，指针固定在主传动器主动轴上，而刻度盘固定在主传动器壳体上，如图 3.9(a)所示；测力扳手钳口可卡在传动轴万向节上，扳手上带有刻度盘和指针，以便指示出测力扳手所施加的力矩。测量角间隙时，测力扳手应从一个极限位置转至另一个极限位置，施加力矩应不小于 30N·m，角间隙的数值即为指针在刻度盘上的指示值。

② 数字式角间隙检测仪原理。数字式角间隙检测仪由用导线相联的倾角传感器和测

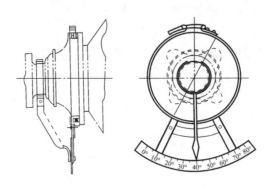

(a) 指针与刻度盘的安装

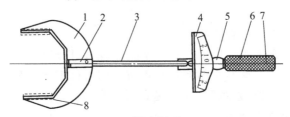

(b) 测力扳手

图 3.9　指针式角间隙测量仪

1—卡嘴；2—指针座；3—指针；4—刻度盘；5—手柄；
6—手柄套筒；7—定位销；8—可换钳口

量仪构成。倾角传感器的作用是将传感器感受到的倾角变化转变为线圈中电感量的变化，从而改变检测仪电路的振荡频率。因此，传感器实际上是一个倾角—频率转换器。传感器外壳是一个上部带有 V 形缺口，并配有带卡扣尼龙带的长方形壳体，可固定在传动轴上，因此可随传动轴摆动；传感器内部结构是一个中心插有弧形磁棒的线圈，如图 3.10 所示。弧形磁棒由摆杆和心轴支承在外壳中夹板的两盘轴承上。在重心作用下，摆杆始终偏离垂线某一固定角度。弧形线圈则固定在外壳中的夹板上，当外壳随传动轴摆动时，线圈也随之摆动，因而线圈与磁棒的相互位置发生变化，从而改变了线圈电感值，电感的变化量则反映了传动轴的摆动量。当电感值可变化的线圈作为检测仪振荡电路中的一个元件时，传动轴的摆动所引起的线圈电感值的变化就改变了电路的振荡频率。

测量仪实际上是一台专用的数字式频率计，采用与传感器特性相应的计数器并可初始置数，通过标定可直接显示出倾角大小。测量仪采用数字集成电路，由传感器输出的振荡信

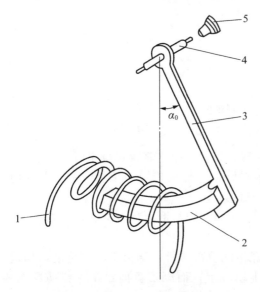

图 3.10　倾角传感器结构示意图

1—弧形线圈；2—弧形磁棒；
3—摆杆；4—心轴；5—轴承

号经计数器进入主计数器,在置成的初始基础上累计脉冲数。计数结束后,在锁存器接收脉冲作用下,将主计数器的结果送入寄存器,并由荧光数码管将结果显示出来。使用时,把角间隙两个极端位置的倾角相减,其差值即为角间隙值。

### 3.2.5 试验方法和步骤

传动系统技术状况检测有经验检测法和仪器检测法两类。经验检测法是从上述规定和所测车型的有关技术数据出发,通过观察和实际操作,按一定步骤凭经验检测传动系统技术状况,如离合器踏板自由行程、变速器漏油、异响、跳挡、乱挡等某些检测项目也可采用仪器检测。以下主要介绍利用仪器对传动系统技术状况进行检测的方法。

**1. 汽车传动系统功率损失和传动效率的检测**

汽车传动系统的功率损失可在具有储能飞轮的底盘测功机上或惯性式底盘测功机上对传动系统进行反拖试验而测得;根据所测得的驱动轮输出功率和传动系统功率损失,可换算出汽车传动系统的传动效率。

在具有储能飞轮的底盘测功机滚筒上进行滑行试验,测得汽车的滑行距离,可反映汽车传动系统传动阻力的大小。

利用底盘测功机测试汽车传动系统功率损失、滑行距离的方法详见3.1节。

传动功率损失、传动效率和滑行距离可反映汽车传动系统的综合技术状况,但不能评价传动系统各组成部分的技术状况。

**2. 离合器滑转状况的检测**

(1) 把驱动轮置于底盘测功机或车速表试验台滚筒上,无条件者可支起驱动桥。

(2) 汽车变速器挂直接挡,此时若离合器不打滑,发动机转速与传动轴转速相同。必要时,可用行车制动器或驻车制动器增加传动系统负荷和离合器所传递的转矩。

(3) 测定仪以汽车蓄电池作为电源,由发动机火花塞或一缸点火高压线通过电磁感应给测定仪的高压电极输入信号脉冲,控制闪光灯的闪光时刻,因此闪光灯的闪光频率与发动机转速成正比。若把闪光灯发出的光脉冲投射到传动轴某一点,传动轴与发动机转速相同时,光脉冲每次照射该点,使人感到传动轴并不旋转;离合器打滑时,传动轴转速比发动机转速慢,光脉冲每次照射点均位于上次照射点的前部,使人感觉着传动轴慢慢向相反方向转动,显然其转动的快慢即可反映出离合器打滑的严重程度。

由于基本测试原理相同,发动机点火正时灯也可用于离合器打滑的检测。

**3. 传动系统角间隙的检测**

(1) 利用指针式角间隙检测仪进行传动系统角间隙的检测。

① 驱动桥角间隙包括主传动器、差速器和半轴花键处的角间隙。测试时,车轮处于制动状态,变速器挂空挡,测力扳手卡在主传动器主动轴的万向节上,使其从一个极限位置转至另一个极限位置,从刻度盘上读取角间隙值。

② 万向传动装置的角间隙将测力扳手卡在变速器后端万向节主动叉处,左、右转至极限位置可测出万向传动装置和驱动桥角间隙,减去驱动桥角间隙后即可得万向传动装置角间隙。

③ 离合器和变速器各挡位的角间隙放松制动,离合器处于接合状态,测力扳手仍作

用于变速器后端万向节主动叉上，即可测得不同挡位下从离合器至变速器输出轴的角间隙。

④ 以上三段角间隙之和即为传动系统的总角间隙。

在汽车使用过程中，传动系统因传递动力，且配合表面或相啮合零件间有相对滑移而产生磨损，从而使间隙增大，如变速器、主传动装置、差速器中的齿轮啮合间隙，传动轴、半轴的花键连接间隙，十字轴颈与滚针轴承间的间隙及滚针轴承与万向节间的间隙等。这些间隙都可使相关零件间产生相对角位移或角间隙，其角间隙之和构成传动系统的总角间隙。

研究表明，传动系统各总成和机件的磨损与其间隙存在着密切关系，总角间隙随汽车行驶里程近似呈线性增长。所以总角间隙可作为诊断参数评价传动系统的技术状况。由于角间隙可分段检测，还可用角间隙对传动系统有关总成或机件的技术状况进行检测。

（2）利用数字式角间隙检测仪检测传动系统角间隙。

① 万向传动装置角间隙。驻车制动器处于制动状态，传动轴转至驱动桥角间隙中间位置（驱动桥角间隙一般远大于其他部位的角间隙），把传感器固定于传动轴，左、右旋转传动轴至极限位置，测量仪便显示出在该两个位置时传感器的倾斜角度，两个角度之差即为万向传动装置的角间隙。

② 离合器和变速器各挡位的角间隙。接合离合器，变速器挂入预选挡位，放松驻车制动器，传动轴位于驱动桥角间隙中间位置，左、右转动传动轴至极限位置，测量仪显示出在该两个位置时传感器倾斜角之差减去已测得的万向传动装置角间隙，即为从离合器至变速器输出轴的角间隙。

### 3.2.6 试验报告的基本内容和要求

（1）对试验过程进行详细的记录。

（2）试验数据的记录和数据处理。

（3）简述测定汽车传动系统功率损失和传动效率的方法和步骤。

### 3.2.7 设计性试验

利用数字式角间隙检测仪，设计一个试验来测定驱动桥角间隙。

## 3.3 转向系统测试

### 3.3.1 理论基础

转向系统是汽车底盘的主要组成部分之一，其性能好坏直接影响汽车操作稳定性和高速行驶的安全性，也是出现行驶时转向盘打摆、高速行驶时跑偏等现象的影响因素之一。转向参数主要是指转向盘自由转动量和转向盘转向力，利用仪器设备对这两个参数进行检测，从而可以确切地判断转向系统的技术状况是否合格。现在，大部分汽车安全检测站将此项工作的检测移至外观工位，只凭外观检验员的经验进行检测，并且不检测转向盘的转向力，带有一定的盲目性，建议应向仪器设备方面检测过渡。汽车综合性检测站在检测线上普遍使用转向参数测量仪,并对这两个参数进行检测。

转向盘自由转动量是指汽车保持直线行驶位置时,左右晃动转向盘时的自由转动量,其大小综合反映汽车转向系统的性能。当该值超过标准时,说明汽车转向系统中某处配合松旷,如果值过大,会增加驾驶人的疲劳度,影响行驶安全。

转向盘转向力的大小对减轻驾驶人疲劳度,安全行驶也很重要。如果转向力过大,驾驶人易疲劳;而如果转向力太小,又使驾驶人的路感减弱,不利于安全行车。

GB 7258—2012《机动车运行安全技术条件》对转向系统要求规定:

(1) 机动车转向盘的最大自由转动量应小于等于:

最大设计车速≥100km/h 时的机动车:10°;

三轮汽车:35°;

其他机动车:25°。

(2) 转向盘转向力:在平坦、坚硬、干燥和清洁的水泥或沥青路上行驶,以 10km/h 的速度在 5s 之内沿螺旋线从直线行驶过渡到直径为 25m 的圆周行驶,施加于转向盘外缘的最大切向力小于等于 245N。

(3) 机动车的转向盘应转动灵活、操纵轻便,无卡滞现象,并应设置转向限位装置。转向系统在任何操作位置上,不得与其他部件有干涉现象。

### 3.3.2 试验目的及要求

(1) 了解有关标准对转向系统的要求。
(2) 了解转向参数测量仪器的结构和工作原理。
(3) 掌握转向参数的测量方法。

### 3.3.3 试验所用的主要仪器和设备

转向参数测量仪。

### 3.3.4 试验设备的工作原理

转向参数测量仪主要由操纵盘、主机箱、连接叉和定位杆 4 部分组成,如图 3.11 所示。将转向参数测量仪安装在转向盘上面,并对准转向盘的中心,使操纵盘通过 3 个连接叉固定在转向盘上,同时操纵盘又用螺栓固定在三爪底板上,通过底板上的力矩传感器与连接叉相连。主机箱也固定在底板上,内有微机和打印机等。此外,定位杆的主要作用是从底板下伸出,经磁力座吸附在驾驶室内的仪表板上,定位杆内端联接有光电装置,光电装置装在主机箱下部,主要起零点定位作用。

当转动操纵盘时,转向力通过底板、力矩传感器、连接叉传递到被测转向盘上,使转向盘转动以实现汽车转向。此时,力矩传感器将转向力

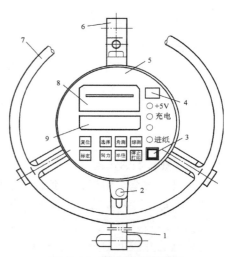

图 3.11 转向参数测量仪

1—定位杆;2—固定螺栓;3—电源开关;
4—电压表;5—主机箱;6—连接叉;
7—操纵盘;8—打印机;9—显示器

转变为电信号,而定位杆内的光电装置也将转向盘转角转变为电信号。这两种电信号由微机自动进行数据采集、转角编码、运算、分析、存储和打印,因此该仪器能同时检测转向盘转向力、转向角及转向盘自由转动量。

### 3.3.5 试验方法和步骤

**1. 简易转向盘自由转动量的检测方法**

简易转向盘自由转动量检测仪由刻度和指针两部分组成,如图 3.12 所示。

(1) 安装检测仪,将刻度盘通过磁力座或固定螺钉固定在转向柱上,指针固定在转向盘外缘上。

(a) 检测仪安装位置

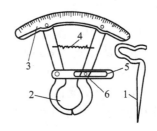
(b) 检测仪外形

图 3.12 简易转向盘自由转动量检测仪
1—指针;2—夹臂;3—刻度盘;4—弹簧;5—连接板;6—固定螺钉

(2) 向左或右慢慢转动转向盘,直到有阻力感为止。
(3) 然后调整指针,使指针指向刻度盘 "0°"。
(4) 朝与刚才相反方向慢慢转动转向盘,直到有阻力为止。
(5) 观察刻度盘上指针指向的刻度,即为转向盘自由转动量。

**2. 用转向参数测量仪检测转向盘转向力和自由转动量**

(1) 转向盘转向力的检测。顶起前桥,使左右车轮悬空,将测试仪安装在被测车辆的转向盘上,启动电源开关,按下"力测"按钮,缓慢地将转向盘由一端尽头转到另一端尽头,则仪器开始定时测量并显示仪器上的作用力矩 $M$。按式(3-6)算出转向盘轮缘上的转动力(N):

$$转动力 = \frac{M}{2r} \qquad (3-6)$$

式中,$r$ 为被测车辆转向盘的半径(m)。

检测时,注意车轮能否转到极限位置或是否与其他部件发生干涉现象。

(2) 转向盘自由转动量的检测。顶起前桥,将转向盘由一端尽头转到另一端尽头,记住圈数,再回转其总圈数的一半,然后放下前桥,保持转向盘位置不动,将测试仪安装好,启动电源并按下"角测"按钮,向一个方向缓慢转动转向盘,直至轮胎开始转动时,停止转动转向盘,则仪器自零开始测量并显示转向盘转动的角度。用同样方法可测出另一个方向的转向盘自由转动量的值。

### 3.3.6 试验报告的基本内容和要求

（1）试验过程的详细记录。
（2）试验数据的记录和数据处理。
（3）根据试验数据，分析不同车辆的自由转动量的大小及特点。

## 3.4 车轮动平衡测试

### 3.4.1 理论基础

汽车高速行驶时，如果车轮的质量中心不在旋转轴线上，就会产生离心力，这种现象称为静不平衡；车轮具有一定的宽度，当车轮质量分布相对于车轮纵向中心面不对称时，车轮各部分产生离心力不能相互抵消，这种现象称为车轮的动不平衡。

随着汽车行驶速度的提高，车轮不平衡引起的危害会越来越严重，一方面不仅影响到乘坐舒适性，甚至使驾驶人难以驾控，威胁行车安全；另一方面，降低车轮与地面的附着性能，缩短轮胎、转向节、轮毂轴承和减振器等零件的使用寿命，增加了运行成本。如果装用严重不平衡的车轮，会使转向系统部件上产生比自身质量大百倍的作用力，轮胎的磨损量将增加 10 倍以上，如图 3.13 所示。

车轮在使用过程中常常会导致一些影响平衡的参数变化，因而必须定期检测车轮的平衡性能，对高速行驶的轿车尤其要重视。

图 3.13 车辆不平衡带来的危害

车轮动不平衡的原因主要有以下几点。
（1）轮胎质量分布不均匀。
（2）轮辋、制动鼓或盘变形。
（3）轮毂安装不符合要求。
（4）轮胎安装位置不正确，如充气嘴与轮胎位置不符合安装要求等。

一般而言，车轮既有静不平衡，又有动不平衡。对于动平衡符合要求的车轮，静平衡也符合要求，但反过来说不成立。因此，汽车车轮通常只作动平衡检测。

### 3.4.2 试验目的及要求

（1）理解车轮动平衡对汽车行驶平顺性、操纵稳定性的影响。
（2）了解车轮动平衡机的检测原理。
（3）掌握车轮动平衡的检测方法。

### 3.4.3 试验所用的主要仪器和设备

车轮动平衡机。

### 3.4.4 试验设备的工作原理

车轮动平衡机可分为离车式车轮动平衡机和就车式车轮动平衡机。离车式车轮动平衡机可以检测车轮自身的动平衡，检测精度较高，应用较为广泛；就车式车轮动平衡机可检测实际使用情况下车轮的静平衡，检测时不需要拆下车轮，一般用于汽车综合性能检测站。

**1. 离车式车轮动平衡机**

离车式车轮动平衡机属于硬支承形式的平衡机，其支承刚度很大，车轮支承系统有很高的固有频率，而且远高于车轮的平衡转速，因此支撑系统的振幅很小，车轮的惯性力可以忽略不计。以卧式平衡机为例，其检测原理如图 3.14 所示。

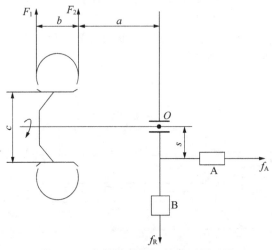

图 3.14 车轮动平衡机的检测原理图

图 3.14 中，$F_1$、$F_2$ 为对应的离心力，$f_A$、$f_B$ 为左右支撑点传感器测得的动反力。$S$ 为支承系统结构参数，$a$ 为平衡机与轮胎的距离，$b$ 车轮宽度尺寸，$c$ 为轮辋直径。动平衡机将轮胎视为一个有限宽度 $b$ 的回旋体，并假设不平衡质量 $m$ 分别为 $m_1$ 和 $m_2$ 两部分，并集中在轮辋的内外两侧边缘处，该两平面称为校正面，旋转时形成两个离心力 $F_1$ 和 $F_2$；两者相位不同时，不仅形成不平衡力，还要形成不平衡力矩，因而动平衡机必须设置两个相互垂直传感器 A 和 B 以采集支承反力。由力学平衡方程式可得

$$\sum X = 0 \tag{3-7}$$

$$F_1 + F_2 - f_B = 0 \tag{3-8}$$

$$\sum M_o = 0 \tag{3-9}$$

$$F_1(b+a)+F_2a-f_AS=0 \qquad (3-10)$$

由上边几个公式可解出 $F_1$ 和 $F_2$：

$$F_1=(f_AS-f_Ba)/b \qquad (3-11)$$
$$F_2=[f_B(b+a)-f_AS]/b \qquad (3-12)$$

再由 $F=m\omega^2c/2$ 得

$$m_1=2F_1/c\omega^2=2(f_AS-f_Ba)/cb\omega^2 \qquad (3-13)$$
$$m_2=2F_2/c\omega^2=2[f_B(b+a)-f_AS]/cb\omega^2 \qquad (3-14)$$

式（3-13）和式（3-14）是动平衡机检测的基本依据，式中支承动反力 $f_A$ 和 $f_B$ 由传感器 A 和 B 测得，$\omega$ 为平衡机的角速度，$S$ 为平衡机的结构参数，使用者只要将被测车轮的宽度 $b$ 和轮辋的直径 $c$ 及车轮在平衡机上的安装尺寸 $a$（由平衡机制造厂家随机提供的专用工具测量）键入，测量尺寸如图 3.15 所示；运算不平衡质量 $m_1$ 和 $m_2$，并用数字提示，不平衡位置由光电式位置传感器确定，并用发光二极管显示。

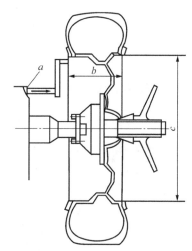

图 3.15　车轮不平衡检测输入的数据

**2. 就车式车轮动平衡机**

就车式车轮动平衡机一般由驱动装置、测量装置、指示与控制装置、制动装置和小车等组成，其示意图如图 3.16 所示，测量图如图 3.17 所示。驱动装置由电动机、转轮等组成，能带动支离地面的车轮转动。测量装置由传感磁头、可调支杆、底座和传感器等组成。它能将车轮不平衡量产生的振动变成电信号，送至指示与控制装置。指示与控制装置由频闪灯、不平衡度表或数字显示屏等组成。频闪灯用来指示车轮不平衡点位置，不平衡度表或数字显示屏用来指示车轮的不平衡量，一般有两个挡位。第一挡一般用于初查时的指示，第二挡一般用于装上平衡块后复查时指示。制动装置用于车轮停转。除测量装置外，车轮动平衡机的其余装置都装在小车上，可方便地移动。

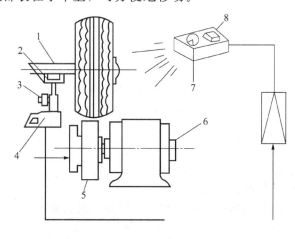

图 3.16　就车式车轮动平衡机示意图

1—转向节；2—传感磁头；3—可调支杆；4—底座；5—转轮；6—电动机；7—频闪灯；8—不平衡度表

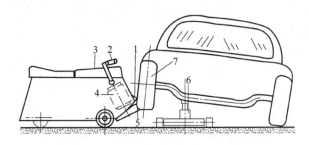

图 3.17 就车式车轮动平衡机测量图

1—光电传感器；2—手柄；3—仪表板；4—驱动电动机；
5—摩擦轮；6—传感器支架；7—被测车轮

### 3.4.5 试验方法和步骤

**1. 车轮动平衡的检测方法**

可参照国家标准 GB/T 18505—2013《汽车轮胎动平衡试验方法》，检测步骤如下：

(1) 用汽油或酒精清洁轮胎，按规定给轮胎充气，去掉原有的平衡块和轮胎上的沙石。

(2) 选择合适的定位锥和紧固件把车轮安装在平衡机上，输入轮辋的直径、宽度，测出轮辋边缘至平衡机的距离并输入。

(3) 放下防护罩，按规定操作平衡机，当车轮自动停止转动时，从仪表板指示装置读出不平衡量及不平衡点的位置。

(4) 用手缓慢转动车轮，当指示装置分别显示内、外侧不平衡点位置时，停止转动车轮，在轮辋边缘内、外侧正上方安装平衡块；平衡块的质量应与指示装置显示的不平衡量相同。

(5) 重新进行检测，直到不平衡量符合规定要求为止。

考虑到不平衡量在 10g 以下时驾驶人不会有车轮振动的感觉，所以汽车轮胎动平衡的精度达到 ±5g 时，就可以满足实际需要了。

**2. 需要做车轮动平衡检测的情况**

(1) 新的轮胎。

(2) 从轮辋上拆卸过的轮胎。

(3) 使用一段时间后，由于轮胎的磨损需要重新调整。

(4) 用热胶补的轮胎，需要做动平衡；用胶条补(俗称打枪)就不用做动平衡了。

### 3.4.6 试验报告的基本内容和要求

(1) 试验过程的详细记录。

(2) 试验数据的记录和数据处理。

(3) 分析车轮动平衡对汽车行驶平顺性、操纵稳定性的影响。

### 3.4.7 设计性试验

根据介绍的就车式车轮动平衡机的结构和原理，设计一个试验，找一辆小汽车用就车式车轮动平衡机测定车轮不平衡点位置和车轮的不平衡量。如果车轮的不平衡精度不能满足要求,则安装平衡块,并进行复查。

## 3.5 制动系统测试

### 3.5.1 理论基础

制动系统是汽车底盘的主要组成之一,其技术状况变化直接影响汽车行驶及停车的安全性。因此,它是安全检测中的重点检测项目之一。

为了保证汽车的使用安全,对制动系统提出以下要求:

(1) 汽车应具有行车制动、驻车制动功能和应急制动功能。汽车行车制动、应急制动和驻车制动的各系统以某种方式相连。它们应保证当其中一个或两个系统的操纵机构的任何部件失效时(行车制动的操纵踏板、操纵连接杆件或制动阀的失效除外)仍具有应急制动功能。

(2) 行车制动系统制动踏板的自由行程应符合该车有关技术条件。

(3) 行车制动在产生最大制动作用时的踏板力,对于座位数小于或等于9的载客汽车应不大于500N;对于其他车辆应不大于700N。

(4) 液压行车制动在达到规定的制动效能时,踏板行程不得超过踏板全行程的3/4;制动器装有自动调整间隙装置的车辆的踏板行程不得超过踏板全行程的4/5,且座位数小于或等于9的载客汽车不得超过120mm,其他车辆不得超过150mm。

(5) 应急制动系统的操纵机构可以与行车制动系统的操纵机构结合,也可以与驻车制动系统的操纵机构结合,但3个操纵机构不得结合在一起。

(6) 驻车制动应通过纯机械装置把工作部件锁止,并且施加于操纵装置上的力:手操纵时,座位数小于或等于9的载客汽车应不大于400N,其他车辆应不大于600N;脚操纵时,座位数小于或等于9的载客汽车应不大于500N,其他车辆应不大于700N。

(7) 驻车制动操纵装置的安装位置要适当,其操纵装置必须有足够的储备行程,一般应在操纵装置全行程的2/3以内产生规定的制动效能;驻车制动机构装有自动调节装置时允许在全行程3/4以内达到规定的制动效能。

(8) 采用气压制动的机动车当气压至600kPa且在不使用制动的情况下,停止空气压缩机3min后,其气压的降低值应不大于10kPa。在气压为600kPa的情况下,将制动踏板踩到底,待气压稳定后观察3min,单车气压降低值不得超过20kPa,列车气压降低值不得超过30kPa。

(9) 采用液压制动的汽车在保持踏板力为700N达到1min时,踏板不得有缓慢向地板移动的现象。

(10) 气压制动系统必须装有限压装置,确保储气筒内气压不超过允许的最高气压。

(11) 采用气压制动系统的汽车,发动机在75%的标定功率转速下,4min(汽车、列车为6min,铰接公共汽车和无轨电车为8min)内气压表的指示气压应从零开始升至起步气压(未标起步气压者,按400kPa计)。储气筒的容量应保证在不继续充气的情况下,车辆在连续5次全制动后,气压不低于起步气压。

(12) 汽车、无轨电车和四轮农用运输车的行车制动必须采用双管路或多管路,当部分管路失效时,剩余制动效能仍能保持原规定值的 30% 以上。

(13) 汽车在运行过程中,不应有自行制动现象。

### 3.5.2 试验目的及要求

(1) 掌握汽车制动系统的基本要求。
(2) 掌握汽车制动系统的检测项目及检测方法。

### 3.5.3 试验所用的主要仪器和设备

踏板试验台、制动部件综合试验台、制动惯量试验台。

### 3.5.4 试验设备的工作原理

踏板试验台(图 3.18)模拟实车踏板安装状态,施加规定的踏板力进行踏板静强度、疲劳测试等。

图 3.18 踏板试验台

制动部件综合试验台(图 3.19)适用不同制动部件在更换夹具后能固定在相应夹具上,则能对产品进行相关项目的测试,可以完成力-液压特性、力-力特性、静密封性、动态密封性进行检测,反应/释放特性、空行程等多项试验。

图 3.19 制动部件综合试验台

制动惯量试验台用于载质量 3.5t 以下液压制动乘用车盘式/鼓式制动器总成性能试验。可进行以下性能测试：恒力矩试验功能、恒压力试验功能；制动器性能测试，包括效能、热衰退和恢复、磨损、耐久、拖磨扭矩等试验；静力矩试验功能；驻车制动试验功能；浸（淋）水试验功能；具有压力失效试验功能、紧急制动功能；噪声试验功能；DTV 制动盘厚度动态测量功能。

图 3.20　制动惯量试验台外观图

### 3.5.5　试验方法和步骤

1. 制动器效能试验

按照 QC/T 564—2008《乘用车制动器性能要求及台架试验方法》进行；试验项目及测试要求见表 3-2，试验过程中采集的参数包括制动器温度、制动力矩、制动压力、速度等。

表 3-2　试验项目及测试要求

| 试验项目 | 制动初速度/(km/h) | 制动初温/℃ | 减速度/压力控制 | 制动次数 |
| --- | --- | --- | --- | --- |
| 磨合前检查 | 50 | ≤100 | 0.3g | 10 |
| 第一次效能 | 80 | 80±2 | 2MPa，4MPa，6MPa，8MPa，10MPa | 每个速度各 5 次 |
| | 100 | 80±2 | 2MPa，4MPa，6MPa，8MPa，10MPa | 每个速度各 5 次 |
| 第一次磨合 | 65 | ≤120 | 0.35g | 200 |
| | 80 | ≤120 | 0.35g | 200 |

(续)

| 试验项目 | 制动初速度/(km/h) | 制动初温/℃ | 减速度/压力控制 | 制动次数 |
|---|---|---|---|---|
| 第二次效能 | 80 | 80±2 | 2MPa，4MPa，6MPa 8MPa，10MPa | 每个速度各5次 |
| | 100 | 80±2 | 2MPa，4MPa，6MPa 8MPa，10MPa | 每个速度各5次 |
| | 160 | 80±2 | 2MPa，4MPa，6MPa 8MPa，10MPa | 每个速度各5次 |
| 第二次磨合 | 65 | 120±5 | 0.35g | 20 |
| 基准点检测 | 50 | 80±2 | 0.3g | 3 |
| 第一次衰退 | 65 | 80±2 | 0.45g | 10 |
| | 80 | 80±2 | 0.45g | 10 |
| | 100 | 80±2 | 0.45g | 10 |
| 第一次恢复 | 50 | 衰退试验结束后开启鼓风机运转90s | 基准试验压力 | 12 |
| 第三次磨合 | 65 | 120±5 | 0.35g | 20 |
| 基准点检测 | 50 | 80±2 | 0.3g | 3 |
| 第二次衰退 | 65 | 80±2 | 0.45g | 15 |
| | 80 | 80±2 | 0.45g | 15 |
| | 100 | 80±2 | 0.45g | 15 |
| 第二次恢复 | 50 | 衰退试验结束后开启鼓风机运转90s | 基准试验压力 | 12 |
| 第四次磨合 | 65 | 120±5 | 0.35g | 20 |
| 第三次效能 | 80 | 80±2 | 2MPa，4MPa，6MPa 8MPa，10MPa | 每个速度各5次 |
| | 100 | 80±2 | 2MPa，4MPa，6MPa 8MPa，10MPa | 每个速度各5次 |
| | 160 | 80±2 | 2MPa，4MPa，6MPa 8MPa，10MPa | 每个速度各5次 |

2. 制动踏板静强度试验

踏板装置在表3-3规定的纵向力 $P$ 作用下，测定踏板表面永久变形量应小于等于5.0mm，并且无裂纹或损坏等缺陷。

表3-3 强度试验施加在踏板上的纵向力

| 踏板种类 | 制动踏板 | 加速踏板 | 离合器踏板 |
|---|---|---|---|
| 施加在踏板几何中心点上的纵向力 $P$/N | 2000±50 | 300±10 | 800±20 |

**3. 真空助力助力器总成输入-输出特性试验**

在制动部件试验台上将样件固定在性能试验装置上,连接好各测试回路,调整真空阀门,使真空助力器内的真空度达到(66.7±1.3)kPa,排尽液压测试回路中的空气,储液罐内加注制动液到最大满刻度位置。

调整液压测试回路的排量吸收装置,使输入推杆为全行程的70%~90%时,液压测试回路的压力为样件最大助力点液压的130%,并且液压制动主缸的两个制动腔在最大助力点处的压力差不超过0.3MPa。

输入推杆以(3±1)mm/s的速率连续加载到输出压力为最大助力点液压的120%~130%,然后以(2±1)mm/s的速率连续卸载。

记录加载和卸载时相应的输入力-输出液压曲线(图3.21),始动力$F_a$,释放力$F_{al}$,跳跃值$J_p$,最大助力点的输入力和输出液压值。

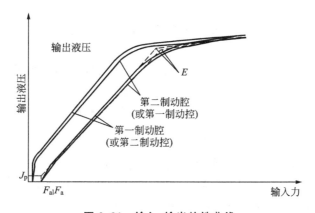

**图 3.21 输入-输出特性曲线**

$J_p$—跳跃值;$F_{al}$—释放力;$F_a$—始动力,$E$—最大助力点

### 3.5.6 试验报告的基本内容和要求

(1)试验过程的详细记录。
(2)试验数据的记录和数据处理。
(3)根据已有基础,设计新型制动踏板力测量装置,并描述其原理。

## 3.6 汽车悬挂系统固有频率和阻尼比测试

汽车在不平路面上行驶时所引起的振动,经过由轮胎、悬架、坐垫等弹性、阻尼元件及悬挂质量和非悬挂质量所构成的振动系统,传递到悬挂质量和人身,影响汽车的乘坐舒适性。这种振动能量的输出与汽车悬挂系统固有频率和阻尼比有直接的关系,其大小对汽车的振动特性有很大的影响,是评价汽车平顺性的基本参数。

本试验是测定汽车车身部分(簧载质量或悬挂质量)的固有频率和阻尼比以及车轮部分(非簧载质量或非悬挂质量)的固有频率。这种试验适用于各种类型双轴汽车悬挂系统固有频率和阻尼比测定。

### 3.6.1 试验目的及要求

（1）测定汽车悬挂系统固有频率和阻尼比。
（2）熟悉试验步骤、掌握试验台各相关仪器的使用方法。

### 3.6.2 试验所用的主要仪器和设备

（1）测量仪器可选用随机输入行驶试验所用仪器。
（2）测量仪器的频率范围应能满足 0.3～100Hz 的要求。振动传感器装在前、后轴和其上方车身或车架相应的位置上。

### 3.6.3 试验方法和步骤

1. 检测条件

（1）试验在汽车满载时进行。根据需要可补充空载时的试验。试验前称量汽车总质量及前、后轴的质量。
（2）悬架弹性元件、减振器和缓冲块应符合技术条件规定。根据需要可补充拆下减振器和拆下缓冲块的试验。
（3）轮胎花纹完好，轮胎气压符合技术条件所规定的数值。

2. 试验方法

试验时可用以下 3 种方法使汽车悬挂系统产生自由衰减振动。

（1）滚下法：将汽车测试端的车轮，沿斜坡驶上凸块（凸块断面如图 3.22 所示），其高度根据汽车类型与悬挂结构可选取 60mm、90mm、120mm，横向宽度要保证车轮全部置于凸块上，在停车挂空挡发动机熄火后，再将汽车车轮从凸块上推下，滚下时应尽量保证左、右轮同时落地。

（2）抛下法：用跌落机构将汽车测试端车轴中部由平衡位置支起 60mm 或 90mm，然后将跌落机构释放，汽车测试端突然抛下。

（3）拉下法，此法可作为后面的设计性试验。

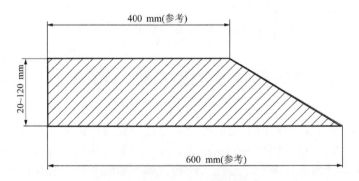

图 3.22 滚下法用凸块断面示意图

用上述 3 种方法试验时，拉下位移量、支起高度或凸块高度的选择要保证悬架在压缩行程时不碰撞限位块，又要保证振动幅值足够大与实际使用情况比较接近。对于特殊的汽车类型与悬架结构可以选取 60mm、90mm、120mm 以外的值。

用记录仪记录车身和车轴上自由衰减振动的时间历程，每次记录时间不少于 3s，保证衰减振动曲线完整，共记录 3～5 次。

试验时，非测试端悬架一般不用卡死以限制其振动。在汽车前、后端振动相互联系较强时，非测试端悬架要卡死。

### 3.6.4 试验数据处理

数据处理方法有时间历程法和频率分析法两种，可根据情况选择其中一种。

1. 时间历程法

由记录得到的车身及车轴上的自由衰减振动曲线(图 3.23)，与时标比较或在信号处理机上读出时间间隔的值，都可以得到车身部分振动周期 $T$ 和车轮部分振动周期 $T'$。然后按式(3-15)、式(3-16)算出各部分的固有频率。

$$f_0 = 1/T \tag{3-15}$$
$$f_1 = 1/T' \tag{3-16}$$

式中，$f_0$ 为车身部分固有频率(Hz)；$T$ 为车身部分振动周期(s)；$f_1$ 为车轮部分固有频率(Hz)；$T'$ 为车轮部分振动周期(s)。

车身部分振动的半周期衰减率：

$$t = A_1/A_2 \tag{3-17}$$

式中，$A_1$ 为第二个峰至第三个峰的峰-峰值；$A_2$ 为第三个峰至第四个峰的峰-峰值。

按式(3-18)求出阻尼比：

$$\varphi = \frac{1}{\sqrt{1 + \frac{\pi^2}{L_n^2 \tau}}} \tag{3-18}$$

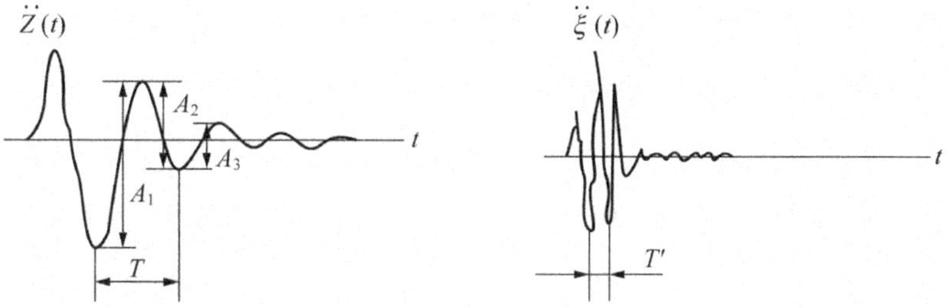

(a) 车身部分　　　　　　　(b) 车轮部分

图 3.23　自由衰减振动曲线

2. 频率分析法

用磁带记录仪记录车身与车轴上自由衰减振动的加速度信号 $\ddot{Z}(t)$ 和 $\ddot{\xi}(t)$，然后在信号处理机上进行频率分析。对车身与车轴上的加速度信号 $\ddot{Z}(t)$ 和 $\ddot{\xi}(t)$ 进行自谱处理。处理时用截止频率 20Hz 进行低通滤波，采样时间间隔 $\Delta t$ 取 20ms，频率分辨率为 $\Delta f = 0.05$Hz。

(1) 车身部分加速度均方根自谱 $G_{\ddot{Z}}(f)$[图 3.24(a)]的峰值频率即为车身部分固有频率 $f_0$。

(2) 车轮部分加速度均方根自谱 $G_{\ddot{\xi}}(f)$[图 3.24(b)]的峰值频率为车轮部分固有频率 $f_t$。

(3) 车轴上加速度信号 $\ddot{\xi}(t)$ 作为输入，车身上加速度信号 $\ddot{Z}(t)$ 作为输出进行频率响应函数处理得到幅频特性 $|Z/\xi|$，(图 3.25)。处理时采样时间间隔 $\Delta t$ 取 5ms，幅频特性的峰值频率为车轮部分不运动时的车身部分的固有频率 $f'_0$，它比车身部分的固有频率 $f_0$ 略高一些。由幅频特性的峰值 $A_p$ 可以近似的求出阻尼比，其计算公式如式(3-19)所示：

$$\varphi = \frac{1}{\sqrt{A_p^2 - 1}} \tag{3-19}$$

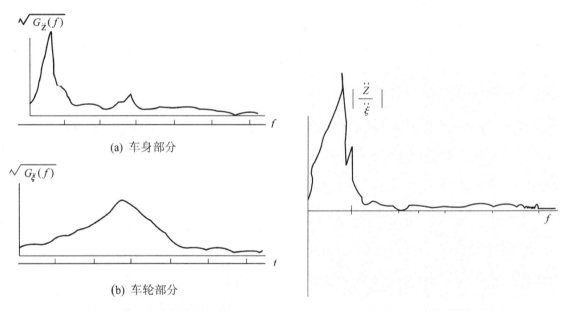

图 3.24　加速度均方根自谱示例　　　　图 3.25　幅频特性示例

### 3.6.5　试验报告的基本内容和要求

(1) 试验过程的详细记录。

(2) 试验数据的记录和数据处理。

(3) 简述如何测定汽车悬挂系统固有频率和阻尼比。

### 3.6.6　设计性试验

试用拉下法使汽车悬挂系统产生自由衰减振动。

具体做法为：用绳索和滑轮装置将汽车测试端车轴附近的车身或车架中部由平衡位置拉下 60mm 或 90mm，然后用松脱器使绳索突然松脱。

## 思 考 题

1. 简述底盘测功机的工作原理。
2. 传动系统游动角度的诊断方法是什么?
3. 转向系统的作用是什么?
4. 什么是车轮的静不平衡和动不平衡?
5. 制动系统根据功能不同分为哪几种?
6. 悬架装置的工作性能有哪些检测方法?

# 第 4 章 汽车电气设备测试

教学提示

机动车辆大都使用铅酸蓄电池，它具有电动势高、内阻小、放电电压平稳等优点。交流发电机在发动机低速运转时可以提供较大的输出电流。控制系统按各组成部分不同的工作特点可分为控制器、传感器和执行器三部分。汽车起动系统用于转动或拖转发动机，直到发动机能够依靠自身动力运转。车速表的检测方法有道路试验法和室内台架试验法两种。

教学要求

了解蓄电池性能的检测内容；学习检测交流发电机主要部件性能的方法；掌握电控系统的组成及在汽车中的应用；学习测定拖转电压、电流的方法；掌握车速表指示误差的检测原理和方法。

## 4.1 蓄电池测试

### 4.1.1 理论基础

车用蓄电池（俗称电瓶）是一种将化学能转变为电能的装置，作为一种可逆的低压直流电源，它在汽车上与发电机并联，并向用电设备供电。机动车辆大都使用铅酸蓄电池，它具有电动势高、内阻小、放电电压平稳等优点，比较适应汽车起动时短时间内大电流放电的需要。

由于车用蓄电池是一种可逆性的直流电源，可以反复充电、放电，所以又称为二次电池。充电过程是将电能转变为化学能储存起来，放电过程则是将化学能转变为电能。蓄电池最好经常处于充足电状态，凡使用过的蓄电池最好每月至少充电一次，而且存放期不宜过长。蓄电池的充电状态可根据电解液密度和端电压（单格）来判断，用高率放电计测量蓄电池在大电流（即接近起动机起动时的电流）放电时的端电压，可准确判断蓄电池放电程度。技术状态良好的蓄电池，用高率放电计测量时，单格电压一般应在 1.5V 以上，并在至少 5s 内保持平稳，否则表示该单格电池放电过多或有故障，应进行补充或更换。检查时还可用直流电压表测量其单格电压，正常值应为 2.1V 以上；密度 1.27g/cm$^3$ 或 1.29g/cm$^3$（寒区）为宜。充电时，每单格应冒气泡沸腾方为正常。

蓄电池性能的检测包括以下 3 个方面。

1. 电池组容量的测量

蓄电池的标称容量（也称额定容量）是指蓄电池液面温度在 25℃ 的情况下通过 10h 恒流放电，电池电压到终止电压时，蓄电池所放出的容量。用放电法测量得出的电池组容量，测量准确，但检测时间长，在日常运用中难以实施。

2. 蓄电池电压的测量

对蓄电池电压进行在线检测，即根据每节电池的电压判断电池性能。但是该方法的缺陷在于只能判断已严重失效的电池，对性能的差异不能做出反应，效果较差。而且在给蓄电池加一定负载的工况下，测量蓄电池电压不能准确判定蓄电池容量的大小。

3. 蓄电池内阻的测量

蓄电池内阻能够反映电池内部的状况，已被公认是准确而快速的判断电池健康状况的重要参数，蓄电池内阻由极板内阻、电解液电阻、隔板电阻及联条电阻 4 部分组成。如电池干涸、板栅腐蚀、接触不良、容量不足等因素变化都会引起内阻增大。蓄电池的内阻与蓄电池的容量有很好的相关性，故依据蓄电池的内阻值可以较好地估测电池容量的大小和判别电池质量的好坏。

蓄电池的内阻越小，则放电性能越好。但是，蓄电池内阻不是一个固定值，而是随着充电或放电过程而变化。现有蓄电池内阻测试仪测量的是静态内阻，对蓄电池的性能反映得不够全面，而且不同厂家生产的同一容量类型的蓄电池静态内阻有差异。虽然电池内阻与电池容量关系密切，但还不能直接客观地反映出蓄电池的实有容量，当蓄电池容量发生变化时，其静态内阻变化较复杂，大多数情况是容量下降，静态内阻上升，但上升幅度不大，个别情况则是容量下降但而静态内阻变化不大，实际使用过程中很难把握。此外，在测量电池内阻时的接触电阻也会引起误差，而且用直流法和交流法测得的结果也不相同，并且直流法中存在极化现象，实验测量的所得值会包括极化值。

### 4.1.2 试验目的及要求

（1）了解蓄电池性能的检测内容。
（2）熟悉蓄电池内阻检测原理。
（3）掌握 CLC-200 内阻测试仪的使用方法。
（4）掌握用 CLC-200 软件进行蓄电池性能分析的方法。

### 4.1.3 试验所用的主要仪器和设备

CLC-200便携式蓄电池智能内阻测试仪。

### 4.1.4 试验设备的工作原理

CLC-200便携式蓄电池智能内阻测试仪采用的电池内阻模型如图4.1所示，此模型将电池内阻划分为金属电阻和电化学电阻。它通过分别测出负载断开前、恢复后的电池电压和负载电流，从而得到电池内阻 $R=\Delta V/I$。具体测试原理如图4.2所示，被测电池向负载模块放出电流(大小30A)，时间为3.25s，测量放电电压稳定后的瞬间断电压差 $\Delta V(V_2-V_1)$ 与电流 $(I)$ 的比值，计算出电池内阻 $R_{内阻}=\Delta V/I$。

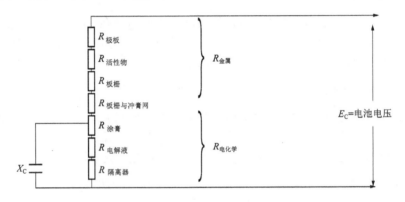

图4.1 电池内阻模型

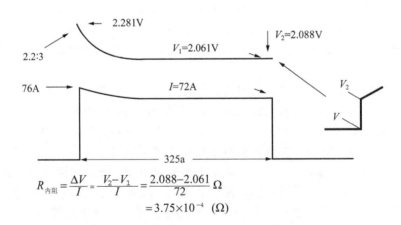

$$R_{内阻}=\frac{\Delta V}{I}=\frac{V_2-V_1}{I}=\frac{2.088-2.061}{72}\Omega$$
$$=3.75\times10^{-4}\ (\Omega)$$

图4.2 测试原理图

CLC-200便携式蓄电池智能内阻测试仪的优点如下所述。

(1)测量时间短，当电池内阻过高时，能立即终止放电，可较好地避免对电池容量的负面影响。

(2)测量的是负载断开前后的电池电压，而不是传统的接通前后的电压，使测量值更为精确。

(3)受电池本身的电容和电感的影响小。

$$R_{内阻} = \frac{\Delta V}{I} = \frac{V_2 - V_1}{I} = \frac{2.088 - 2.061}{72} \Omega$$
$$= 3.75 \times 10^{-4} \Omega$$

### 4.1.5 试验方法和步骤

(1) CLC-200 内阻测试仪测试内阻时使用一套带航空插头的三线电缆，其中两条大电缆配红、黑两个大夹子，小电缆配一个小夹子。测试时红色大夹子夹在被测电池的正极柱上，小夹子夹在被测电池的负极柱上，黑色的大夹子夹在下一节电池的正极柱上，如图 4.3 所示。

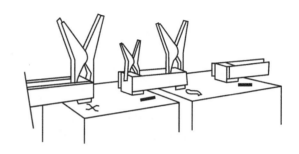

图 4.3 CLC-200 内阻测试仪的使用

(2) 一经接好，CLC-200 内阻测试仪将按以下顺序自动进行测试并读取数据。

① 测试仪自动选择正确测量范围，读取电池电压。

② 控制电池放出电流为 70~100A(对 4~12V 的电池模块，电流约为 50A)。

③ 在放电过程中(约几秒)，测试仪会读取电流和负载模块断开时的瞬间电压差及电池间的电压降，然后计算出电池内阻和电池间电阻，如图 4.4 所示。

(3) 在完成所有测试后，可通过 RS23 接口将 CLC-200 内阻测试仪连接到计算机上，运行 CLC-200 软件包，提取数据，生成测试报告，并对每一电池进行性能趋势分析，如图 4.5 所示。

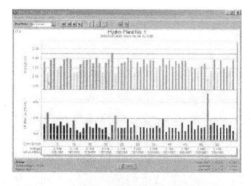
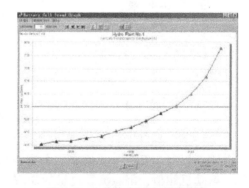

图 4.4 1 组电池各单体电压和内阻柱图　　图 4.5 1 单体电池内阻趋势图

CLC-200 软件包提供数据下载、报告生成和打印测量参数等功能。整个软件包能完成所有数据的分析，包括电池内阻和浮充电压等测量参数的趋势分析。经验证明内阻测量值的趋势分析是非常有益的，尤其对那些能引起容量下降的内部问题的判别更有益，诸如硫化干枯极板膨化和金属通道受损等问题，可以用这种非破坏性分析方法进行判别。通过内阻测量的趋势分析，用户可以正确判别是否要做更进一步的测试，如负载测试数据分析和趋势分析。软件包要求用户对某组电池建立汇聚数据文件，一旦启动程序，所有后来测试程序产生的数据都会被修正到后面的结果中去，并被包含到汇聚数据文件中。该软件包允许用户以表格或用户定义的图形方式看测量参数，还允许用户设定阈值，通过阈值可以判别测量参数是否超出范围，因为只要用户定义好阈值，分析程序就能标识出失效的参数，并以不同的颜色显示图的类型。用户也可以查看密度和温度，所有这些参数都可以显示在同一张图上，用户可自定义选择好参数作趋势分析。此外，该软件包还可将分析报告通过打印机打印出来或存成文件，包括每节电池电压、电池间连接电阻和内阻的直方图显示，用户可以观看或选择打印图示结果趋势分析。

### 4.1.6 试验报告的基本内容和要求

（1）详细的试验数据记录和数据处理过程。
（2）绘制出一组电池各单体电压和内阻柱图。
（3）进行性能趋势分析，绘制一单体电池内阻趋势图。
（4）试对蓄电池性能的好坏进行判断。

## 4.2 交流发电机测试

### 4.2.1 理论基础

充电系统的主要功能是给蓄电池充电，当蓄电池在发动机起动时进行大电流放电后，充电系统会产生稳定的相对较小电流对蓄电池进行充电。充电系统的作用是利用电磁感应原理将机械能转变成电能并输出。当线圈在磁场中运动时将会产生感应电压，线圈或导体成为一个电源，并且具有正极和负极，其极性会随着线圈与磁场的相对运动方向发生转换，这就是交流（AC）发电机（图4.6）会产生交变电流的原因。

在拖转发电机期间，由蓄电池向汽车的所有用电设备供电。发动机运转期间，由充电系统负担起满足电气系统所有用电负荷需要的任务，现代汽车上装有很多电气设备和电子设备，所以，充电系统在汽车电气设备中的作用重要性不言而喻。

图4.6 交流发电机

几十年以前，充电系统依靠的是直流（DC）发电机，直流发电机能够产生直流电，其结构与电动机相似。但直流发电机的线圈是电枢，这是与电动机的最大不同之处。在电动机中，电枢从蓄电池接受电流，由此产生的磁场与电动机线圈中的磁场相反，从而使电枢旋转。直流发电机的电枢由发动机驱动，而不是被磁化，线圈只是在由磁场线圈产生的静态磁场中旋转，从而在电枢内的导体中感应出电压。使电流从电动机的电枢中流出，而不是向电动机的电枢供电，就可以将电动机转变成发电机。在直流发电机中，由与换向器接触的电刷将感应的交流电压变换成为直流电压并向外输出。

由于直流电动机的输出电流受到严格限制,特别是在发电机低速运转时,这使得直流电动机不能满足现代汽车的需要,因而被交流发电机取代,交流发电机即使在发动机低速运转时也可以提供较大的输出电流。

交流发电机的结构与直流发电机的结构相反。在交流发电机(图 4.7)中,旋转的磁场(称为转子)在静止的导体(称为定子)中旋转,磁场的 N 极和 S 极通过导体时,就会在导体中产生方向交替变化的感应电压(即交流电压)。由于汽车使用直流电压,所以必须将交流电压转变或整流为直流电压,这是依靠由布置在线圈输出端和交流发电机输出端之间的二极管组合结构来实现的。

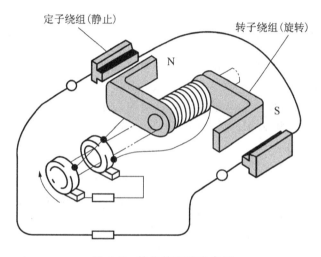

图 4.7　简化的交流发电机

交流发电机的分解示意图如图 4.8 所示。

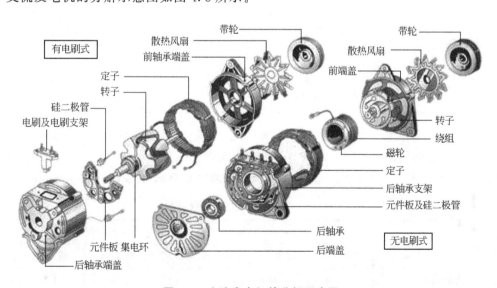

图 4.8　交流发电机的分解示意图

### 4.2.2 试验目的及要求

（1）检测交流发电机主要部件的性能。
（2）对电子调节器进行检测与试验。
（3）熟悉数字式万用表等相关仪器的使用方法。

### 4.2.3 试验所用的主要仪器和设备

伏安表（VAT）、电流式探针、数字式万用表、示波器。

### 4.2.4 试验方法和步骤

**1. 不解体检测交流发电机**

在交流发电机分解前，可对发电机进行不解体检测，用来初步判断发电机的技术状况。方法是：用万用表电阻（$R×1$）挡测量发电机磁场（"F"）接线柱与搭铁（"－""E"）接线柱之间、电枢（"＋""B"）接线柱与搭铁接线柱之间、电枢接线柱与磁场接线柱之间的电阻值。现以JF132N型发动机为例，正常时其电阻值应符合表4-1。若不符合规定，可根据表中列出的故障现象分析原因。

表4-1 JF132N型发电机各接柱之间的电阻值

| 测量及故障分析 | "F"与"负"间的电阻 | "正"与"负"之间的电阻 | | "正"与"F"之间的电阻 | |
|---|---|---|---|---|---|
| | | 正向 | 反向 | 正向 | 反向 |
| 108型万用表 | 6～8Ω | 40～50Ω | >10kΩ | 50～60Ω | 10kΩ |
| 故障分析 | 电阻值为∞，转子绕组断路<br>电阻值大于规定值，电刷与集电环接触不良<br>电阻值小于规定值，转子绕组短路<br>电阻值为零，F接线柱搭铁或两集电环间短路 | 正向电阻值小于规定值，管子击穿短路<br>正反向阻值为零，为"＋"接线柱搭铁或至同时短路<br>正向电阻值大于规定值，二极管断路 | | 正向电阻值小于规定值，二极管击穿短路<br>正反向阻值均很小（剩转子绕组电阻），为"＋"接线柱搭铁或至少同一支路两只二极管同时短路<br>正向电阻值为∞，转子绕组断路 | |

交流发电机的性能参数：在车上检查时，汽车起动后用万用表测量发电机的电枢接线柱与搭铁接线柱间的输出电压。在调节器工作正常的情况下发动机中速运转时，发电机输出电压在$(14±0.5)$V是正常的。交流发电机的性能参数见表4-2。

表4-2 交流发电机的性能参数

| 试验状态 | 空载 | | 满载 | | |
|---|---|---|---|---|---|
| | 电压/V | 转速/（r/min） | 电压/V | 电流/A | 转速/（r/min） |
| 常温状态时 | 14 | 不高于1100 | 14 | 25 | 不高于2200 |
| 热状态时（运转15min后） | 14 | 不高于1150 | 14 | 25 | 不高于2500 |

2. 交流发电机各主要部件的检测

(1) 检测驱动带外观及挠度。驱动带外观检查，用肉眼观察驱动带有无裂纹和破损现象，如有则应更换驱动带。驱动带安装情况应当符合要求，否则应更换驱动带。驱动带挠度检测时，在两个驱动带轮之间驱动带的中央部位施加 100N 压力，此时驱动带的挠度应符合规定指标。新驱动带（即从未用过的驱动带）一般宽为 5.7mm，旧驱动带（即装车随发动机转动过 5min 或 5min 以上的驱动带）一般宽为 10～14mm。具体指标以车型手册规定为准，挠度不符规定应予调整。

(2) 检测导线连接及能否发电。检查各导线的连接部位是否正确；发电机"B"端子必须加垫弹簧垫圈；采用线束插接器连接的发电机，其插头与插座必须用锁紧卡簧锁紧，不得有松动现象。交流发电机能否发电，直接影响蓄电池的起动性能和使用寿命。检查方法是：将万用表置于直流电压"DCV"挡，表的正极接发电机"B"端子；表的负极接发电机"E"端子或外壳，记下此时测得的电压（即蓄电池电压）。启动发动机并将转速升高到比怠速转速稍高，此时万用表指示的电压若高于蓄电池电压，说明发电机能够发电；若电压低于发动机未起动时的蓄电池电压，说明发电机不发电。此时需对充电系统进行全面检查。

(3) 磁场绕组的检测。磁场绕组被爪形磁极所包围，一般不易受到外界的机械损伤。但在实际使用中，由于受到振动等影响，磁场线圈也可能发生短路或断路。若为一般脱焊，应重新焊牢；当出现严重搭铁、短路时，如有条件，可拆下磁场绕组重新绕制；若断路、短路和搭铁故障无法排除，则需更换转子总成。

① 检测转子线圈的电阻值。用万用表 $R\times 1$ 挡检测两极电环之间电阻值，应符合技术标准。若阻值为∞，则说明断路，可能磁场绕组与集电环连接处焊接不牢，或绕组引出线的转折处断裂；若阻值过小，则说明短路。一般 12V 的发电机转子绕组电阻为 $3.5\sim 6\Omega$，24V 的为 $15\sim 21\Omega$。

② 检测磁场绕组与转子铁心之间的绝缘电阻值。用万用表电阻最大挡检测两集电环与铁心（或转子轴）之间的电阻值，若表针动，则说明有搭铁故障，正常应指示∞。如万用表不导通，说明绕组与铁心绝缘良好；如万用表导通，则说明绕组或集电环搭铁。

③ 检查转子轴。用百分表检查轴的弯曲，弯曲度应不得超过 0.05mm（径向圆跳动公差不超过 0.1mm），否则应予校正。爪形磁极在转子轴上应固定牢靠，间距相等。

④ 检查集电环。其表面应平整光滑，无明显烧损，否则用 00 号纱布打磨。两集电环间隙处应无积物，集电环圆度误差不超过 0.025mm，厚度不小于 1.5mm。

⑤ 检测电刷组件。电刷与电刷架应无破损或裂纹，电刷在电刷架中应能活动自如，不得出现发卡现象。电刷长度又叫电刷高度，是指电刷露出电刷架的长度。电刷长度可用钢板尺或游标卡尺测量。新电刷高度为 14mm，当电刷磨损至 7～8mm 时，应当更换新电刷。

(4) 定子绕组的检测。外部检视仔细察看导线是否折断，各线头连接处是否脱焊等。定子绕组的故障有短路，断路和搭铁 3 种。当线圈出现断路、短路、搭铁故障时，可视具体情况排除。若为一般断路可焊接；轻微搭铁和短路，尽可能更换或加垫绝缘物排除；若因线圈严重烧坏而造成短路、搭铁时，可重新绕制。

① 检测定子绕组短路与断路。用万用电表 $R\times 1$ 挡测量定子线圈 3 个连接线端的电阻

值，定子线圈 3 个接头任意两个都应相通，正常情况下，测出的电阻值应小于 $1\Omega$ 且相等，若过大或过小（或等于零）时，则为线圈内部断路、短路。

短路故障可能出现在各相间或每一线圈匝与匝之间，确定线圈是否短路，主要是外部察看是否烧焦。各相间是否短路，还可用万用表或交流试灯来检查。方法是：拆开末端星形联结点，将触针分别接在两相的引出线上，如两相间仍成通路或试灯亮，即为相间短路。由于定子绕组的电阻很小，一般仅为 $200\sim800\mathrm{m}\Omega$，所以测量电阻有时难以检测有无短路故障，故要确定定子绕组有无短路，最好是在发电机分解之前，通过台架试验检测其输出功率进行判断。

检测定子绕组断路时，将指针式万用表拨到 $R\times 1$ 挡（数字式万用表拨到 $\mathrm{OHM}\times 200$ 挡），两只表笔分别接定子绕组的两个引出端子进行检测。如万用表均导通，说明定子绕组良好；如万用表有一次不导通（即阻值为无穷大），说明定子绕组有断路故障。如能找到断路部位，可用 200W，220V 电烙铁焊接修复；必要时可更换定子绕组或定子总成。

② 检查定子绕组搭铁。用万用表电阻最大挡检测定子绕组接线端与定子铁心间的电阻值，若表针动，则说明有搭铁故障，正常应指示 $\infty$。也可用 220V 交流试灯检查搭铁，为进一步确定是哪一相搭铁，可将星形联结点分开检查。

(5) 整流器硅二极管的检测。其步骤如下所述。

① 检查整体式整流器。检查夏利轿车 JFZ1542 型交流发电机整体式整流器（图 4.9）：

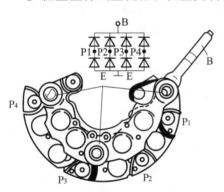

图 4.9 夏利轿车 JFZ1542 型交流发电机整体式整流器

当检测负极管时，先将与万用表（$R\times 1$ 挡）电源正极相连的表笔接"E"端（图中有 3 个部位），与电源负极相连的表笔分别接 $P_1$、$P_2$、$P_3$、$P_4$ 点，万用表均应导通，如不通，说明该负极管断路，则应更换整流器总成；再调换两表笔检测部位进行检测，此时万用表应不导通，如导通，说明该负极管短路，亦需更换整流器总成。当检测正极管时，先将与万用表内电源负极相连的表笔接整流器端子"B"；另一只表笔分别接 $P_1$、$P_2$、$P_3$、$P_4$ 点进行检测，万用表均应导通，如不通，说明该正极管断路，则应更换整流器总成；再调换两表笔检测部位进行检测，此时万用表应不导通，如导通，说明该正极管短路，亦应更换整流器总成。在不分解发电机的情况下检查二极管：使用万用表 $R\times 1$ 挡，用正极触针搭接发电机电枢（B+）接线柱，负极触针搭接后端盖。若阻值在 $40\sim 50\Omega$ 之间，说明无故障；若阻值在 $10\Omega$ 左右，说明有失效的二极管，须拆检；若阻值为 $0\Omega$，说明有不同极性的二极管被击穿。

② 检测二极管。拆下发电机后端盖和元件板，将每个二极管的中心引线从接线柱上拆下或焊下，逐一检查每个二极管。用万用表 $R\times 1$ 挡检测二极管的电阻值（二极管的阻值随外加电压高低而发生变化，挡位不同会出现较大偏差），用万用表正极触针搭接元件板上二极管外壳，负极触针搭接引出线，测量正向电阻，反接则测量反向电阻。若电阻值一大一小差异很大，说明二极管良好。正向电阻为 $8\sim 10\Omega$，反向电阻 $10\Omega$ 以上。然后检测后端盖上的二极管，万用表正负极触针应与检测元件板上二极管时相反。若正反向电阻值均为 $\infty$，说明断路；若均为 0，说明短路。对焊接式整流二极管来说，只要有一只二极管

短路或断路,该二极管所在的正或负整流板总成就需要更换新品,如果二极管压装在整流板或后端盖上,那么在二极管短路或者断路后,只需要更换故障二极管即可。更换整流板总成或二极管之前,必须首先检测与识别其极性,以免装错。

③ 检测与判别二极管的极性。当二极管或整流板总成上无任何标记时,可用万用表($R \times 1$挡)检测判断其极性。常用的万用表有机械式和电子式两种,机械式万用表的正极(正测试棒)为表内电源负极,而电子式万用表的正极(正测试棒)为表内电源正极,这一点应特别注意,否则二极管极性判断结果正好相反。机械式万用表检测方法,是将万用表的正测试棒(红色)接二极管引出电极,负测试棒(黑色)接二极管的另一电极,同时观测万用表读数,若阻值大于$10\Omega$,则该挡二极管为正极管;若阻值为$8 \sim 10\Omega$,则该二极管为负极管。

(6) 其他零件检测。检查发电机各接线柱绝缘情况,常见交流发电机各接线柱之间的阻值见表4-3。用万用表检测后端盖上中性、电枢、磁场接线柱与后端盖的绝缘情况,发现搭铁故障应拆检;检查轴承轴向和径向间隙均不应大于0.20mm,滚珠、滚道无斑点,轴承无转动异响;检查前后端盖、带轮等应无裂损,绝缘垫应完好。

表4-3 常见交流发电机各接线柱间的阻值

| 硅整流交流发电机型号 | "F"与"E"间电阻/$\Omega$ | "B"与"E"间电阻/$\Omega$ | | "N"与"E"或"B"间电阻/$\Omega$ | |
|---|---|---|---|---|---|
| | | 正向 | 反向 | 正向 | 反向 |
| JF11、13、15、21、132N | 5~7 | 40~50 | >10000 | 10左右 | >10000 |
| JFW14(无刷) | 3.5~3.8 | | | | |
| 夏利 JFZ1542 | 2.8~3.0 | | | | |
| 桑塔纳 JFZ1913 | 2.8~3.0 | 65~80 | | | |

注:指针式万用表型号不同,测得"B"与搭铁之间的阻值不同。

3. 装复后的发电机的检测

装复后的发电机,同样为了鉴定检修质量,须进行空载和功率试验,即检查发电机的空载发电转速及达到额定负载时的转速。

试验方法将发电机装到试验台上,试验台拖动发电机的转动部分,转速最好是可以调节的。发电机的性能试验结果应符合规定。如JF13型发电机,空载试验时,将发电机正确安装在试验台上,启动试验台,观察发电机发电情况,当电压达到额定值(12V系统发电机为14V,24V系统发电机为28V)时,观察此时的发电机转速(空载转速),不得超过1000r/min。当发电机转速为1000r/min时,电压应大于12V。进行负载试验时,将发电机正确安装在试验台上,当电压为14V时,输出电流应达到25A。当发电机输出电压和输出电流均达到额定值时,发电机转速(满载转速)不得超过2500r/min。就车动态检测时,检查传动带松紧度,用30~50N的力按下传动带,挠度应为10~15mm。发电机电压测试时,关闭车上所有电器,起动发动机转速保持在2000r/min左右,测量蓄电池的空载充电电压,应比参考电压(原蓄电池端电压)高些,但不超过2V;仍在2000r/min时,接通所有电器测量蓄电池负载电压,应至少高出参考电压0.5V。

### 4. 用万用表检测调节器

检测调节器不允许使用兆欧表；更换晶体管时，焊接用的电烙铁功率不得大于75W；焊接应迅速，最好用金属镊子镊住引脚，以助散热，避免损坏元件。维护时，用毛刷或高压空气清除表面灰尘及脏物，检查调节器各连接线是否连接牢固可靠。

在使用硅整流发电机时，发电机搭铁极性应与蓄电池搭铁极性一致。如果接反了，蓄电池大量电流立即通过硅元件，使硅整流发电机的二极管烧坏。国产硅整流发电机一般都采用负极搭铁。如果在原来为正极搭铁的汽车上，装用负极搭铁的发电机时，应将原来车上正极搭铁的蓄电池改为负极接铁，同时应将电流表的接线位置调换一下。

发电机需与专用调节器配合使用，接线时不能将调节器的"相线"与"磁场"接线柱相互接错，否则，易烧坏调节器。当无专用调节器与其匹配时，可用一般调节器代替，但对调节器的使用寿命有一定影响，其线路连接如图4.10所示。装用JF13D硅整流发电机与FT61调节器时，可按如图4.11所示方法接线。它与原来线路的不同点，只是把原车接至调节器"电池""电枢"接线柱上的线头并在一起，用绝缘胶布包扎好。而另外增加一根导线，从"相线"接线柱接至点火开关，如图4.11中粗线所示(或者从"相线"接线柱接至起动机热变电阻短路开关接线柱，如图4.11中虚线所示)，以便点火开关能够控制励磁电路，当点火开关接通时，能够及时地对发电机进行励磁，而在关上点火开关时，能防止少量电流长期流入磁场绕组，造成蓄电池长期放电和烧坏磁场绕组。"电枢"接线柱与端盖短路的办法检查发电机发电的情况，以免烧坏二极管和调节器。如需在车上检查时，可在短路导线中串一试灯进行。将发电机"电枢"接线柱上的导线拆下，用试灯的一头触在"电枢"接线柱上，另一端触在发电机端盖上。发电机转动(转速不要太高)时，如试灯发亮，说明发电机是好的，如试灯不发亮，说明发电机内部或外励磁电路有故障。

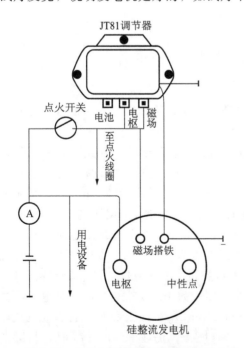

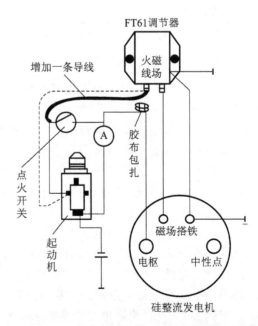

图4.10 发电机与代用调节器的接线方法　　图4.11 JF-13D发电机及FT61调节器时的接线方法

检测和维修发电机时，除在完全分解状态(主要指与二极管完全脱离关系)时，可用 220V 交流试灯对转子、定子的故障进行检查外，在不完全分解时，不能用 220V 交流试灯或兆欧表对发电机绝缘情况进行检查，以免击穿、烧坏二极管。

5. 电子式调节器的检测与试验

电子式调节器的检测分为搭铁型式检测和技术状况检测，可用专用检测仪或可调直流电源进行检测。

(1) 晶体管调节器的技术标准：JFT 系列晶体管调节器各接线柱之间的电阻值应符合表 4-4 所示的技术标准。使用万能电器试验台测试晶体管调节器的性能参数数值应符合表 4-5 所示的要求。

表 4-4  JFT 系列晶体管调节器各接线柱间阻值　　　　　　　　(单位：kΩ)

| 调节器型号 | "S"与"F"之间 | | "S"与"E"之间 | | "F"与"E"之间 | |
|---|---|---|---|---|---|---|
| | 正向 | 反向 | 正向 | 反向 | 正向 | 反向 |
| JFT41<br>JFT142B | 500~750 | 5~7.5 | 1.2~1.6 | 3.5~4 | 550~600 | 3.9~4.0 |
| JFT241<br>JFT242B | 650~700 | 5~5.5 | 1.6~1.8 | 3~3.3 | 550~600 | 4.3~5.0 |
| JFT106<br>JFT107 | 1500~2000 | 3~4 | 1.4~1.6 | 1.4~1.6 | 1400~1600 | 3.0~4.0 |
| JFT206<br>JFT207 | 1300~1500 | 2~3 | 1.5~2.0 | 1.5~2.0 | 1300~1500 | 4.0~6.0 |
| JFT126 | 4600~5000 | 7.5~8 | 3.0 | 3.0 | 550 | 6.5~7.0 |

表 4-5  晶体管调节器的性能参数试验数值

| 试验项目 | 试验条件 | 每格所示电压/V | 调节电压及电压差/V |
|---|---|---|---|
| 调节电压 | 转速为 6000r/min，输出电流为 10% 额定电流(不低于 2A)时 | 12<br>24 | 14.20±0.25<br>28.0±0.3 |
| 负载特性 | 转速为 6000r/min，输出电流为 10%~85% 额定电流(不低于 2A)变化时 | 12<br>24 | $\|\Delta U\| \leqslant 0.5$<br>$\|\Delta U\| \leqslant 0.8$ |

(2) 静态电阻值检测。使用万用表 $R \times 100$ 挡测量晶体管调节器各接线柱之间的静态电阻值，对照技术标准，可大致判断调节器的性能状况。为了提高精度，应采用灵敏度高(内阻较大)的万用表。

(3) 动态试验检测。将调节器接上外电源，通电检查其"开关"能否"翻转"，可判明晶体管调节器性能好坏。搭铁型式检验，首先认清晶体管调节器接线柱符号，然后将一只 0~50V/5A 直流可调电源、两只 2W/12V 或者两只 3W/24V 灯泡(可用充电指示灯代替)和开关,按图 4.12 所示电路连接,接通开关 S,逐渐升高电压,当电压升为 4~5V 时(以 12V 系列调节器为例),指示灯泡发亮,靠近正极端灯泡亮,则表明该调节器为内搭铁式,靠近负极端灯泡亮,则表明该调节器为外搭铁式。

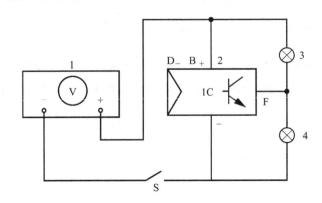

图 4.12　晶体管调节器性能测试

1—可调稳压电源；2—调节器；3、4—2W/12V 或 3W/24V 灯泡

检测晶体管调节器好坏时,升高电压灯泡亮度会随之增强,当电压升到接近调压值时,灯泡会由亮转灭,再继续升高电压,灯泡也不亮,说明调节器性能良好。若接通开关,升高电压后指示灯始终不亮,表明调节器内部断路；若接通开关,升高电压后指示灯常亮,即使超过调压值,指示灯也不熄灭,表明调节器内部短路。

(4) 管压降的检测。在检测管压降时,必须限定流过大功率晶体管的电流。电流的具体数值应根据调节器调节上限和配用发电机磁场绕组的电阻确定。检测内搭铁型调节器的管压降时,检测电路如图 4.13 所示,将变阻器调到 4Ω 左右,防止电流过大烧坏；再接通开关 S,调节变阻器,使电流表读数调到 3A,此时电压表应在 0.6~2V 之间,此电压即为调节器的管压降。若电压超过 2V,说明调节器性能降低或有故障,须修理或更换；若电压过低(小于 0.6V),说明大功率晶体管短路,须更换晶体管或调节器。

检测外搭铁型调节器的管压降检测电路如图 4.14 所示,此时电压表应接在磁场端子"Ⅲ"与搭铁端子"—"之间。先将变阻器调到 3Ω 左右,再接通开关 S,再调节变阻器,使电流表读数达到 4A,此时电压表应在 0.6~1.6V 之间,若电压超过 1.6V,说明调节性能不好或有故障,须更换；若电压低于 0.6V,说明大功率晶体管短路,须更换调节器。

(5) 万能试验台测试。将晶体管调节器和配套标准发电机装在万能电器试验台上,按发电机负载试验的方法连接好线路,然后逐步提高发电机转速到规定值,再逐步变化负载电流,要求调节器的调压值和各种负载下的电压差值应符合试验技术要求。否则,应予以检修或更换。

检修调节器一般只是怀疑在其有故障时进行(一般不要轻易打开盖子、任意拨弄),必要时打开调节器盖,对其接线和电阻元件及触点的技术状况等进行直接观察有无异常,触点有无烧蚀,两触点中心是否对正；若烧蚀,用铂金砂条修磨。通过改变弹簧张力无法将电压调整至规定值时,按技术规范应对各间隙进行必要调整。限额电压的调整,是拨动弹簧挂钩,调节弹簧张力,使发电机端电压为 13.5~14.5V。检调调节器时,应在切断电源后进行；调整限额电压时,不要猛调弹簧,要细心缓慢地进行。

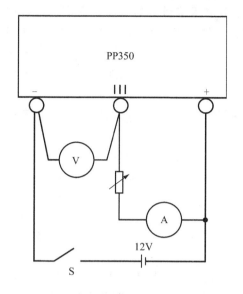 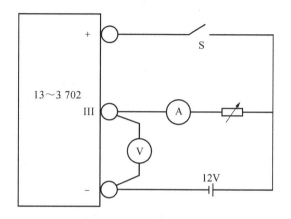

图 4.13　内搭铁型调节器的管压降检测电路　　图 4.14　外搭铁型调节器的管压降检测电路

### 4.2.5　试验报告的基本内容和要求

（1）试验过程的详细记录。
（2）试验数据的记录和数据处理。
（3）分析发电机各主要部件的性能情况。
（4）根据本试验的现有条件，参照介绍的测试原理，编写各部分的测试试验方案。

## 4.3　汽车电控设备测试

### 4.3.1　理论基础

汽车控制系统的作用是随发动机工况的变化，实现对混合气空燃比（浓度）、点火提前角、发动机怠速转速等的精确控制。按各组成部分不同的工作特点及其他的一些控制（因车而异）可分为控制器、传感器和执行器 3 部分。

控制器（Electronic Control Unit，ECU）是控制系统的核心机件，主要由输入电路、模拟信号-数字信号（A/D）转换器、微机、输出回路等组成。它的作用是接收各种输入信号（有传感器送来的，也有其他电气设备送来的），经微机的运算、处理，向执行器发出指令（接通各执行器的接地线，使其通电而工作），以实现对混合气空燃比和点火提前角的控制。输入给控制系统的发动机的工作参数，如进气压力、活塞位置、转速、进气温度、冷却液温度、节气门位置等，必须要把它们转换为电信号，控制器才能接收。传感器的作用就是监测发动机的工作参数，并将它们转换为电信号，输送给控制器，使之成为控制器的输入信号。

输入 ECU 的传感器信号有两种：一种是模拟信号，如吸入空气流量、空气温度、冷却液温度等，在闭环控制中，还有来自氧传感器的余氧电压信号；另一种是数字信号，如发动机转速传感器和曲轴位置传感器的输出信号等。信号的形态不同，输入ECU的处理方法也不一样。

从传感器来的信号，首先通过输入回路，对于数字信号可直接输入微机，而对模拟信号则必须经A/D转换器转换成数字信号之后才输入微机。微机对各种输入信号进行运算处理，确定满足发动机运转状态的燃料最佳喷射持续时间及最佳点火时刻等，并把结果通过输出回路送往喷油器、点火器等执行器。

传感器是装在发动机各部位的信号转换装置，用来测量或检测反映发动机运行状态的各种物理量，如电量和化学量等，并将它们转换成计算机所能接受的电信号后传送给ECU。主要的传感器有：空气流量计、进气管绝对压力传感器、进气温度传感器、冷却液温度传感器、转速传感器、曲轴位置传感器、节气门位置传感器、爆燃传感器、氧传感器等。另外，还有主继电器、冷起动喷油器定时开关和控制喷油器电流的电阻器等。

执行器是根据ECU发出的控制命令来完成各种相应动作的装置。主要执行器有：电动汽油泵、电磁喷油器、怠速转速控制器、活性炭罐电磁阀、废气再循环（EGR）控制阀、点火器等。

### 4.3.2 试验目的及要求

(1) 掌握电控系统的组成及在汽车中的应用意义。
(2) 掌握OBDⅡ故障诊断仪读取故障码的过程。
(3) 初步掌握根据汽车故障码，分析汽车的故障。

### 4.3.3 试验所用的主要仪器和设备

OBDⅡ（On-Board Diagnostics Ⅱ）故障诊断仪。

### 4.3.4 试验设备的工作原理

第二代随车微机故障自诊断系统（OBDⅡ）由美国工程师学会（SAE）提出，经环保机构的EPA和加州资源协会（CARB）认证通过，建议采用统一诊断模式和统一的16端子微机故障检测座及统一含义的故障码，只要通过一台微机检测仪就可以对各种车辆进行故障诊断检测，并且微机故障检测插座统一安装在驾驶室仪表板下方（瑞典沃尔沃车辆安装在换挡杆前方）。这项建议一经提出，立即得到世界各大汽车制造公司（如丰田、三菱、通用、福特、克莱斯勒、大众等）的积极响应，并纷纷决定采用。这项建议已从1993年开始试行，自1996年已全面实施。

OBDⅡ故障诊断仪检测插座如图4.15所示。采用OBDⅡ故障诊断仪的主要车型诊断端子代号及内容见表4-6。

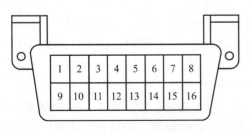

图4.15 OBDⅡ故障诊断仪检测插座

表4-6 OBDⅡ故障诊断仪检测插座端子功能

| 车种<br>端子代号 | 通用 | 福特 | 克莱斯勒 | 奔驰 | 沃尔沃 | 丰田 | 三菱 |
|---|---|---|---|---|---|---|---|
| 1 | — | — | — | DM7号<br>HFM15/1 | — | — | 触发发动机<br>故障码 |
| △2<br>SAE-J2012 | "M"发动机资料 | BUS | — | — | — | SDL | — |
| 3 | 悬架 | — | SRS-4号 | — | A2号BUS | — | — |
| ⊙4 | 搭铁 | 搭铁 | 搭铁 | 搭铁 | 搭铁 | 搭铁 | 搭铁 |
| ⊙5 | 搭铁 | 搭铁 | 搭铁 | 搭铁 | 搭铁 | 搭铁 | 搭铁 |
| 6 | "B"触发 | — | 发动机9号 | — | — | — | A/T故障码9号 |
| ☆7<br>ISO-9141 | — | — | 发动机30号<br>ABS5号 | DM23号/1 | A6号BUS | — | 发动机资料92号 |
| 8 | 防盗 | — | — | — | — | — | ABS故障码22号 |
| 9 | BCM资料 | — | — | DM6/1<br>HFM16/1 | — | — | — |
| △10<br>SAE-J1012 | — | BUSS | — | — | — | — | 发动机资料86号 |
| 11 | 悬架 | — | SRS | — | — | — | — |
| 12 | — | — | — | — | — | — | — |
| 13 | — | 触发 | — | — | — | — | — |
| 14 | 音响空调 | — | — | — | — | — | — |
| ☆15<br>ISO-9141 | — | — | — | — | — | — | — |
| 16 | B+ | B+ | B+ | B+ | B+ | B+ | B+ |

OBDⅡ故障诊断仪有以下主要特点:

(1) 用仪器读取和排除故障后,故障代码可以方便、迅速地消除,而且读取方便,消除彻底。

(2) OBDⅡ系统具有数值分析资料传输功能(Data Link Connector, DLC)。OBDⅡ资料传输线有两个标准:OBDⅡ系统欧洲统一标准7号、15号端子;SAF美国统一标准(SAE-J1850)利用2号和10号端子。

(3) OBDⅡ系统具有记忆和重新显示故障代码的功能。

(4) 对于OBDⅡ系统，各车辆采用相同的故障代码和统一的故障代码含义。

(5) OBDⅡ系统具有行车记录功能，能记录车辆行驶的有关数据。

SAE编制了OBDⅡ系统统一故障代码。其具体代号及含义见表4-7。

表4-7 故障代码含义

| 故障代码 | 代码含义 | 故障代码 | 代码含义 |
| --- | --- | --- | --- |
| P0100 | 空气流量计线路故障 | P0158 | 后副氧传感器信号电压过高 |
| P0101 | 急速时空气流量计电压不良 | P0160 | 后副氧传感器信号线路不良 |
| P0102 | 空气流量计信号太低 | P0161 | 后副氧传感器信号线路受干扰 |
| P0103 | 空气流量计信号太高 | P0171 | 氧传感器信号电压过低 |
| P0105 | 大气压力传感器信号不良 | P0172 | 氧传感器信号电压过高 |
| P0107 | 进气歧管绝对压力传感器信号本高 | P0174 | 后氧传感器信号电压过低 |
| P0108 | 进气歧管绝对压力传感器信号太低 | P0175 | 后氧传感器信号电压过高 |
| P0110 | 进气温度传感器线路故障 | P0201 | 第一缸喷油器线路不良 |
| P0111 | 进气温度传感器信号不良 | P0202 | 第二缸喷油器线路不良 |
| P0112 | 进气温度传感器线路短路 | P0203 | 第三缸喷油器线路不良 |
| P0113 | 进气温度传感器线路断路 | P0204 | 第四缸喷油器线路不良 |
| P0115 | 冷却液温度传感器线路故障 | P0205 | 第五缸喷油器线路不良 |
| P0116 | 冷却液温度传感器信号不正确 | P0206 | 第六缸喷油器线路不良 |
| P0117 | 冷却液温度传感器线路短路 | P0207 | 第七器喷油器线路不良 |
| P0118 | 冷却液温度传感器线路断路 | P0208 | 第八缸喷油器线路不良 |
| P0120 | 节气门位置传感器信号不良 | P0300 | 发动机有间歇性不点火 |
| P0121 | 节气门位置传感器调整不当 | P0301 | 第一缸有间歇性不点火 |
| P0122 | 节气门位置传感器信号太低 | P0302 | 第二缸有间歇性不点火 |
| P0123 | 节气门位置传感器信号太高 | P0303 | 第三缸有间歇性不点火 |
| P0125 | 发动机无法达到闭环工作温度 | P0304 | 第四缸有间歇性不点火 |
| P0130 | 主氧传感器信号电压过高或过低 | P0305 | 第五缸有间歇性不点火 |
| P0131 | 氧传感器信号电压过低 | P0306 | 第六缸有间歇性不点火 |
| P0132 | 氧传感器信号电压过高 | P0307 | 第七缸有间歇性不点火 |
| P0133 | 主氧传感器信号电压变化不灵敏 | P0308 | 第八缸有间歇性不点火 |
| P0135 | 主氧传感器加热线路不良 | P0320 | 发动机转速信号不良 |
| P0136 | 副氧传感器信号电压过高或过低 | P0321 | 曲轴位置传感器信号不良 |
| P0137 | 副氧传感器信号电压过低 | P0325 | 前爆燃传感器信号不良 |
| P0138 | 副氧传感器信号电压过高 | P0330 | 后爆燃传感器信号不良 |

(续)

| 故障代码 | 代码含义 | 故障代码 | 代码含义 |
| --- | --- | --- | --- |
| P0140 | 副氧传感器线路断路 | P0335 | 起动或运转中未收到曲轴传感器信号 |
| P0141 | 副氧传感器加热线路短路 | P0336 | 曲轴传感器和凸轮轴传感器信号不良 |
| P0150 | 后氧传感器信号电压过高或过低 | P0340 | 起动或运转中未收到轮轴传感器信号 |
| P0151 | 前副氧传感器信号电压过低 | P0400 | EGR阀控制系统不良 |
| P0152 | 前副氧传感器信号电压过高 | P0401 | EGT阀控制系统温度信号或线路不良 |
| P0153 | 后氧传感器信号变动率太慢 | P0402 | EGR阀怠速时漏气 |
| P0154 | 前副氧传感器线路断路 | P0403 | EGR控制系统线路不良 |
| P0155 | 后氧传感器加热线路短路 | P0420 | 三元催化转换器不良或后氧化传感器不良 |
| P0421 | 三元催化转换器不良 | P0707 | 挡位开关信号过低 |
| P0422 | 三元催化转换器不良 | P0708 | 挡位开关信号过高 |
| P0430 | 后催化转换器不良(福特等) | P0712 | 变速器油温传感器搭铁 |
| P0440 | 活性炭罐堵塞或控制不良 | P0713 | 变速器油温传感器断路 |
| P0443 | 活性炭罐电磁阀线路不良 | P0720 | 变速器输出轴车速传感器信号不良 |
| P0444 | 活性炭罐电磁阀信号过低 | P0740 | 变矩器离合器电磁阀不良 |
| P0445 | 活性炭罐电磁阀信号过高 | P0741 | 变矩器离合器电磁阀不良或卡在全开位置 |
| P0500 | 车速信号始终收不到 | P0743 | 变矩器离合器电磁阀控制线路不良 |
| P0501 | 实际车速在29km/h以上,但无车速信号(如通用汽车) | P0750 | 换挡电磁阀A不良 |
| | | P0751 | 换挡电磁阀A卡在全开位置 |
| P0502 | 已挂入挡且发动机转速在3000r/min以上,但无车速信号(如通用汽车) | P0752 | 换挡电磁阀A短路或断路 |
| | | P0755 | 换挡电磁阀B不良 |
| P0505 | 怠速步进电动机不良 | P0756 | 换挡电磁阀B卡在全开位置 |
| P0510 | 节气门位置传感器不良 | P0758 | 换挡电磁阀B短路或断路 |
| P0605 | 主微机ROM记忆器不良 | P0770 | 变矩器离合器(TCC)电磁阀不良 |
| P0703 | 制动灯开关信号不良 | P0733 | 变矩器离合器(TCC)电磁阀短路或断路 |
| P0705 | 挡位开关信号不良 | | |

  OBDⅡ系统的故障码由1个英文字母和4个数字组成。包括总成控制微机代号、编码企业代号、系统故障代号和原厂编码顺序号4部分。其中总成控制微机代号共有3个：P代表汽车发动机和自动变速器控制微机；C代表汽车底盘控制微机；B代表汽车车身控制微机。企业代号规定由1位阿拉伯数字表示,其中：0代表SAE定义的代码,1~9为各汽车制造公司自行定义的代码。系统故障码由SAE定义,其含义见表4-8。原厂编码顺

序代号由两位阿拉伯数字组成,它是指各元件故障码,不同编号有不同的故障含义。

表 4-8 由 SAE 定义的故障码含义

| 故障码 | SAE 定义故障范围 | 故障码 | SAE 定义故障范围 |
|---|---|---|---|
| 1 | 燃油和进气系统故障 | 5 | 怠速控制系统故障 |
| 2 | 燃油和进气系统故障 | 6 | 微机和执行元件系统故障 |
| 3 | 点火系统故障或发动机间歇熄火 | 7 | 微机控制自动变速器系统故障 |
| 4 | 排气控制系统故障 | 8 | 微机控制自动变速器系统故障 |

### 4.3.5 试验方法和步骤

本节主要以三菱车系来介绍 OBDⅡ故障诊断仪的使用。

1. OBDⅡ的记忆校正与设定

(1) 汽车微机(ECA)行驶状态的记忆校正。在多数情况下,控制 OBDⅡ系统的汽车微机是采用储存法建立记忆功能的,常用 40 次左右的起动、行驶、熄火等作为行驶工况的记忆存储量。因此,当汽车出现的故障经检修排除后,在初期试车时,仍可能出现起动困难和加速不良等检修的症状,但经过连续 40 次以上的起动、行驶、停车、熄火等行驶工况后,汽车的性能会逐渐好转。这一过程实际上是在逐渐置换 ECA 以前的记忆内容。

(2) 汽车行驶工况的记忆设定。对汽车行驶工况记忆设定的目的在于使检修后无故障的汽车能够立即恢复原有的性能。

现以福特车为例说明其具体的操作方法。

① 拆下蓄电池负极搭铁线等待 5min 以上再装回,以清除 ECA 中的以前记忆内容。

② 起动发动机,在冷却液温度正常后,通过路试方法设定 ECA 的记忆。在路试时,首先起动发动机并起步加速到 24km/h,减速停车;再起步加速到 48km/h 减速停车;再起步加速到 72km/h,减速停车;再起步加速到 96km/h,减速到 48km/h,再急加速到 96km/h,减速停车并熄火。这时,ECA 将全部的试验过程进行了存储和记忆。在 OBDⅡ型故障诊断检测插座的 13 号和 4 号端子间跨接 LED 灯,由 LED 灯的闪烁来读取。

2. 读取故障代码

由 OBDⅡ微机故障检测插座中读取下列 5 个系统的故障代码。

(1) 发动机微机控制系统故障代码。发动机微机控制系统故障代码读取可将 OBDⅡ型故障诊断检测插座的 1 号端子和 5 号端子跨接,由仪表板上的"CHECKENGINE"灯的闪烁显示读取发动机微机控制系统故障码。

(2) 变速器微机控制系统故障码。变速器微机控制系统故障码的读取可在 OBDⅡ型故障诊断检测插座的 4 号和 6 号端子间跨接 LED 灯,由 LED 灯的闪烁来读取。

(3) ABS 微机控制系统故障码。ABS 微机控制系统故障码的读取可在 OBDⅡ型故障诊断检测插座的 8 号和 4 号端子间跨接 LED 灯,由 LED 灯的闪烁来读取。

(4) 安全气囊(SRS)微机控制系统故障码。SRS 微机控制系统故障码的读取可在 OBDⅡ型故障诊断检测插座的 12 号和 4 号端子间跨接 LED 灯,由 LED 灯的闪烁来读取。

(5) 定速巡航(CCS)微机控制系统故障码。CCS 微机控制系统故障码的读取可在

OBDⅡ型故障诊断检测插座的 13 号和 4 号端子间跨接 LED 灯，由 LED 灯的闪烁来读取。

3．故障码清除方法

只要将蓄电池负极搭铁线拆除 15s 以上再装回即可清除故障码（ABS 微机控制系统故障码除外）。

ABS 微机控制系统故障码的清除方法是在点烟器后方有一个两头插头，分别为红/黄和绿/白线，该两线分别与 ABS 微机的 9 号和 10 号端子相连，将上述两线头用诊断跨接线短接，然后将点火开关转至"ON"位置（此时 ABS 电磁阀开关，显示灯闪烁），再等待 7s 以上将点火开关转至"OFF"位置，并将诊断跨接线移开，然后将点火开关转至"ON"位置，即完成 ABS 微机控制系统故障码的清除工作。

4．分析故障码

根据故障码表，分析读取的故障码，从而分析汽车整个电控系统是否正常。

### 4.3.6 试验报告的基本内容和要求

设计出采用常用仪器检测传感器，并根据故障码对电控系统进行故障分析的试验。

## 4.4 起动机及起动系统线路测试

### 4.4.1 理论基础

汽车起动系统用于转动或拖转发动机，直到发动机能够依靠自身动力运转。为此，起动机接受来自蓄电池的电能，然后将电能转化成机械能，并通过传动机构传输给发动机飞轮（图 4.16）。

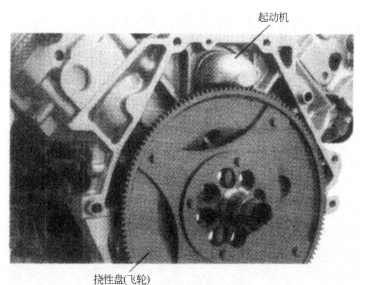

图 4.16　起动机与发动机飞轮的啮合

一般的起动系统具有6个基本部件和2个独立的电路。基本部件包括蓄电池、点火开关、蓄电池电缆、电磁开关(继电器或电磁铁)、起动机和起动机安全开关。两个独立的电路是指起动机电路和控制电路(图4.17)。起动机电路从蓄电池经过继电器或电磁铁中的电磁开关到起动机,需要承受大电流。控制电路则把点火开关处的蓄电池电能供给电磁开关,控制供给起动机的大电流。起动电流则由驾驶人通过控制安装在转向柱上的点火开关进行控制,而蓄电池电缆并不连接到点火开关。

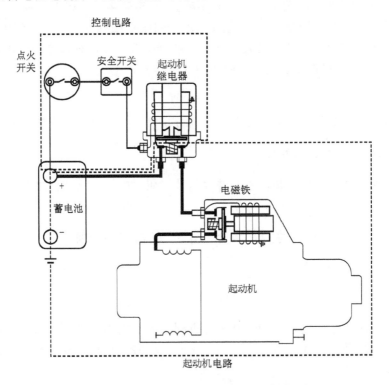

图4.17 起动机电路和控制电路简图

### 4.4.2 试验目的及要求

(1)测定拖转电压、电流、绝缘电路电阻、搭铁电路电阻、控制电路电压降等。

(2)熟悉试验步骤、掌握各相关仪器的使用方法。

### 4.4.3 试验所用的主要仪器和设备

蓄电池充电起动检测仪、数字式万用表。

### 4.4.4 试验方法和步骤

起动机是一类间断使用的专用电动机。检测过程中,不能使起动机连续运转15s以上,而且两次起动之间要间隔2min。

1. 初步检查

起动机的输出功率受到蓄电池状态及充电量、电路导线和发动机拖转要求等方面的影响。因此，检测起动系统之前，应进行以下检查。

(1) 检查蓄电池，必要时应充电。

(2) 检查导线和电缆。

① 检查导线和电缆是否清洁、连接是否牢靠，松动或脏污会造成电压降增大。

② 检查电缆绝缘皮是否损坏。电缆会受到蓄电池酸液的腐蚀，与发动机和其他金属表面接触会导致绝缘皮损坏，电缆绝缘皮损坏后会发生短路，严重损害汽车的某些电器。

③ 检查导线规格是否过小及电缆长度是否过长，两种情况都会限制供给起动机的电流。

④ 检查电缆和导线时，一定要检查导线中的所有易熔线。大多数新型汽车都用复合熔丝取代了易熔线。不过，对起动系统进行例行检查时，对两者都应进行检查。当存在易熔线或复合熔丝熔断时，在更换新的易熔线或复合熔丝之前，一定要查明原因并进行排除。

(3) 检查机油量：确认发动机是否按照汽车制造商的建议加注适量机油，当加注的机油量过多且起动温度较低时，就会使拖转转速低于发动机能够起动的转速，并使起动机的通电电流过大。

(4) 检查点火开关是否松动、导线是否损坏、触点是否粘连、连接器是否松动。

(5) 检查安全开关的固定和电路情况，如果装有安全开关，要确保安全开关调整正确。

(6) 检查电磁开关和起动机的固定、连线和连接情况，还要确保起动机驱动齿轮调整正确。

2. 安全预防措施

(1) 几乎所有的起动机系统检测都在起动机拖转发动机时进行。但是，在测试过程中必须使发动机不能起动和运转，否则，检测结果将是不准确的。

(2) 为了防止发动机起动，可用起动机远程开关将点火开关旁通，使电流能够流经起动系统，但不能流过点火系统。

(3) 检测过程中，进行拖转时，必须使变速器处于空挡，并且进行驻车制动。

(4) 在维修蓄电池时，一定要遵照安全规程进行。

(5) 在连接或拆开起动系统中的继电器、电磁铁或起动机之前，一定要先拆开蓄电池的搭铁电缆。

3. 拖转电压检测

拖转电压检测是测量拖转期间起动机的有效电压。为了进行检测，应使发动机不能点火或者通过远程起动机开关将点火开关旁通。通常，远程起动开关的一端连接到蓄电池正极端头，另一端连接在电磁铁或继电器的起动机接线端(图4.18)。对现代轿车进行检测时，要参照维修手册的具体说明进行。将电压表负极表笔连接到底盘搭铁良好部位，将电压表正极表笔连接到起动机继电器或电磁铁的起动机供电端，使起动机通电运转，并观察电压表读数，将实测值与维修手册的标准值进行比较，通常，电压应该不低于9.6V。

如果实测电压值高于标准值，但起动机仍然处于不良的起动状态，则说明起动机存在故障。如果电压表读数低于标准值,需要检测拖转电流和电路电阻,以确定问题是起动机电路电阻过高还是发动机存在问题。

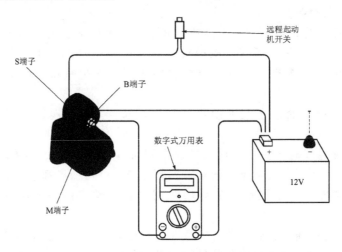

图 4.18　用远程起动机开关旁通控制电路和点火系统

4．拖转电流检测

拖转电流检测是测量起动机拖转发动机时的电流,了解拖转电流有助于确定起动机系统的故障。

几乎所有的起动机电流检测仪都采用电流感应夹(图 4.19)。

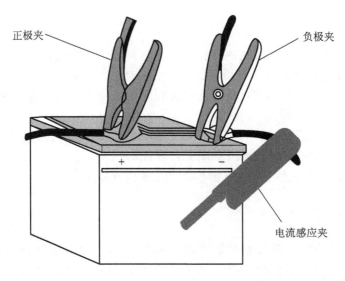

图 4.19　蓄电池充电起动检测仪的电路连接

为了进行拖转电流检测,在检测之前,应连接远程起动开关或使点火不能进行。连接检测仪线路时,应按照说明的规定进行。拖转发动机不超过 15s,观察电压表。如果电压表读数在 9.6V 以下,表明起动机有故障,同时观察电流表读数,并与说明书中的标准值进行比较。

表 4-9 总结了起动机电流过高或过低的主要原因。如果问题是由于起动系统的电阻过大造成的，则检测绝缘电路的电阻。

表 4-9 拖转电流检测结果

| 故障现象 | 故障原因 |
| --- | --- |
| 电流过低 | 蓄电池储电不足或内部有故障；由于部件或连接器存在故障导致电路电阻过大 |
| 电流过高 | 起动机短路；由于发动机卡咬导致机械阻力过大或起动系统部件故障或错位 |

5. 绝缘电路电阻检测

完整的起动机电路由绝缘电路和搭铁电路组成，绝缘电路包括从蓄电池到起动机的所有大电流电缆和接线端子。

为了检测绝缘电路的电阻是否过高，应使开关断开或用远程启动机开关旁通点火开关。将电压表的正极表笔与蓄电池正极端头或螺母连接，如果把表笔连接在电缆上，可能将高电阻点（电缆与端头连接处）旁通；将电压表的负极表笔连接到电磁铁或继电器的起动机接线端。拖转发动机并记录电压表读数，如果读数在标准值之内（电压降通常为 0.2～0.6V），说明绝缘电路不存在电阻过大问题，按照下述步骤继续检测搭铁电路的电阻。如果读数表明电压降高于标准值，将电压表负极表笔逐点移向蓄电池，在每个检测点拖转发动机一次，正常情况下，整个电缆长度上的电压降最大为 0.1V。

对典型起动机电路进行电压降检测的正确步骤如下所述。

（1）为测量起动机电路各点的电压降，需要准备保护垫、数字式万用表和远程起动机开关。

（2）把万用表正极表笔搭接在蓄电池正极柱上，且尽可能不要搭接在蓄电池电缆夹上。把万用表负极表笔搭接在起动机的蓄电池主连接端子上。

（3）调节电压表量程，使量程尽可能接近但要高于蓄电池电压。

（4）使发动机不能点火，或连接远程起动机开关。

（5）拖转发动机并记录电压表读数，该读数即为起动机电路正极部分的电压降。如果读数显示电阻过大，应进一步确定电阻过高部位，将电压表负极表笔逐渐移向蓄电池。

（6）拖转发动机并观察电压表读数。如果电压降仍然过大，将电压表的负极表笔移到继电器的蓄电池端进行。

（7）拖转发动机并观察电压表读数，如果几乎没有电压降，则说明这段电缆良好。

（8）将电压表的红色表笔搭接在继电器的蓄电池接线端，将黑表笔搭接在继电器的起动机接线端。

（9）拖转发动机并观察电压表读数，该电压降即为继电器内部触点之间的电压降。如果电压降读数高于正常值，则起动机继电器存在电阻过大问题，需要更换。

当观察到电压降过大时，故障部位就在当前检测点与前一检测点之间。可能原因有：电缆损坏或接触不良、导线规格太小、电磁铁内的接触装置状态不良。检修或更换所有受损的电线或不良的接触部位。参照表 4-10 确定起动机电路中允许的最大电压降。

表4-10 允许的最大电压降

| 每根粗电缆 | 0.1V |
|---|---|
| 每个连接处 | 0.1V |
| 每根细电线 | 0.2V |
| 起动机继电器 | 0.3V |

6. 起动机继电器旁通检测

检测起动机继电器旁路是判定继电器是否正常工作的一种简单方法。首先，停止点火。然后将粗的跨接电缆连接在蓄电池正极端头与起动机继电器的启动接线端之间，将继电器旁通。当旁通接通后，发动机应该被拖转。

应注意的是，在进行该项检测之前，应确认汽车变速器处于驻车挡或空挡。不然，拖转起动机时会使汽车移动，容易导致汽车周围的人员受伤。

检测结果分析：如果跨接电缆后能够拖转发动机，而在继电器被旁通之前不能拖转发动机，表明起动机继电器存在故障，需要更换。

7. 搭铁电路电阻检测

搭铁电路为绝缘电路从蓄电池向启动机供电提供回路，该电路包括从起动机到发动机、从发动机到底盘、从底盘到蓄电池搭铁端的连接。

为了检测搭铁电路是否存在大电阻，首先使点火不能进行，或用远程启动机开关旁通点火开关。检测时的正确连接如图4.20所示，拖转发动机并记录电压表读数。

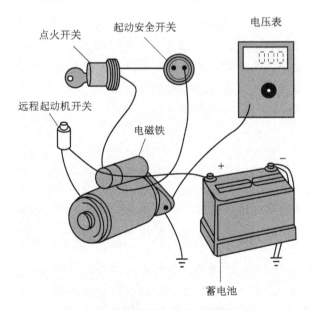

图4.20 检测搭铁电路电压降的连接

对于12V电系，正常的检测结果应该小于0.2V。如果电压降过大，表明搭铁电路接触不良，其原因可能是：起动机螺栓松动、蓄电池搭铁端接触不良、从蓄电池到发动机机体之间的搭铁线损坏或规格太小。同样可以采用检测绝缘电路电阻的方法隔离搭铁电路，将电压表正极表笔逐步移向蓄电池,查找电压降过大的位置。如果搭铁电路检测结果满意,而起动机仍有问题,需要检测控制电路。

8. 控制电路电压降检测

控制电路检测是检验控制电磁开关的所有导线和部件,包括继电器、充当继电器的电磁铁、固定在起动机上的电磁铁。

电磁开关电路中存在高值电阻时,会导致流经电磁铁绕组的电流降低,使电磁铁不能正常工作。当电阻过大时,电磁铁将完全不起作用。电磁开关工作不正常会使电磁开关的触点逐渐烧蚀,导致起动机电路的电阻升高。

核查汽车电路图,并尽可能识别控制电路中的所有部件,一般包括:点火开关、安全开关、起动机电磁铁绕组或隔离继电器。

进行检测时,首先停止点火。然后将电压表正极表笔搭接到蓄电池正极端头,将电压表负极表笔搭接到电磁铁或继电器的起动开关接线端。拖转发动机并记录电压表读数。

一般来讲,如果检测结果小于 0.5V,表明电路状态良好。如果电压表显示读数超过 0.5V,表明电路的电阻过大。然而,对于某些汽车,电压降略微偏大也属正常。

将电压表负极表笔逐步向蓄电池正极端头回退,每次排除一段导线或一个部件。

如果某段导线或某个开关的电压降大于 0.1V,表明该处存在问题。如果用于自动变速器的安全开关的电压降较大,应按照制造商维修手册检查安全开关的调整情况。离合器驱动的安全开关不能调整,损坏后必须更换。

9. 起动机传动部件检测

这项检测是判定传动部件是否打滑,检测时不用将起动机从汽车拆下。检测前,使点火不能进行,或用远程起动机开关将点火开关旁通。将点火开关传动到起动位置,并保持几秒。重复该步骤至少 3 次以上,以判定传动机构间断状况。

检测结果分析,如果起动机能够平稳地拖转发动机,表明起动机传动机构功能正常。如果发动机没有被拖转,同时起动机高速运转并伴有噪声,表明传动机构已经打滑,应予更换。

如果传动机构没有打滑,但不能拖转发动机,则应检测飞轮是否缺齿或损坏。将起动机从汽车上拆下,并检查其传动部件。检查驱动齿轮的轮齿是否磨损或损坏。检测单向离合器机构,单向离合器正常时,在一个方向能够自由转动,而在相反方向则不能转动。如果单向离合器在超速方向能够转动或者根本不能转动,表明离合器已经损坏。如果传动机构卡死,起动机将会以发动机转速 15 倍的速度旋转,从而导致起动机损坏。

极靴移动式起动机的不足之处在于为使起动机接合,需要将极靴向电枢拉动,起动机需要至少 10.5V 的电压和很大的电流才能工作,否则只是咔嗒作响而不能接合。

当极靴移动式起动机磨损后,枢轴轴套有时会卡住,使极靴不能移动。如果这种情况发生,起动机将不能转动,传动机构也无法与发动机飞轮啮合。

同样的问题也会发生在电磁操纵式起动机上,如果电磁铁太弱不能克服回位弹簧的张力,起动机就不能正常工作。

## 4.4.5 试验报告的基本内容和要求

(1)试验过程的详细记录。

(2) 试验数据的记录和数据处理。
(3) 对起动机各部件性能及启动系统的性能进行分析。

## 4.5 汽车仪表测试

### 4.5.1 理论基础

每辆汽车都配有一定数量的电子仪表。电子仪表系统和部件的数量及形式会随车型和生产年代发生显著变化。仪表的外观布置也从简单变得精致，但不论汽车仪表的外观如何，都必须易读并能提供准确信息。

仪表板具有多种不同的结构和外形，仪表板的显示装置有模拟式和数字式两种基本形式。在传统的模拟式显示装置中，通过指示器在固定的刻度盘前摆动来指示状态。指示器通常是一根指针，但也可以是液晶或图形显示器，数字式显示器则用数字代替指针或图形符号。模拟式显示器在显示相对变化时优于数字式显示器，这在驾驶人必须很快看见而不需要准确读数时很有用。例如，显示发动机转速升高与降低时，模拟式转速表要比数字式转速表好，因为驾驶人并不需要知道发动机的准确转速，模拟式转速表可以很好地显示发动机转速达到红线的快慢程度，而数字式显示器更适合显示诸如里程等精确数据。很多速度里程表将模拟式(速度)和数字式(距离)两者结合在一起。

车速表是重要的汽车电子仪表，为了保证行车安全，特别是在限速路段和限速车道上行驶时，驾驶人必须按照车速表的指示值，根据车辆、行人和道路状况，准确地控制车速。为此，车速表一定要准确可靠。如果车速表指示误差太大，驾驶人就难以正确控制车速，且极易因判断失误而造成交通事故。为确保车速表的指示精度，必须适时对车速表进行检测、校正。GB 15082—2008《汽车用车速表》及 QC/T 727—2007《汽车、摩托车用仪表》对指示误差都明确指出了范围。

$$0 \leqslant V_1 - V_2 \leqslant 0.1V_1 + 4$$

式中，$V_1$、$V_2$ 分别为指示车速和实际车速(km/h)。

车速表的检测方法有道路试验法和室内台架试验法两种。道路试验法是汽车分别以不同车速等速通过某一预定长度试验路段，测出通过该路段的时间，然后计算出实际车速，并与车速表指示值相对照，即可求出不同车速下车速表的指示误差。室内台架试验法是在滚筒式车速表试验台上进行的。

1. 车速表误差的形成

车速表有磁感应式和电子式等类型，往往与里程表组合在一起。磁感应式车速表是利用蜗轮蜗杆和软轴的传动作为传感器，利用磁电互感作用并通过指针的摆动来指示汽车行驶速度的。机件在使用过程中发生自然磨损、磁性元件的磁性发生变化和轮胎滚动半径发生变化等原因，都会造成车速表指示误差增大。不管是磁感应式车速表还是电子式车速表，在本身技术状况正常的情况下，轮胎滚动半径的变化是造成车速表误差的主要原因。轮胎滚动半径的变化主要是由于轮胎磨损、气压不足或气压过高等原因造成的。

汽车行驶速度用式(4-1)计算。

$$V = 0.377 \frac{rn}{i_g i_o} \quad (4-1)$$

式中，$V$ 为汽车行驶速度(km/h)；$r$ 为车轮滚动半径(m)；$n$ 为发动机转速 (r/min)；$i_g$ 为变速器传动比；$i_o$ 为主减速器传动比。

由式(4-1)可以看出，汽车实际行驶速度与车轮滚动半径成正比关系。因此，即使车速表的技术状况正常，车速表的指示值也会因车轮滚动半径的变化，与实际车速形成误差。

2. 车速表误差测量原理

为了在室内测得车速表的指示误差，须采用滚筒式车速表试验台对车速表进行检测。用滚筒式车速表试验台(以下简称为车速表试验台)检测车速表的指示误差，是把与车速表有传动关系的车轮置于试验台滚筒上旋转，以滚筒的表面作为连续移动的路面，模拟汽车在路试中的行驶状态，进行车速表误差测量。车速表误差的测量原理如图 4.21 所示。测量时，将汽车上与车速表有传动关系的车轮(视车速表型式而定，多数情况下是驱动车轮)置于车速表试验台的滚筒上，由车轮驱动滚筒旋转或由滚筒驱动车轮旋转。车速表试验台滚筒的端部装有速度传感器，能发出与车速变化成正比的电信号。

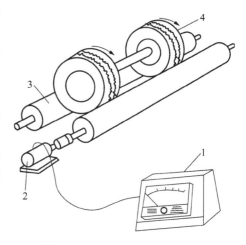

图 4.21　车速表误差的测量原理图
1—实际车速的指示仪表；2—速度传感器；
3—车速表试验台滚筒；4—驱动车轮

滚筒表面的线速度、滚筒的圆周长度和滚筒转速之间的关系，可用式(4-2)表示。

$$V = Ln \times 60 \times 10^{-6} \quad (4-2)$$

式中，$V$ 为滚筒表面的线速度(km/h)；$L$ 为滚筒的圆周长度(mm)；$n$ 为滚筒的转速(r/min)。

由于滚筒表面的线速度就是车轮的线速度，因此上述计算值即为汽车的实际车速值，由车速表试验台上的速度指示仪表显示，也称为试验台指示值。

车轮带动滚筒或滚筒带动车轮转动的同时，汽车驾驶室内的车速表也在显示车速值，称为车速表指示值。将车速表指示值与实际车速值(试验台指示值，下同)相比较，即可获得车速表指示误差 $\eta_i$。可用式(4-3)表示。

$$\eta_i = \frac{V_1 - V_2}{V_2} \times 100\% \quad (4-3)$$

除车速表外，汽车还配有其他的仪表，如里程表、机油压力表、冷却液温度表、燃油表、转速表、充电表、油耗表和维修间隔表等。

### 4.5.2　试验目的及要求

(1) 熟悉车速表试验台的使用方法。
(2) 掌握车速表指示误差的检测原理和方法。

### 4.5.3　试验所用的主要仪器和设备

车速表试验台。

### 4.5.4　试验设备的工作原理

常见的车速表试验台有 3 种类型：无驱动装置的标准型，它依靠被测车轮带动滚筒旋转；有驱动装置的驱动型，它由电动机驱动滚筒旋转；与制动试验台、底盘测功试验台等组合在一起的综合型。

**1. 标准型车速表试验台**

标准型车速表试验台由速度测量装置、速度指示装置和速度报警装置等组成，如图 4.22 所示。

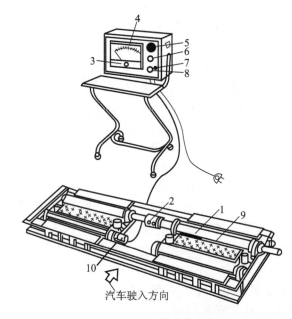

图 4.22　标准型车速表试验台
1—滚筒；2—联轴器；3—零点校正螺钉；4—速度指示仪表；5—蜂鸣器；6—报警灯
7—电源灯；8—电源开关；9—举升器；10—速度传感器（测速发电机式）

（1）速度测量装置。该装置主要由框架、滚筒装置、举升器和速度传感器等组成。滚筒为 4 个，直径一般为 185mm 或更大，通过滚动轴承安装在框架上。试验时，为防止汽车驱动轴差速器行星齿轮自转，车速表试验台的两个前滚筒用联轴器连接在一起。为使汽车进、出车速表试验台方便，在前后滚筒之间设有举升器。举升器与滚筒装置联动。当举升器升起使车轮进、出车速表试验台时，滚筒因自身制动装置的制动作用而不会转动。速度传感器有测速发电机式、差动变压器式、磁电式和光电式等多种形式。它安装在滚筒的一端，将对应于滚筒转速发出的电信号送至速度指示装置。

（2）速度指示装置。该装置按照速度传感器发出的电信号进行工作，能把以滚筒圆周长度与滚筒转速算出的线速度，以 km/h 为单位在仪表上指示。

(3) 速度报警装置。该装置是在测量中为提示汽车实际车速已达到检测车速(40km/h，下同)而设置的。在车速表试验台的速度指示装置上，一般都设有报警灯或蜂鸣器作为报警装置。试验中，当汽车实际速度达到检测车速时，报警灯亮或蜂鸣器响，提示检测员立即读取驾驶室内车速表的指示值，以便与实际车速对照，判断车速表指示值是否在合格范围之内。

### 4.5.5 试验方法和步骤

1. 车速表误差的检测

测量车速表指示误差之前，应认真阅读车速表试验台的使用说明书，按规定的方法正确使用。车速表试验台使用方法如下。

(1) 车速表试验台的准备。

① 在车速表试验台滚筒处于静止状态下，检查指示仪表的指针是否在机械零点上。若指针不在零点上，可用零点校正螺钉调整。若指示仪表为数码管式，数码管应亮度正常，且均处于零位。

② 检查车速表试验台滚筒上是否沾有油、水、泥、沙等杂物。若有，应清除干净。

③ 检查车速表试验台举升器的升、降动作是否自如。若动作阻滞或有泄漏部位，应予修理。

④ 检查车速表试验台导线的连接情况。若有接触不良或断路，应予修理或更换。对于经常使用的车速表试验台，不一定每次使用前都要全面进行上述检查。

(2) 被检车辆的准备。

① 检查轮胎气压，应符合汽车制造厂的规定。

② 轮胎上沾有油、水、泥、沙或花纹内嵌有小石子时，应清除干净。

(3) 检测方法。

① 接通车速表试验台电源。

② 升起滚筒间的举升器。

③ 将汽车开上车速表试验台，使与车速表有传动关系的车轮停于两滚筒之间。

④ 降下举升器，至轮胎与举升器平板脱离为止。

⑤ 对于标准型车速表试验台，应按照以下操作方法进行：

a. 汽车挂入最高挡，松开驻车制动器，踩下加速踏板，使驱动车轮带动滚筒平稳地加速运转。

b. 当驾驶室内车速表指示值稳定达到检测车速时，读取试验台指示值(实际车速)；或当试验台指示值稳定达到检测车速时，读取驾驶室内车速表的指示值。

⑥ 对于驱动型车速表试验台，应按照以下操作方法进行：

a. 接合车速表试验台离合器，使滚筒与电动机连接在一起。

b. 将汽车变速器挂入空挡，松开驻车制动器，起动电动机，通过滚筒带动车轮旋转。

c. 当车速表指示值稳定达到检测车速时，读取试验台指示值；或当试验台指示值稳定达到检测车速时，读取车速表的指示值。

⑦ 读取数据后，轻轻踩下汽车制动踏板，使滚筒和车轮停止转动。对于驱动型车速表试验台，必须先关断电动机电源，再踩制动踏板。

⑧ 升起举升器，汽车开出试验台。
⑨ 关断试验台电源，测量工作结束。

2. 其他仪表

(1) 里程表。传统里程表是一种数字式仪表，通常由车速表磁铁转轴上的螺旋齿轮驱动。里程表的各个数字鼓轮之间通过齿轮啮合，当其中一个鼓轮旋转一圈后，该鼓轮左侧的鼓轮就会转动 1/10 圈。

而电子里程表从车速传感器接收信息，里程表将显示 7 位数字，最后一位表示单位里程(英里或公里)的 1/10。数字显示里程表的累计里程数值存储在长存式存储器中，这种存储器即使在蓄电池断开后仍然能够保存里程值。

由于里程表记录了一辆汽车所行驶的里程数(千米或英里)，所以法律规定，更换后的车速表中的里程表记录里程必须与被更换车速表所记录的里程数相同。因此，如果更换了车速表，就应该将新车速表中的里程表设置到原里程表的数值。里程表可以根据需要随时复零。

(2) 机油压力表。机油压力表指示发动机的机油压力。当发动机在正常转速及温度下运转时，机油压力应在 0.31～0.48MPa 之间，低怠速时的机油压力通常会较低。

当机油压力很低(或发动机停机)时，机油压力开关会打开，没有电流通过仪表线圈，指针指向 "L"。当机油压力高于限值时，开关闭合，电流流过仪表线圈后搭铁，有一个电阻限制流经线圈的电流，并使指针在机油压力正常时指向刻度盘的中间范围。

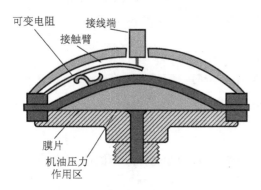

图 4.23 测量发动机机油压力的压敏电阻传感器

如图 4.23 所示，压敏电阻传感器通过螺纹安装在发动机的机油通道内，机油压力使挠性膜片运动，膜片运动传给滑动电阻接触臂，滑动接触臂所处的位置决定了电阻值和流经仪表的电流值。

检测压敏电阻型发送装置时，将欧姆表和发送装置的端子连接并搭铁，在发动机停机时检查电阻值，并与标准值进行比较。起动发动机并怠速运转，检查电阻值，并与标准值进行比较。在更换发送装置前，将维修用机油压力表连接在发动机的机油通道上，确认发动机是否产生了足够的机油压力。

(3) 冷却液温度表。冷却液温度表用于指示发动机冷却液的温度，它通常应指示在 C (冷)和 H(热)之间。它的发送装置一般是一个可变电阻，如热敏电阻，可变电阻用于调节流经温度表线圈的电流，如图 4.24 所示。当冷却液温度较低时，发送器的电阻较大而电流较小，指针指向 C，随着冷却液温度上升，发送器的电阻减小而电流增大，指针移向 H。

数字仪表板上的温度表为多节条状，发光条格的数量根据仪表发送器通过的电流发生变化。当冷却液温度较低时，发送器的电阻较高，发光条格的数量较少，随着冷却液温度上升，发送器的电阻减小，发光条格的数量增多。

为测试冷却液温度发送装置，用欧姆表测量发送装置接线端子与搭铁之间的电阻值，如图 4.25 所示，可变电阻的阻值应随冷却液的温度成比例的变化。把测试结果同制造商的标准值进行核对。

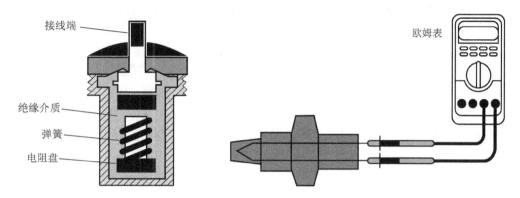

图 4.24　未使用热敏电阻的典型温度发送装置　　图 4.25　用欧姆表检测温度传感器

（4）燃油表。燃油表用于指示燃油箱中燃油的油位，它是一种电磁指示系统，在模拟式或数字式仪表板上都可以看到。

燃油表发送装置组合在燃油泵总成中，如图 4.26 所示，其中有一个受装在燃油箱内的浮子杆控制的可变电阻。当燃油箱内的油位较低时，发送器的电阻较低，燃油表指针的移动量或者条格的数量最少；当燃油箱内的油位较高时，发送器的电阻较高，燃油表指针的移动量（从零位置）或条格数量增多。

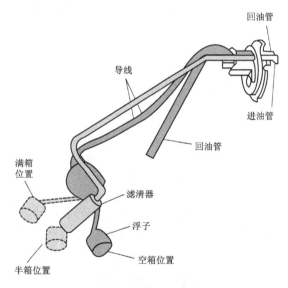

图 4.26　燃油表发送装置

在某些燃油表系统中，常用防溅及油量过少报警（LFW）模块来降低燃油表指针因燃油箱内燃油运动而引起的波动，并在燃油箱内的燃油量减少到满箱油量的 1/16～1/8 时进行油量过少的报警。

对燃油表发送装置进行检测的典型步骤如下：

① 将数字万用表设定在电阻测试功能挡。

② 将数字万用表的负极表笔与发送装置的搭铁端相连。
③ 将数字万用表的正极表笔与可变电阻的接线端相连。
④ 将发送装置保持在正常安装位置,并将浮子杆靠在空箱限止位置。
⑤ 读欧姆表,将读取结果与标准值进行比较。
⑥ 朝着满箱方向慢慢移动浮子,同时观察欧姆表,电阻值应该平稳连续变化。
⑦ 检查浮子靠在满箱限止位置时的电阻值,将检测值与标准值进行比较。
⑧ 检查浮子,确认未进油、变形和松动。

(5) 转速表。转速表用于指示发动机的转速。通常,转速表所接收的电脉冲信号来自点火组件或PCM,转速表通过平衡线圈将脉冲信号转变为转速指示。发动机转动得越快,来自线圈的脉冲数就越多,所指示的发动机转速也就越高。

在采用数字式仪表板的汽车上,将条格数量与数位段配合使用,将条格数量乘以1000就是发动机的转速。

(6) 充电表。充电表使驾驶人能够监视充电系统,有些老式汽车使用电压表,但大多数充电系统都采用电流表或指示灯。电流表与蓄电池和发电机串联,当发电机向蓄电池充电时,仪表指示正值(+),当蓄电池不能从发电机接收足够电时,充电表则显示负值(—)。

(7) 油耗表和维修间隔表。汽车常用的电子仪表还有油耗表和维修间隔表。

油耗表以每加仑燃油行驶英里数(mpg)或每百公里耗油升数告知驾驶人当前的燃油消耗。油耗表也被称为"能量控制表",它让驾驶人了解当前工况对燃油消耗的影响。

维修间隔表能够显示汽车进行维护之前剩余的里程。计算机不只是根据行驶里程确定到下一次维修的剩余里程,而且还会根据其他因素对维修间隔进行修正,驾驶风格和汽车的行驶状况可能会影响维修间隔里程。

### 4.5.6　试验报告的基本内容和要求

(1) 对检测过程进行详细的记录。
(2) 分析车速表误差的形成。

### 4.5.7　设计性试验

采用道路试验法,检测车速表的准确度,并计算出指示误差。
(1) 在平直路段上,取一定距离作为测试路段。
(2) 使汽车分别以不同车速等速通过该测试路段,用秒表计时,测出通过该路段的时间。
(3) 计算出实际车速值,并与车速表指示值相对照,求出不同车速下车速表的指示误差。

## 思 考 题

1. 蓄电池性能检测包括哪几个方面?
2. 交流发电机与直流发电机的区别有哪些?
3. 汽车控制系统的组成是什么?
4. 起动系统所具备的两个分别独立的电路是什么?
5. 汽车仪表有哪些?车速表误差测量原理是什么?

# 第 5 章 汽车安全设备性能测试

**教学提示**

汽车防盗装置是一种安装在车上,用来增加盗车难度、延长盗车时间的装置。前照灯发光强度和光束照射方向必须符合国家规定,以保证汽车夜间行车安全。汽车碰撞试验通过对试验车辆上安放假人的伤害值进行评价,得到对汽车整体安全性能的综合评价。安全带、ABS 和安全气囊也是汽车的重要安全装置。

**教学要求**

了解防盗系统的功能和防盗装置的工作原理,明确前照灯检测的方法,了解汽车碰撞测试的标准、要求和方法。了解汽车安全带、ABS 和安全气囊性能对于汽车安全性能的重要意义,并掌握基本的测试方法。

## 5.1 汽车防盗系统测试

### 5.1.1 理论基础

汽车防盗装置是一种安装在车上,用来增加盗车难度,延长盗车时间的装置。随着科技的发展,汽车防盗装置日趋严密和完善,汽车防盗装置已经从初期机械控制,发展成为电子密码、遥控呼救、信息报警、GPS 定位等。目前防盗器按其结构与功能可分为:机械式防盗、电子式防盗、芯片式防盗、网络式防盗和生物识别防盗等。

1. 机械式防盗装置

机械式防盗装置包括钩锁、转向盘锁和变速器锁等。它主要是靠锁定离合、制动、节气门或转向盘、变速挡来达到防盗的目的,但只防盗不报警。这类防盗器最为传统,历史最悠久,也是市面上最简单最廉价的一种,不过比较笨重,使用起来比较麻烦,虽然现在有很多使用一些先进材质防止撬、锯锁,但还是因功能较少、外形不美观,使用不方便而淡出市场。常见的机械式防盗装置如下:

(1) 排挡锁。排挡锁是用铸铁制成的一个带钥匙的排挡头,安装时只需将原厂排挡头换下,安上排挡锁,然后封口即可。排挡锁安置在手挡部位,锁定排挡,使排挡不能移动,即使起动发动机,车子想开走也是比较困难的。

(2) 转向盘锁。转向盘锁在使用时,主要是将转向盘与制动脚踏板连接一起,使转向盘不能作大角度转向及不能制动汽车。

(3) 变速器锁。变速器锁是在换挡杆附近安装变速锁,可使变速器不能换挡。通常在停车后,把换挡杆推回停车挡(P)或1挡位置,加上变速器锁,可使汽车不能正常换挡。

2. 电子式防盗系统

电子式防盗系统是目前市场的主流产品,常见的各种汽车防盗报警器、各种车辆防盗报警系统、电子锁等应属于此类产品。它主要是靠锁定点火或启动来达到防盗的目的,同时具有声音报警功能,分为单向和双向的两种。单向的电子防盗系统的主要功能是:开关车门、震动或非法开启车门报警等,也有一些品牌的产品根据客户的需求增加了一些功能:用电子遥控器来完成发动机起动、熄火等。双向可视的电子防盗系统相比单向的更为直观,能彻底让车主知道汽车现实的情况,当车有异动报警时,同时遥控器上的液晶显示器会显示汽车遭遇的状况,缺点是有效范围只有100~200m。这种防盗器共有4种功能。

(1) 服务功能,包括遥控车门、遥控启动、寻车和阻吓窃贼作用等。

(2) 警惕提示功能,具有触发报警记录(提示车辆曾被人打开过车门)。

(3) 报警提示功能,即当有人动车时发出警报。

(4) 防盗功能,即当防盗器处于警戒状态时,切断汽车上的起动电路,使汽车无法起动。

该类防盗器安装隐蔽,功能齐全,无线遥控,操作简便,但需要靠良好的安装技术和完善的售后服务来保证。由于这类电子防盗报警器的使用频率普遍被限定在300~350MHz的业余频段上,而这个频段的电磁波干扰源又多,电波、雷电和工业电焊等都会干扰它而使其产生误报警。

3. 芯片式防盗系统

电子防盗系统固然有其优点,但随着时间的推移,人们研制出了更先进的替代品,这就是目前在汽车防盗领域位居重点的芯片式数码防盗器。芯片式数码防盗器基本原理是锁住汽车的起动机、电路和油路,在没有芯片钥匙的情况下无法起动车辆。数字化的密码重码率极低,而且要用密码钥匙接触车上的密码锁才能开锁,杜绝了被扫描的弊病。芯片式数码防盗器特点突出且使用方便,大多数轿车均采用这种防盗方式作为原配防盗器。目前进口的很多高档车,国产的大众、广州本田等车型已装有原厂的芯片式防盗系统。

目前芯片式防盗已经发展到第四代,最新面世的第四代电子防盗芯片,具有特殊诊断功能,即已获授权者在读取钥匙保密信息时,能够得到该防盗系统的历史信息。系统中经授权的备用钥匙数目、时间印记及其他背景信息,成为收发器安全特性的组成部分。第四代电子防盗系统除了比以往的电子防盗系统更有效地起到防盗作用外,还具有其他先进之处,如它独特的射频识别技术(RFID)可以保证系统在任何情况下都能正确识别驾驶人,在驾驶人接近或远离车辆时可自动识别其身份自动打开或关闭车锁;无论在车内还是车外,独创的TMS37211器件能够轻松探测到电子钥匙的位置。

4. 网络式防盗系统

网络防盗是指通过网络来实现汽车的开关门、起动起动机、截停汽车、汽车的定位以及车辆会根据车主的要求提供远程的车况报告等功能。网络防盗主要是突破了距离的限制,目前主要使用的网络是卫星定位跟踪系统(GPS)。

GPS卫星定位汽车防盗系统属于网络式防盗器,它主要靠锁定点火或启动来达到防盗的目的,GPS应用汽车反劫防盗服务就得益于卫星监控中心对车辆的24h不间断、高精度的监控服务。该系统由安装在指挥中心的中央控制系统、安装在车辆上的移动GPS终端以及GSM通信网络组成,接收全球定位卫星发出的定位信息,计算出移动目标的经度、纬度、速度、方向,并利用GSM网络的短信息平台作为通信媒介来实现定位信息的传输,具有传统的GPS通信方案所无法比拟的优势。缺点是价格昂贵,每月要交纳一定的服务费。此类防盗器现在用于高档车的比较多。网络防盗器虽然功能先进,但价格较高及一些功能不能达到普遍应用性。

5. 生物识别防盗系统

生物识别技术是利用人体生物特征对人进行身份识别的一种高科技技术,所采用的生物特征具有唯一性、独特性、不变性、可采集、可转化为模板及可用数学方法比较的特点。生物识别防盗系统是国际上最新流行的,也是防盗效果最好的防盗系统。由于人体生物特征的唯一性,生物识别防盗系统通过生物识别控制汽车的电路、油路、起动机等,从而达到防盗的目的。它多采用物理连接,没有空间信号的传递,从而有防屏蔽等功能;活体生物特征的不可复制性及复杂性,从而可以做到防解码等特点。目前汽车主要使用的是指纹锁和眼睛锁。

指纹锁是利用每个人不同的指纹图形特征制成的一种汽车门锁。制作时先在锁内安装车主的指纹图形,当开启车门时,只要将手指按在门锁上,指纹图形与记录相符时,车门即开。指纹识别技术分为光学指纹识别技术、半导体电容式活体指纹识别技术两种,其中半导体电容式活体指纹识别技术的精确性更高。眼睛锁利用视网膜图纹来控制的汽车门锁。这种锁内设有视网膜识别和记忆系统,车主开锁时只需将眼睛凑近门锁,视网膜图形与记录相吻合时,车门会自动打开。但此类防盗系统价格昂贵,一般应用在中高档轿车上。

下面以桑塔纳2000GSi型轿车为例介绍汽车的防盗系统。

1) 桑塔纳2000GSi型轿车防盗系统的组成

该防盗系统采用的防盗器点火开关,通过电子应答来判断汽车钥匙是否合法,并控制发动机电控单元工作。该防盗系统的组成如图5.1所示,由带脉冲转发器的汽车钥匙、点火开关读识线圈D2、防盗器电控单元J362、可变代码的发动机电控单元J220、防盗器警告灯等组成,防盗器电路如图5.2所示。脉冲转发器是一种不需要电源驱动的感应和发射元件。当点火开关打开时,识读线圈把感应能量传送给脉冲转发器,脉冲转发器接收感应能量后立即发射出代码,通过读识线圈把程控代码输送给防盗器电控单元。每一把带脉冲转发器钥匙有不同的程控代码。

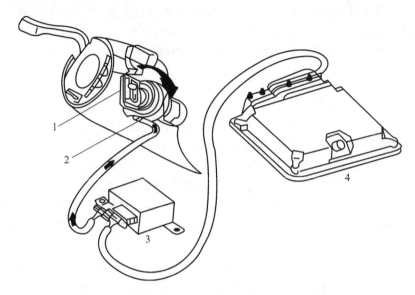

**图 5.1 桑塔纳 2000GSi 防盗系统的组成和工作原理**
1—带脉冲转发器的汽车钥匙；2—读识线圈(D2)；3—防盗器电控单元(J362)；4—发动机电控单元(J220)

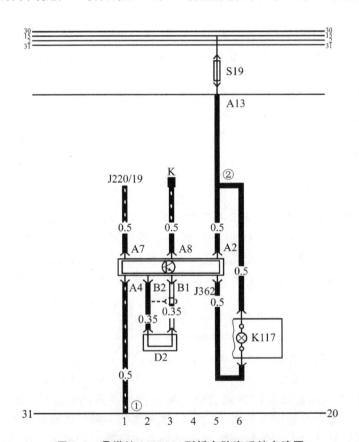

**图 5.2 桑塔纳 2000GSi 型轿车防盗系统电路图**
D2—点火开关读识线圈；J220—发动机电控单元；J362—防盗器电控单元；K—自诊断线；
K117—防盗器警告灯；S19—熔断器；①—中央电器接地点；②—接 15 火线

2）防盗器的工作原理

当点火开关打开时，防盗器开始工作。防盗器电控单元通过读识线圈把能量感应地传送给钥匙中的脉冲转发器，脉冲转发器被激活，通过读识线圈把它的程控代码送给防盗器电控单元。在防盗器电控单元里，输入的程控代码与先前存储在防盗器电控单元的钥匙代码进行比较，然后，防盗器电控单元再核对发动机电控单元的代码是否正确。该代码是由发动机电控单元存储在防盗器电控单元中。每次起动发动机时，电控单元中的随机代码发生器都会发生一个可变的代码。如果核对后，代码不一致，发动机将在起动后 2s 内熄火，发动机无法起动。

### 5.1.2 试验目的及要求

（1）掌握防盗系统的基本组成。
（2）了解汽车防盗系统电路原理图。
（3）掌握 V.A.G 1552 故障阅读仪使用方法。
（4）掌握防盗系统故障码的读取过程。

### 5.1.3 试验所用的主要仪器和设备

V.A.G 1552 故障阅读仪。

### 5.1.4 试验步骤

**1. 连接 V.A.G 1552 故障阅读仪，选择防盗器电子系统**

（1）在蓄电池电压大于 11V，点火开关打开的情况下，打开车内变速器杆前自诊断插口盖，将 V.A.G 1552 故障阅读仪的插头与车内自诊断插口连接，如图 5.3 所示。

此时，显示器的显示如图 5.4 所示[注：图(a)为显示器显示原文，图(b)为汉语解释]。

（2）输入防盗器地址指令 25，显示器上的显示，如图 5.5 所示。

（3）按"Q"键确认，大约 5s 后，显示器上的显示如图 5.6 所示。

（4）按"→"键，显示器上的显示如图 5.7 所示。

显示器内容说明如下：330953253 为防盗器控制单元零件号；IMMO 为电子防盗系统缩写；VWZ6ZOT0123456 为防盗器控制单元 14 位数编号；V01 为防盗器控制单元软件版本；Coding0000 为编码号；WSC01205 为维修站代码（修理电子防盗器使用 V.A.G 1552 时，必须先输入维修站代码）。

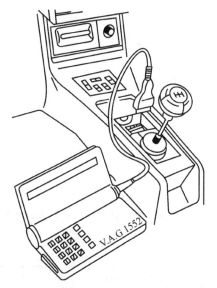

图 5.3 连接 V.A.G 1552 故障阅读仪

| | |
|---|---|
| Test of vehicle systems | HELP |
| Insert address word ×× | |

(a)

| | |
|---|---|
| 车辆系统测试 | 帮助 |
| 输入地址词 ×× | |

(b)

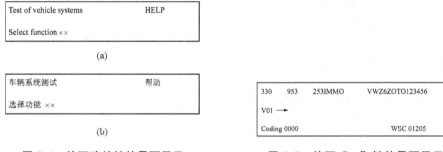

图 5.4　V. A. G 1552 故障阅读仪连接后的界面显示

| | |
|---|---|
| Test of vehicle systems | Q |
| 25 - immobiliser | |

(a)

| | |
|---|---|
| 车辆系统测试 | 帮助 |
| 25 - 防盗器 | |

(b)

图 5.5　输入防盗器地址的界面显示

| | |
|---|---|
| Test of vehicle systems | HELP |
| Select function ×× | |

(a)

| | |
|---|---|
| 车辆系统测试 | 帮助 |
| 选择功能 ×× | |

(b)

图 5.6　按下确认键的界面显示

| | | | |
|---|---|---|---|
| 330 | 953 | 253IMMO | VWZ6ZOTO123456 |
| V01 → | | | |
| Coding 0000 | | | WSC 01205 |

图 5.7　按下"→"键的界面显示

2. 查询故障

(1) 当需要查询防盗器故障时，输入 02"查询故障"功能，按"Q"键确认，此时显示器的显示如图 5.8 所示。

(2) 按"→"键，可以逐个显示故障码和故障内容，直到全部故障显示完毕为止。如果没有故障，显示器的显示如图 5.9 所示。

| | |
|---|---|
| × Fault recognised | → |

(a)

| | |
|---|---|
| × 个故障发现 | → |

(b)

图 5.8　输入查询故障后的界面显示

| | |
|---|---|
| No faults recognised | → |

(a)

| | |
|---|---|
| 没有故障发现 | → |

(b)

图 5.9　无故障的界面显示

(3) 按"→"键，退回功能主菜单，显示器的显示如图 5.10 所示。

| | |
|---|---|
| Test of vehicle systems | HELP |
| Select function ×× | |

图 5.10　按下"→"键的界面显示

在查询故障时应注意：所有存在的故障或偶然故障都存在故障记忆中；识别一个存在的故障至少 2s 的时间；如果一个故障目前已不存在，作为偶然故障出现时在显示器右下角将出现/SP；50 次驱动循环

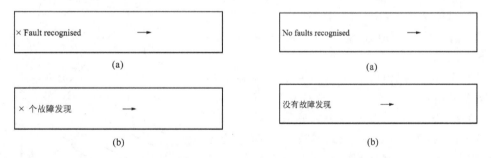

（每个循环点火开关至少 2s）后，偶然故障将被自动清除。防盗器故障见表 5-1。

表 5-1 防盗器故障

| V.A.G 1552 屏幕显示 | 故障原因 | 产生的后果 | 故障的排除 |
| --- | --- | --- | --- |
| 65535<br>Controlunitdefective<br>控制单元损坏 | 控制单元 J362 损坏 | 发动机不能起动，警告灯亮 | 更换控制单元 |
| 00750<br>Faultlamp<br>警告灯故障<br>对地短路/开路<br>对正极短路 | 线路损坏<br>线路开路<br>警告灯-K117 损坏<br>线路损坏 | 警告灯亮<br>警告灯不亮<br>警告灯不亮<br>警告灯不亮 | 修理线路损坏<br>修理线路开路<br>更换警告灯<br>修理线路损坏 |
| 01128<br>Readercoilforimmobiliser<br>防盗器识读线圈 | 识读线圈-D2 损坏<br>线路开路<br>短路 | 发动机不能起动，警告灯闪 | 更换识读线圈<br>修理线路开路<br>修理线路损坏 |
| 01176<br>Key 钥匙<br>Signaltooweak 信号太弱<br>Notauthorised 非法钥匙 | 转发器损坏<br>钥匙不匹配<br>识读线圈-D2 损坏 | 发动机不能起动，警告灯闪 | 配置新钥匙<br>完成汽车所有钥匙匹配程序<br>更换识读线圈 |
| 01177<br>Enginecontrolunit<br>notadapted<br>发动机控制单元没有匹配 | 更换发动机控制单元<br>发动机控制单元与防盗器控制单元连接线开路或短路 | 发动机不能起动，警告灯闪<br>发动机不能起动，警告灯闪 | 完成发动机控制单元与防盗器控制单元匹配程序<br>检修发动机控制单元与防盗器控制单元连接线 |
| 01179<br>keyprogrammingincorrect<br>配钥匙程序错误 | 配钥匙程序不正确 | 警告灯快速闪动<br>（每秒 2 次） | 查询故障<br>清除故障存储<br>完成所有钥匙匹配程序 |

3. 清除故障存储

清除故障存储这一功能用于在查询故障后，清除防盗器控制单元的故障存储。输入 05 "清除故障存储"功能，按"Q"键确认，此时显示器的显示如图 5.11 所示。

4. 结束输出

输入 06 "结束输出"功能，按"Q"键确认，此时显示器的显示如图 5.12 所示。

完成这一功能后，V.A.G 1552 将退出防盗器自诊断程序。

```
Test of vehicle systems           HELP
Enter address word ××
```
(a)

```
车辆系统测试                      帮助
输入地址词 ××
```
(b)

图 5.11　输入 05 按确认键后界面显示

```
Test of vehicle systems           →
Fault memory is erased
```
(a)

```
车辆系统测试                      →
帮障存储已被清除
```
(b)

图 5.12　输入 06 按确认键后界面显示

### 5.1.5　试验报告的基本内容和要求

根据读出的故障码，分析防盗系统的故障和相应故障所表现的现象。

### 5.1.6　设计性试验

设计出一种简易的检测方法，来判断汽车防盗系统功能是否工作正常。

## 5.2　照明及灯光测试

### 5.2.1　理论基础

汽车前照灯检测是汽车安全性能检测的重要项目。若前照灯发光强度不足，则夜间行车时，驾驶人对汽车前方情况的辨认不清晰；前照灯光束照射方向不当，将可能引起对面来车驾驶员眩目。因此，前照灯发光强度和光束照射方向必须符合 GB 7258—2012《机动车运行安全技术条件》的规定，以保证汽车夜间行车安全。

前照灯由灯泡、反射镜和配光镜构成。反射镜表面形状为旋转抛物线，当灯丝位于焦点处时，光线经反射镜反射后，可形成平行光束射向远方；配光镜即为车灯前部的透光玻璃，光线通过时，可达到所要求的配光性能。

前照灯在汽车上的安装数量一般有二灯制和四灯制。二灯制前照灯均为远、近光双光束灯，对称安装在汽车前部两侧；四灯制前照灯，每侧两只，装在外侧的两只是远、近光双光束灯，装在内侧的两只是远光单光束灯。

前照灯特性有发光强度、光束照射方向和配光特性等。

**1. 发光强度**

发光强度是光线在给定方向上发光强弱的度量，其单位为坎［德拉］，用符号 cd 表示。根据国际标准单位 SI 的规定，若一光源在给定方向上发出频率为 $540\times10^{12}$ Hz 的单色辐射，且在该方向上的辐射强度为 $1/683$ W/sr 时，则该光源在所给方向上的发光强度为 1cd。

前照灯（光源）所发出的光线，照到被照射物体上时，使其受光面的明亮度发生变化。衡量受光面明亮度的物理量为照度，单位为勒［克斯］，用符号 lx 表示。在前照灯（光源）

发光强度不变的情况下,被照物体离光源越远,被照明的程度越差,照度越小。若发光强度用 $I(cd)$ 表示,照度用 $E(lx)$ 表示,前照灯(光源)距被照物体距离为 $S(m)$,则三者间的关系为:

$$E = I/S^2 \tag{5-1}$$

式(5-1)说明照度与光源的发光强度成正比,与被照物体至光源距离的平方成反比(称倒数二次方法则),图 5.13 为实测前照灯主光束照度随距离的变化曲线与理论曲线的拟合情况。由此可见,距离超过 5m 时,实测值和理论值基本一致,距离越远,测量值越准确;距离为 3m 时,产生 15% 左右的误差。但由于测量场地的限制,在用前照灯检测仪对前照灯进行检测时,通常采用的测量距离为 3m、1m、0.5m,把在此距离下测出的照度作为前照灯前方 10m 处的照度,并换算成发光强度进行指示。

2. 照射方向

若把前照灯光线最亮的地方作为光束中心,则光束照射方向用该中心对水平、垂直坐标轴的偏离量表示,如图 5.14 所示。

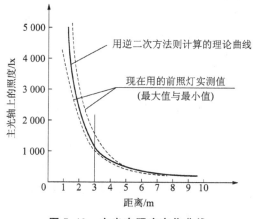

图 5.13 主光束照度变化曲线

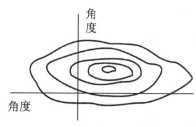

图 5.14 光束照射方向

3. 配光特性

前照灯的远光是夜间行车照明用的,当无迎面来车或不尾随其他车辆时,希望灯光照得远并使路面有足够亮度;前照灯的近光是会车用的,要求光束倾向路面右侧,以避免对面来车驾驶人眩目。因此,前照灯发出的光线应满足一定的分布。配光特性即是用等照度曲线表示的明亮度分布特征。

前照灯配光有 SAE 标准和 ECE 标准两种,GB 4599—2007《汽车用灯丝灯泡前照灯》所规定的配光标准与 ECE 标准一致。两种配光方式的远光基本相同,区别在于近光的照射位置和防眩目的方法。其配光特性应满足的要求是远光具有良好照明,近光具有足够照明和不眩目。

1) SAE 配光方式

SAE 配光方式也称美国配光方式(图 5.15),远光灯丝位于反射镜焦点处,所发出光线经反射沿光学轴线平行射向远方,近光灯丝位于焦点之上,所发出的光线经反射后,大部分向下倾斜,从而下部较亮而上部较暗,所形成的光形分布是水平方向宽、垂直方向窄。若等照度曲线左右对称,不偏向一边,上下扩展不太宽,就是好的配光特性。SAE

配光方式的近光照射在屏幕上的光斑没有明显的明暗截止线。

2) ECE 配光方式

ECE 配光方式也称欧洲配光方式。其远光配光与 SAE 配光方式相同；但近光灯丝位于反射镜焦点之前，且在灯丝下设一遮光屏。这样，近光光线只落在反射镜上半部分而向下倾斜反射，照到屏幕上时，可看到具有明显的明暗截止线和明暗截止线转角点的光斑，如图 5.16 所示。

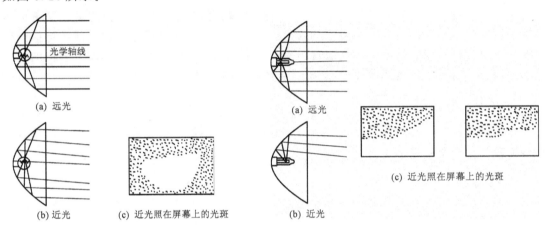

图 5.15　SAE 配光　　　　　　　　图 5.16　ECE 配光

ECE 近光配光方式有两种，一种在配光屏幕上，明暗截止线的水平部分在 $V$—$V$ 线（即汽车纵向中心平面在屏幕上的投影线）的左半边（图 5.17），右半边为与前照灯基准中心高度水平线 $h$—$h$ 成 15°斜线向上偏斜；另一种称为 Z 形配光方式，其明暗截止线的左半部分在 $h$—$h$ 线下 250mm 处，右半部分则与水平线成 45°角向上倾斜，至与 $h$—$h$ 线重合后成为水平线，明暗截止线在屏幕上呈 Z 字形。我国前照灯的近光灯已采用 Z 形配光方式，其配光性能在国标 GB 4599—2007《汽车用灯丝灯泡前照灯》中作了具体规定。

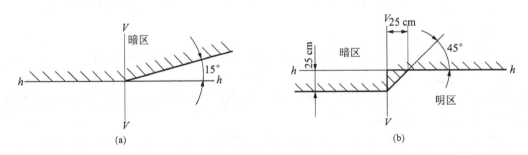

图 5.17　近光配光方式

### 5.2.2　试验目的及要求

（1）测定前照灯光束照射位置。

（2）测定前照灯光束发光强度。

（3）熟悉试验步骤、掌握试验台各相关仪器的使用方法。

### 5.2.3 试验所用的主要仪器和设备

常用汽车前照灯检测仪有聚光式、屏幕式、投影式和自动追踪光轴式 4 种。

1. 聚光式

聚光式前照灯检测仪利用聚光透镜把前照灯的散射光束聚合起来,并导引到光电池的光照面上,根据其对光电池的照射强度,检测前照灯的发光强度和光轴偏移量。

聚光式前照灯检测仪由支架、行驶部分、仪器箱、仪器升降调节装置和对正器组成。检测时,检测仪位于前照灯前 1m 处。行驶部分装有 3 个带槽的轮子,可在导轨上行走以迅速对正;仪器箱是检测仪的主体部分,转动升降手轮可使仪器箱的中心与被测车辆前照灯的基准中心高度保持一致;仪器箱顶部的对正器用于观察仪器与被测车辆的相互位置是否对正;检测仪的光度指示装置由电源开关、电源欠压指示、光度表和 3 个按键开关及 3 个相应调零按钮组成;远光 I 号键可测 0~40000cd 的发光强度,远光 II 号键可测 0~20000cd 的发光强度,近光按键可测 0~1000cd 的发光强度,调零按钮用于调零。图 5.18 所示为聚光式前照灯检测仪的外形图,其光度指示装置如图 5.19 所示。

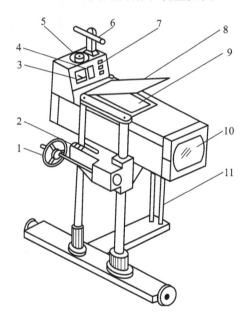

**图 5.18 聚光式前照灯检测仪**

1—仪器箱升降手轮;2—仪器箱高度指示标;3—光度表;4—光束照射方向参考表;
5—光束照射方向选择指示旋钮;6—对正器;7—光度选择按键;
8—观察窗盖;9—观察窗;10—透镜;11—仪器移动手柄

聚光式前照灯检测仪的检测方法有以下 3 种:

(1) 移动反射镜检测法。前照灯的灯光通过聚光透镜、反射镜将光线照射在光电池上,如图 5.20 所示。转动光轴刻度盘可使反射镜的安装角发生变化。当调整反射镜使光轴偏斜指示器的指针指向零位时,可从光轴刻度盘读得光轴的偏斜量,光度计也同时指示出发光强度。

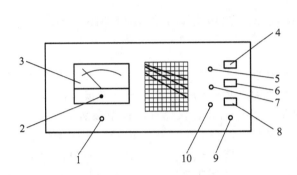

图 5.19 光度指示装置

1—欠压指示灯；2—光度调零钮；3—光度表 4—远光Ⅰ
按键；5—远光Ⅰ调零钮；6—远光Ⅱ按键；7—远光Ⅱ
调零钮；8—近光按键；9—电源开关；10—近光调零钮

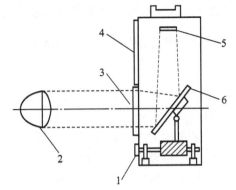

图 5.20 移动反射镜检测法

1—光轴刻度盘；2—前照灯；
3—聚光透镜；4—光轴偏斜指示计；
5—光电池；6—反射镜

（2）移动光电池检测法。转动光轴刻度盘，使光电池上下、左右移动，直至左右偏斜指示计和上下偏斜指示计的指针均指向零，如图 5.21 所示。此时，从光轴刻度盘即可读得光轴的偏斜量，同时光电池输出的电流通过光度计指示出发光强度。

（3）移动透镜检测法。如图 5.22 所示，通过移动光轴检测杠杆调节聚光透镜的方位，从而使通过聚光透镜照到光电池上的光线最强。此时，光轴偏斜指示器的指针指示值为零。光电池输出的电流通过光度计指示发光强度，光轴刻度盘与光轴检测杠杆联动，从而指示出光轴的偏斜量。

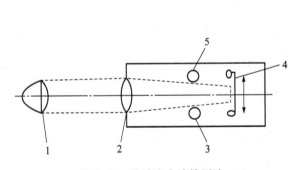

图 5.21 移动光电池检测法

1—前照灯；2—聚光透镜；3—光轴刻度盘（左右）；
4—光电池；5—光轴刻度盘（上下）

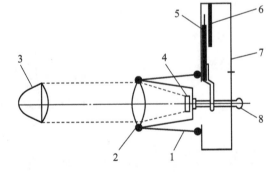

图 5.22 移动透镜检测法

1—连接器；2—聚光透镜；3—前照灯；4—光
电池；5—指针；6—光轴刻度盘；7—外壳

2. 屏幕式

屏幕式前照灯检测仪采用把汽车前照灯的光束照射到屏幕上，以此来检测其发光强度和光轴偏斜量，通常测试距离为 3m。

屏幕式前照灯检测仪如图 5.23 所示，固定屏幕上装有可左右移动的活动屏幕，活动屏幕上装有能上下移动的内部带光电池的受光器。检测时，通过找准器摆正车辆、前照灯与检测仪的相对位置，移动受光器和活动屏幕，使光度计的指示值最大，指示值即为发光强度值,该位置即为主光轴照射位置,从装在屏幕上的两个光轴刻度尺即可读得光轴偏斜量。

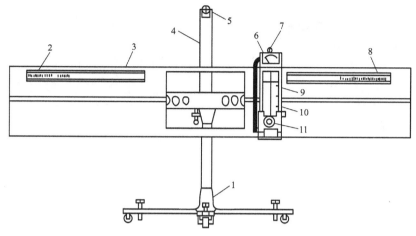

图 5.23 屏幕式前照灯检测仪

1—底座;2—光轴刻度尺;3—固定屏幕;4—支柱;5—车辆摆正找准器;6—光度计;
7—对正前照灯找准器;8—光轴刻度尺(左右);9—活动屏幕;10—光轴刻度尺(上下);11—受光器

3. 投影式

投影式前照灯检测仪采用把前照灯光束映射到投影屏上,以此来检测其发光强度和光轴偏斜量,测试距离一般为3m。

投影式前照灯检测仪如图 5.24 所示,其光接收箱内部结构如图 5.25 所示。检测时,先

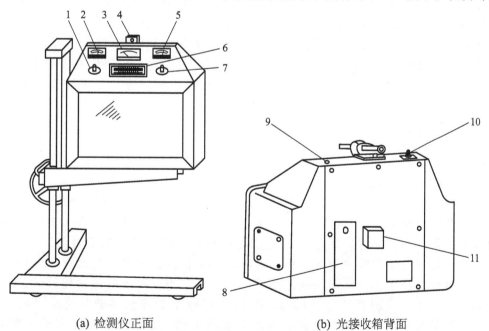

(a) 检测仪正面　　　　　　　　(b) 光接收箱背面

图 5.24 投影式前照灯检测仪

1—左右光轴刻度盘;2—左右光轴平衡表;3—发光强度表;4—对准瞄准器;5—上下光轴平衡表;
6—投影屏;7—上下光轴刻度盘;8—电池盒;9—水准泡;10—电源开关;11—影像观察器

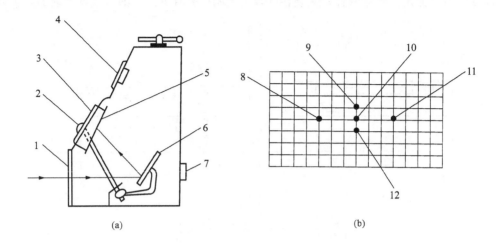

**图 5.25 光接收箱内部结构**

1—聚光透镜；2—光轴刻度盘；3—投影屏盖；4—指示表；5—投影屏；
6—反射镜；7—影像瞄准器；8—Ⅲ号光电池；9—Ⅰ号光电池；
10—Ⅴ号光电池；11—Ⅳ号光电池；12—Ⅱ号光电池；

用对准瞄准器找准车辆与仪器的相对位置，被检前照灯的光束经透镜会聚后进入光接收箱，由反射镜将光束反射到投影屏上。投影屏上对称布置着 5 个光电池，Ⅲ、Ⅳ号光电池检测水平方向光分布情况，Ⅰ、Ⅱ号光电池检测垂直方向光分布情况，每对光电池的平衡输出分别连接到左右和上下光轴平衡表；Ⅴ号光电池检测发光强度，其输出连接到发光强度指示表。旋转左右或上下光轴刻度盘，可改变反射镜的角度，从而使每个光轴平衡指示表的指示为零。此时，光轴刻度盘所指示数值就是前照灯的光轴偏斜量，发光强度表所指示数值就是前照灯的发光强度。有些投影式前照灯检测仪上标有表示光轴偏斜量的刻度线，根据前照灯光束影像在投影屏上所处的位置，可直接读得光轴的偏斜量。

4．自动追踪光轴式

自动追踪光轴式前照灯检测仪采用受光器自动追踪光轴的方法检测汽车前照灯的发光强度和光轴偏斜量，一般检测距离为 3m。

自动追踪光轴式前照灯检测仪如图 5.26 所示，其受光器的构造如图 5.27 所示。在受光器聚光透镜的上下与左右装有 4 个光电池，受光器内部也装有 4 个光电池，分别构成主、副受光器，透镜后中央部位装有中央光电池。其测试原理与图 5.28 所描述的光束中心偏斜量的检测原理相同，所不同的是检测仪台架和受光器位移由电动机驱动。每对光电池由于受光不均所产生的电流差值，不仅用于使光轴偏移量指示计的指针偏摆，还用于控制驱动电动机运转使检测仪台架沿导轨移动并使受光器上下移动，直至每对光电池所产生的电流相等，电动机停转。这样便实现了自动追踪光轴，追踪过程中受光器的位移由光轴偏斜指示器指示，发光强度由中央光电池检测并由光度计指示。

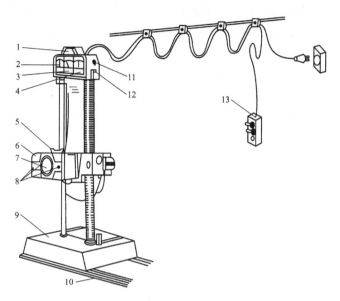

**图 5.26　自动追踪光轴式前照灯检测仪**
1—在用显示器；2—左右偏斜指示器；3—光度计；4—上下偏斜指示器；5—车辆找准装置
6—受光器；7—聚光透镜；8—光电池；9—控制箱；10—导轨；11—电源开关；12—熔丝；13—控制盒

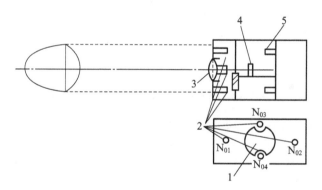

**图 5.27　自动追踪光轴式前照灯检测仪受光器的构造**
1、3—聚光透镜；2—主受光器光电池；4—中央光电池；5—副受光器光电池

## 5.2.4　试验设备的工作原理

**1. 用屏幕检测前照灯的光束照射位置**

在规定检测条件下，在距前照灯 10m 处置一专用屏幕，并使其垂直于地面。屏幕画有 3 条垂直线和 3 条水平线。垂线 $V—V$ 与车辆纵向中心线对齐，两侧垂线 $V_左—V_左$ 和 $V_右—V_右$ 分别与左右前照灯中心线对齐。水平线 $h—h$ 与被检车辆前照灯中心等高，距地面高度为 $H(mm)$，其下第一条水平线与被检车辆前照灯远光光束中心的上限值等高，距地面高度为 $H_1=0.9H$；第二条水平线与被检车辆的前照灯近光光束中心的上限值等高，距地面高度为 $H_2=0.8H$。标准规定远、近光光束中心高度的偏差范围分别为 $0.05H$ 和 $0.2H$，即其下限值分别为 $0.85H$ 和 $0.6H$。

如图 5.28 所示，检测时先遮住一侧的前照灯，首先对未遮盖前照灯的近光进行检测，根据检测标准，其近光明暗截止线转角或光束中心应照在高度为 $H_2$、$H_2-0.2H$ 的两条水平线及距垂直线 $V$—$V$ 的距离为 $0.5S+100(\mathrm{mm})$、$0.5S+100(\mathrm{mm})$ 的两条垂直线所围成的矩形框内，否则表明近光光束偏斜量超标。根据检测标准，在检测调整光束照射方向时，对远、近双光束灯以检测调整近光光束为主。因为制造质量合格的灯泡，近光调整合格后，远光光束一般也能合格；若近光光束调整合格后，经复核远光光束照射方向不合格，则应更换灯泡。

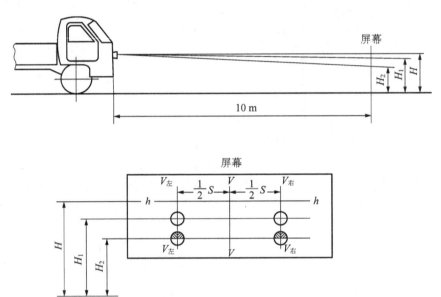

图 5.28 用屏幕检测前照灯光束照射位置

对远光单光束前照灯而言，则需检测远光光束的照射位置。根据检测标准，其光束中心应位于由高度为 $H_1$、$H_1-0.5H$ 的两条水平线和距垂直线距离为 $0.5S+170(\mathrm{mm})$、$0.5S-170(\mathrm{mm})$（对右灯）或 $0.5S-170(\mathrm{mm})$、$0.5S+170(\mathrm{mm})$（对左灯）的两条垂直线所围成的矩形内。

屏幕法简单易行，但只能检测光束照射位置；同时为适应不同车型需经常更换屏幕，并且占用场地较大。因此，在汽车检测站，广泛采用前照灯检测仪对汽车前照灯进行检测。

2. 用检测仪检测前照灯的发光强度和光束照射位置

前照灯检测仪的类型很多，但基本检测原理类似，一般均采用可把所吸收的光能转变为电流的光电池作为传感器，按照前照灯主光束照在其上时所产生电流的大小和比例，来检测前照灯的发光强度和光束偏斜量。

1) 发光强度检测原理

如图 5.29 所示的发光强度检测电路由光度计、光电池和可变电阻构成，当前照灯在规定距离处照射光电池时，光电池产生与受光强弱成正比的电流，使光度计的指针偏转，经标定后，其指针偏转的大小便可反映前照灯的发光强度。电路中的可变电阻用于调整光度计指针零位。常用光电池的主要类型是硒光电池，当受到光线照射时，金属薄膜和非结晶硒的左右两端产生电动势，左端带正电，右端带负电。因此若在金属膜和铁底板上装上引出线，将其用导线与电流表连接起来，电流就会流过电流表使电流表指针摆动，如图 5.30 所示。

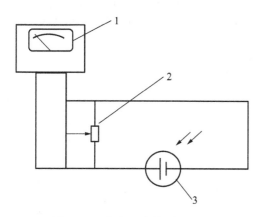

图 5.29 发光强度检测原理图
1—光度计　2—电位器　3—光电池

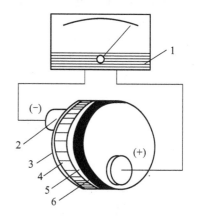

图 5.30 硒光电池结构及工作原理
1—电流表；2—引线；3—金属薄膜
4—非结晶硒；5—结晶硒；6—铁底板

2）光束中心偏斜量

图 5.31 所示的光束中心偏斜量检测电路由两对光电池组成，左、右一对光电池 $S_左$、$S_右$ 上接有左、右偏斜指示计，用于检测光束中心的左、右偏斜量；上、下一对光电池 $S_上$、$S_下$ 上接有上、下偏斜指示计，用于检测光束中心的上、下偏斜量。当光电池受到前照灯照射时，各光电池分别产生电流，若前照灯的光束中心有偏斜，则 4 个光电池受到的光照度不等，从而产生的电流也不相等。光电池 $S_左$、$S_右$ 所产生电流的差值，使左右偏斜指示计的指针偏摆；$S_上$、$S_下$ 光电池所产生电流的差值，使上下偏斜指示计的指针偏摆，从而可测出前照灯光束中心的偏斜量。若通过适当的调节机构，调整光线照射光电池的位置，使 $S_左$、$S_右$ 和 $S_上$、$S_下$ 每对光电池受到的光照度相同，此时每对光电池输出的电流相等，两偏斜指示计的指针均指向零位，其调节量反映了光束中心的偏斜量。当偏斜指示计指针处于零位时，光电池受到的光照最强，4 块光电池所输出电流之和表明了前照灯的发光强度。

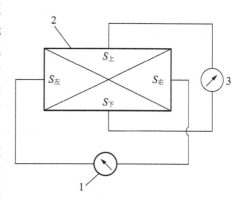

图 5.31 光束中心偏斜量检测原理
1—左右偏斜指示计；2—光电池；
3—上下偏斜指示计

### 5.2.5 试验方法和步骤

在汽车前照灯检测过程中，从安全行车的角度出发，其发光强度和光束照射方向为必检项目。根据 GB 7258—2012《机动车运行安全技术条件》的规定，所应满足的要求如下。

1. 前照灯光束照射位置

（1）检验前照灯近光光束照射位置时，前照灯照射在距离10m的屏幕上，乘用车前照灯近光光束明暗截止线转角或中点的高度应为0.7～0.9H（H为前照灯基准中心高度，下同），其他机动车（拖拉机运输机组除外）应为0.6～0.8H。机动车（装用一只前照灯的机动车除外）前照灯近光光束水平方向位置向左偏应小于等于170mm，向右偏应小于等于350mm。

（2）检验前照灯远光照射位置时，对于能单独调整远光光束的前照灯，前照灯照射在距离10m的屏幕上时，要求在屏幕光束中心离地高度，对乘用车为0.85～0.95H（但不得低于前照灯近光光束明暗截止线转角或中点的高度），对其他机动车为0.8～0.95H；机动车（装用一只前照灯的机动车除外）前照灯远光光束水平位置要求，左灯向左偏应小于等于170mm，向右偏应小于等于350mm，右灯向左或向右偏均应小于等于350mm。

（3）机动车装用远光和近光双光束灯时，以调整近光光束为主。对于只能调整远光单光束的灯，调整远光单光束。

检测前照灯光束照射位置时，所用检测方法应满足以下规定：

① 屏幕法。即在屏幕上检查。检查用场地应平整，屏幕与场地应垂直。被检验的车辆应在空载、轮胎气压正常、乘坐一名驾驶人的条件下进行。将车辆停置于屏幕前，并与屏幕垂直，使前照灯基准中心距屏幕10m，在屏幕上确定与前照灯基准中心离地面距离H等高的水平基准线，及车辆纵向中心平面在屏幕上的投影线为基准确定的左右前照灯基准中心位置线。分别测量左右远近光束的水平和垂直照射方位的偏移值。

② 用前照灯校正仪检验。将被检验的车辆按规定距离与前照灯校正仪对置，从前照灯校正仪的屏幕上分别测量左右远近光束的水平和垂直照射方位的偏移值。

2. 发光强度

机动车每只前照灯的远光光束发光强度应达到表5-2的要求。采用四灯制的机动车，其中两只对称的灯达到二灯制的要求时，视为合格。测试时，其电源系统应处于充电状态。

表5-2 前照灯远光光束发光强度要求 （单位：cd）

| 车辆类型 | 新注册车 | | 在用车 | |
|---|---|---|---|---|
| | 二灯制 | 四灯制 | 二灯制 | 四灯制 |
| 汽车、无轨电车 | 15000 | 12000 | 12000 | 10000 |

3. 前照灯检测仪使用注意事项

汽车前照灯检测仪有多种类型，其具体使用方法各不相同。因此，在使用检测仪检测汽车前照灯的发光强度和光轴偏斜量时，应认真阅读所使用检测仪的使用说明书，掌握正确的使用方法，使检测结果准确、可靠。一般而言，必须注意以下问题：

1）被检测汽车的准备

（1）清除前照灯上污垢。

（2）轮胎气压符合规定。

（3）蓄电池处于充足电状态。

2）检测仪使用注意事项

（1）按说明书要求，正确安装设备（如场地要求、检测距离要求、平行度要求、垂直度要求、高度要求等）。

（2）正确连接电源和各种线缆。前照灯检测仪在检测时要在前照灯间移动，因此线缆应有足够长度和适当防护措施。

（3）仪器使用前应检查各指示器的零位是否漂移，受光器的受光面是否蒙尘或受到污染，对追踪光轴式检测仪的追踪性能应作周期性校准。

（4）要避开外来光线的影响。对于四灯制的车辆，检测时应将同侧的两只前照灯遮住一只再进行检测，然后检测另一只。

（5）按所使用检测仪说明书的要求，制定相应操作规程，正确操作检测仪。

### 5.2.6 试验报告的基本内容和要求

（1）试验过程的详细记录。

（2）试验数据的记录和数据处理。

（3）简述测定前照灯光束照射位置和光束发光强度的方法。

## 5.3 汽车碰撞测试

### 5.3.1 理论基础

汽车碰撞试验以再现交通事故的方式，用以分析汽车在碰撞过程中车内乘员与车辆相对运动状态，乘员及车辆伤害状态等，通过分析结果可以改进车辆结构安全性设计和增设汽车乘员保护装置。通过对试验车辆上安放假人的伤害值评价，可以得到对汽车整体安全性能的综合评价；通过进行汽车碰撞试验还可以对汽车座椅、座椅头枕、安全带、门锁和门铰链、转向系统、安全气囊、燃油箱、儿童约束系统等部件进行安全性能评价，对汽车车身上的安全带连接部、座椅连接部、车身结构强度与吸能、车内凸出物等方面进行安全性能评价。

汽车碰撞试验就是在试验室里通过牵引，使汽车以一定的速度撞向事先设置的障碍物，测量并记录相关数据，然后根据各种测试数据来判断试验车的安全性。其意义在于在汽车的设计制造阶段就将汽车的安全性作为极其重要的指标，并通过一系列的试验获得各种关键数据以提高汽车的被动安全性，最大限度的保障人员安全。

1. 主要的汽车碰撞防护装置

（1）安全带。汽车前碰撞时，首先是汽车要停止运动，车内乘员在惯性力作用下仍以原来速度继续向前运动，乘员将会与转向盘、前风窗玻璃相碰，因而可能受到严重伤害；系安全带的乘员可以随着汽车停止运动而逐渐停止向前运动。目前主要采用的是布连（Nils Bohlin）发明的三点式安全带。

（2）保险杠。汽车正面碰撞时，对能量缓冲，降低撞车危害，目前普遍采用。

(3) 安全气囊。如果碰撞剧烈，乘员向前运动更快，即使系了安全带，在完全停止运动前，仍会与车内物相碰。气囊的作用是保护乘员减少其与车内物相碰的可能性，均匀地分散头、胸的碰撞力，吸收乘员运动能量，在缓冲前碰撞或近似前碰撞严重性方面，补充安全带提供保护作用。

2. 汽车碰撞试验

汽车被动安全性能研究的宗旨是在事故中最大可能地避免或减缓对人员造成的伤害。所以，通过伤害生物力学对交通事故的保护客体——人体的伤害进行研究，了解造成伤害的机理，人体对碰撞的忍受能力，以制定伤害评价指标，这是汽车碰撞安全性研究的基础。

提高汽车碰撞安全性的目的是在汽车发生碰撞时确保成员生存空间、缓和冲击、防止发生火灾等。根据上述汽车碰撞安全性要求，试验方法可以分成以下 3 类：实车碰撞试验、滑车模拟碰撞试验和台架试验。

汽车发生事故中主要是正面碰撞、侧面碰撞、偏置碰撞、追尾碰撞和车辆翻滚等。所以对实车主要作正面碰撞试验、侧面碰撞试验、偏置碰撞试验、追尾碰撞试验和车辆翻滚试验。本节主要介绍汽车的正面碰撞试验。

碰撞试验是指被检验汽车以某一速度与一个刚性或者可变性壁障发生碰撞的试验。其目的是检查保险杠、车厢前部前围板区域所能吸收冲击能量的程度，考验车厢结构强度，借助车内假人的传感器所记录的数据，换算出和法规相对应的伤害指标，判断试验样车的碰撞性能。

3. 被动安全评价

1) 乘员安全评价

碰撞试验假人（Dummy）又称为拟人试验装置（AnthropomorphicTestDevices），是用于评价碰撞安全性的标准人体模型。假人的尺寸、外形、质量、刚度和能量吸收性能与相应的人体十分相似，所以当假人处于模拟的碰撞事故条件下，它的动力学响应与相应的人体也十分相近。在假人上装备有传感器，可用于测量人体各部位的加速度、负荷、挤压变形量等。通过对这些物理量的分析、处理可以定量地衡量汽车产品的碰撞安全性。

按人体类型分，假人可分为成年人假人和儿童假人。成年人假人按体型大小又分为中等身材男性假人、小身材女性假人和大身材男性假人。在汽车碰撞试验中最常用到的是中等身材假人，其代表欧美男性第 50 百分位成年人的平均身材。为了在设计中考虑不同的人体体型，又按照欧美人体分布的两端极限，分别开发了小身材和大身材假人。小身材女性假人代表欧美第 5 百分位女性成年人的体型；大身材男性假人代表欧美第 95 百分位男性成年人的体型。儿童假人的身高、体重是指定年龄组儿童的平均身高和体重，而不考虑性别。

实车碰撞试验室时，选用符合我国人体数据的第 50 百分位成年男子假人，并穿上外衣、长裤和鞋。通过第 50 百分位男性 Hybrid Ⅲ 假人（图 5.32）的伤害程度进行成员安全性评价，根据头部、胸部、腿部等主要部位的伤害程度将试验车的安全性进行分级。

假人头部伤害指数（HIC）不得大于 1000。

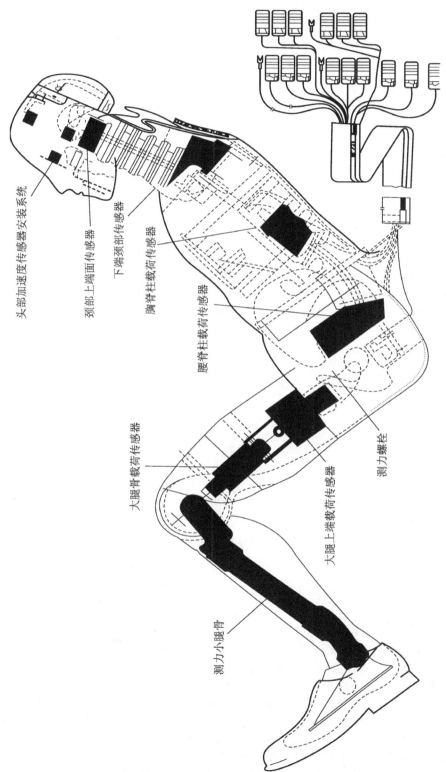

图 5.32 Hybrid Ⅲ 假人及其测量传感器位置示意图

HIC 计算公式为

$$\text{HIC} = \frac{1}{t_1 - t_2} \int_{2_{t_1}}^{t} a\,\mathrm{d}t^{2.5}(t_2 - t_1) \qquad (5-2)$$

式中，$a$ 为假人头部质心的合成加速度，用重力加速度 $g$ 的倍数表示；$t_1$，$t_2$ 为碰撞过程中所选择的两个时刻(s)。它们应使式(5-2)计算结果达到最大值。表 5-3 是正面碰撞假人伤害评价等级表。

表 5-3  正面碰撞假人伤害评价等级表

| 项目 | 好 | 可以接受 | 尚可 | 差 |
| --- | --- | --- | --- | --- |
| 头部伤害指标(HIC) | <750 | 750~899 | 900~999 | ≥1000 |
| 胸部压缩/mm | <50 | 50~59 | 60~74 | ≥75 |
| 胸部加速度/g | <60 | 60~74 | 75~89 | ≥90 |
| 大腿轴向力/kN | <7.3 | 7.3~9.0 | 9.1~10.8 | ≥10.9 |
| 小腿指数 | <0.8 | 0.8~0.9 | 1.0~1.1 | ≥1.2 |

2) 结构安全性评价

对碰撞过程中汽车结构性能的评价，主要是衡量乘员存活空间的完整性。通过对变形测量、技术报告、照片和高速摄影进行分析，评价汽车结构安全性等级。表 5-4 是正面碰撞汽车结构安全评价等级。

表 5-4  正面碰撞汽车结构安全性评价等级

| 等级 | 伤害的可能性(%) | 色标 |
| --- | --- | --- |
| 5 星 | <10 | 蓝绿 |
| 4 星 | 10~19 | 鲜绿 |
| 3 星 | 20~34 | 黄 |
| 2 星 | 35~45 | 红 |
| 1 星 | >45 | 黑 |

3) 乘员约束

在所有碰撞事故中须对乘员约束系统(座椅安全带、座椅、安全气囊和头部约束)进行评价。表 5-5 为乘员约束和运动学的评估原则。

表 5-5  正面碰撞乘员安全性评价等级

| 等级 | 评定原则 |
| --- | --- |
| 差 | 碰撞时一个车门打开；一个座椅开始全部或部分脱离，一侧或两侧向前滑动，或椅背损坏(同样适用于无乘员的座椅)；乘员向安全气囊的一侧滑出，并造成 70g 或 70g 以上的硬性撞击(同样适用于安全气囊故障)；安全带故障(安全带、带扣、固定装置和卷收器)；一个乘员的头部部分越出车外 25% 以上(如果是经侧窗部分越出，而侧窗又符合碰撞约束条件，则该项不使用)；方向柱严重移动并增加伤害的危险 |
| 尚可 | 乘员向安全气囊的一侧滑出，但未造成硬性撞击(<70g)；乘员座椅完全倾斜或扭曲(未损坏或滑动)；安全气囊完全爆发但减速度太大(70g 或 70g 以上)，以及头部伤害准则 HIC>750；驾驶人头部或胸部撞击方向盘，造成硬性撞击(70g 或 70g 以上)；乘员向前运动并与仪表板发生硬性撞击(70g 或 70g 以上)；乘员向前运动并足以造成膝部撞击 |

(续)

| 等级 | 评定原则 |
|---|---|
| 可接受 | 安全气囊没打开时,无头部或胸部撞击,但减速度较大(70g 或以上);安全气囊打开时,头部有较大减速度(70g 或以上),但 HIC 为 750 或以下;驾驶人头部或胸部撞击方向盘,但减速度较低或中等(<70g);在回弹时,乘员离开椅背或头部约束,成员头部撞击窗框、B 立柱或车顶 |
| 好 | 无头部/胸部撞击(除了安全气囊外),减速度适度(<70g),回弹能良好控制,乘员较小横向或垂直运动 |

### 5.3.2 试验目的及要求

(1) 了解汽车碰撞试验的意义。
(2) 对汽车碰撞试验室的各种设备有感性的认识。
(3) 掌握第 50 百分位男性 HybridⅢ假人的标定。
(4) 掌握汽车被动安全的评价标准。

### 5.3.3 试验所用的主要仪器和设备

室内汽车碰撞试验中心,选用了第 50 百分位男性 HybridⅢ假人。

### 5.3.4 试验设备的工作原理

室内汽车碰撞试验中心有碰撞区、牵引系统、浸车环境室、照明系统、假人标定室、测量分析室及车辆翻转台等,如图 5.33 所示。

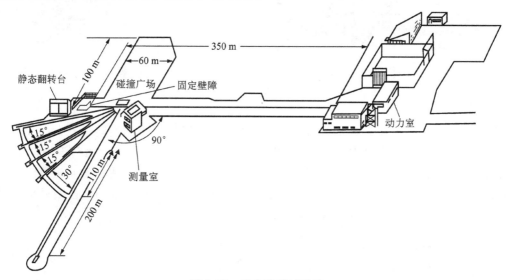

图 5.33 实车碰撞试验室

1. 固定壁障

碰撞区中的正面碰撞试验区域设置有固定壁障。固定壁障表面宽 3m、高 1.5m 和厚

0.6m，其质量不低于70t，壁障表面垂直于壁障前的路面，且覆盖一层19mm厚的胶合板，壁障尺寸和结构应足以限制其表面变形量小于车辆永久变形量的1%。

2. 牵引系统

该系统采用直流电动机驱动（图5.34所示），具体参数如下所述。

（1）牵引能力：牵引跑道长100m，可将2000kg的车辆加速到80km/h，最大牵引加速度不超过0.3g。

（2）牵引电动机采用两台225kW的直流电动机，分别驱动两个轮毂，牵引钢丝绳为循环盘绕，在两个轮毂间使用液压油缸张紧，通过钢丝绳与轮毂间的摩擦力驱动循环的钢丝绳运动，牵引试验车辆进行碰撞试验。

牵引脱钩装置用于拖挂且引导车辆。脱钩装置在车辆碰撞前与试验车辆脱开，以保证被试车辆有一段匀速行驶距离，并在自由状态下发生碰撞。图5.35所示为牵引小车、脱钩装置示意图，牵引小车与牵引钢绳、牵引车辆脱开的过程是通过一个固定在导轨侧面的挡块来实现的。

图5.34 牵引系统

图5.35 牵引小车、脱钩装置

3. 照明系统

实车碰撞试验过程中，为了分析汽车的变形形态、了解假人的运动形态，必须同时采用多台高速摄影机或摄像机拍摄试验过程。在碰撞区应该设置专用的照明设施，图5.36所示为一照明系统的布置图（长度单位为mm）。为了在正面碰撞区域和侧面碰撞区域能共用主照明系统，两块主照明板设置在可移动的悬挂小车上。通过主照明板左右两侧悬挂高度的改变可调节主照明板的高低和倾斜角度。

4. 测量系统

1）电测量系统

测量系统由电测量系统和光学测量系统构成。电测量系统用于精确地测量碰撞过程中汽车各部位的加速度响应、对固定壁的碰撞力及乘员伤害评价用的各种响应信号。光学测量系统用于获取直观的二维影像，分析碰撞过程中车体的变形及其乘员的运动形态，适用于从总体上了解碰撞全过程。

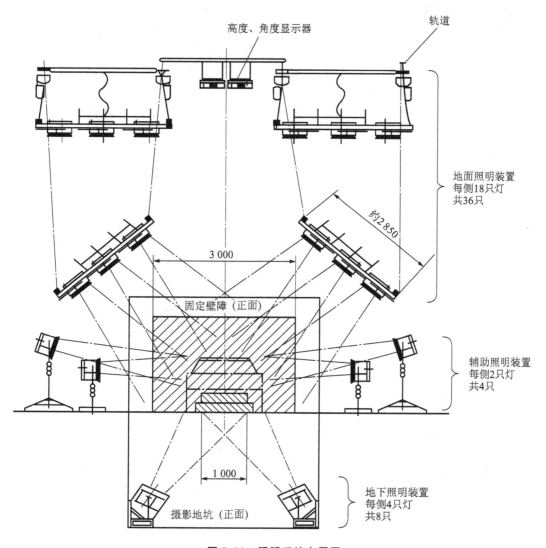

图 5.36 照明系统布置图

汽车碰撞试验中的电测量项目大体可分为车体加速度响应信号、固定壁碰撞力和假人动力学响应 3 个方面。

(1) 碰撞过程中车体加速度响应信号。为了了解车辆的碰撞性能,一般在试验车车身的非压皱区安置加速度传感器,用于测量车辆的冲击波形。碰撞试验中汽车上加速度信号的测点没有统一的规定,可根据试验目的设置测点,但为了保证测量的成功,一般都将测点安装在局部刚度较大的位置,以免传感器安装点的压趋变形造成测量失败或损坏传感器。

(2) 固定壁障碰撞力。在实车碰撞试验系统上都装备有固定壁测力墙,用于测量碰撞力。本试验使用固定壁碰撞力测量墙由 36 个测力单元构成。

(3) 假人动力学响应的测量。电测量系统可以测量碰撞过程中安全带的张力及试验假人身体各部位的动力学响应信号,用于定量地分析和评价乘员的伤害程度。

### 2) 光学测量系统

汽车碰撞是极为短暂的猛烈冲击过程。在碰撞过程中车身变形、乘员运动形态等具有不可预见性，仅使用电测量方法很难全面了解碰撞过程。从全面掌握转瞬即逝的汽车碰撞过程这一点上看，高速影像分析方法是最有效的。序列影像运动分析方法是以时间坐标为媒介，从碰撞过程的序列影像中分析、测量运动参数。在二维影像中包含了丰富的信息，弥补了电测量获得的一维信息对现象描述不直观、不全面的不足。用电测量和同步获取的高速影像进行对照分析可以观察和分析汽车碰撞过程中丰富的信息。

序列影像运动分析是指使用摄影机或摄像机拍摄运动过程中的序列影像，而后进行定性分析和定量分析。

定性分析：在二维影像中记录了运动过程丰富的信息。对运动过程的序列影像缓慢回放、逐帧分析，可以看到对于人眼来说发生得太快的事件，从而分析运动过程中的细节。

定量分析：在拍摄前，将运动物体的相关点设置醒目的标志点，对所摄取的运动过程的序列影像在像平面内逐帧进行像平面坐标判读，应用摄影测量学的理论，求解待测量点的位置，从而获取运动物体的特征参数。

根据待研究问题的性质，选择适当的拍摄速度，使用多台摄影机或摄像机同步拍摄，获得运动过程的序列影像。只有获得清晰的影像才能进行影像分析，表 5-6 列出了一些事件发生的平均速度和要求的拍摄速度。

表 5-6 事件发生的平均速度和要求的拍摄速度

| 事件 | 平均速度/(m/s) | 拍摄速度/(KO～/s) | 事件 | 平均速度/(m/s) | 拍摄速度/(KO～/s) |
|---|---|---|---|---|---|
| 人步行 | 0.3 | 16 | 汽车碰撞 | 16 | 500 |
| 人跑步 | 10 | 250 | 爆炸 | >600 | 200000 |

从开展汽车碰撞试验研究之初，人们就认识到高速摄影在汽车碰撞分析中的重要性。在汽车碰撞试验中需要多台 500～2000 帧/s 的高速摄影机从不同角度监测碰撞过程。如图 5.37 所示为汽车正面固定碰撞试验中的布置结构图。

### 5.3.5 试验方法和步骤

(1) 在标定室内对假人进行标定。将假人安放在指定座位中部，使其躯干紧靠座椅背，其纵向对称平面应与座椅纵向对称面重合。

(2) 对被测汽车进行碰撞前准备。在被测汽车上装上规定物品质量和安放已经标定好的假人，燃油箱加注不可燃液体至其容积的 90%～95%，该液体的密度、黏度应与正常使用的燃油相近，车窗、通风口和车门应完全关闭，但车门不锁。

(3) 被测实车安装在牵引机构，设置好正面碰撞固定壁障。被测汽车的制动系统应松开，变速器挂空挡；固定壁障应有足够的刚度，不会发生大变形。

(4) 汽车控制系统控制直流电动机使实车达到试验测试速度和保持车速稳定。

(5) 与固定好的障碍物发生正面碰撞后，通过数据采集系统，采集出汽车结构发生变形的试验数据和标准假人的试验数据。

(6) 根据评定标准对汽车安全性能做出综合评价。

注：试验过程中，测试仪器不应影响假人的运动，并应保持其环境温度为 19～26℃。

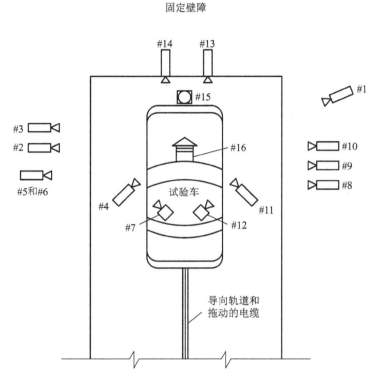

图 5.37　汽车正面固定碰撞试验中的布置结构图

### 5.3.6　试验报告的基本内容和要求

（1）详细的记录试验数据。

（2）根据试验评价标准，对汽车碰撞试验数据进行处理。

（3）综合评价汽车的被动安全性能。

### 5.3.7　设计性试验

在掌握汽车正面碰撞试验的基础上，设计出汽车侧面碰撞的试验方法和步骤。

## 5.4　安全带测试

本节主要介绍常用的乘员保护系统——安全带及其测试方法。

主动束缚系统是一种需要汽车乘员主动使用才能起作用的系统，如图 5.38 所示，例如，在大多数汽车中，乘员为了在碰撞时得到保护，就必须系紧安全带。被动束缚系统则会自动起到保护作用，如图 5.39 所示，不需要乘员做动作就能起到保护作用。

### 5.4.1　安全带的工作原理

被动座椅安全带系统利用电动机自动地移动跨过驾驶人和前座乘客的安全肩带。安全

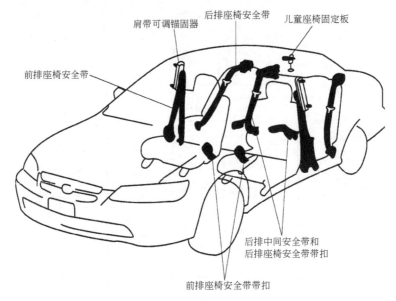

图 5.38 主动束缚系统

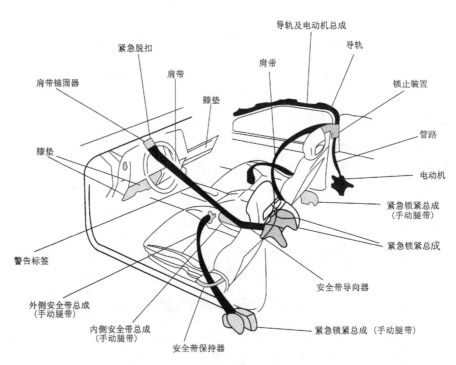

图 5.39 被动束缚系统

带上端固定在一个滑块上,滑块在门框顶部的导轨内移动,安全带的另一端固定在一个惯性锁止牵引器上,牵引器固定在中央控制台上,如图 5.40 所示。当打开前门时,肩带外端向前移动,以便于乘员进出。当车门关闭并将点火开关转到点火位置时,肩带向后移动系紧乘员。主动腿部安全带由乘员手动系紧,并应和被动安全带一起系上。

大多数汽车，尤其是装有安全气囊的汽车一般配置跨过乘员肩部和胸部的安全肩带，下部可以插入锚固在汽车底板上的带扣中。

1. 安全带牵引器

在解开带扣时，安全带由牵引器收回，如图 5.41 所示。牵引器还可以作为预紧装置，在事故中消除安全带的松弛，限制乘员身体向前运动。除了惯性锁止牵引器之外，汽车还可以采用电动式或烟火式预紧装置，电动预紧装置依靠电动机快速拉紧安全带，烟火式预紧装置依靠爆炸充气迅速牵引安全带，并将其锁止在适当位置。

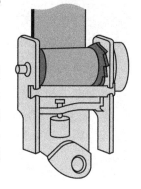

图 5.40 惯性锁止安全带牵引器

有些汽车上，安全带的收紧速度和力量会随碰撞强度而变。这些系统通过传感器测量座椅上的乘员质量和乘员在碰撞期间向前运动对安全带的作用力。有些汽车装有安全带双级限力装置。

机械式安全带预紧牵引器能够消除安全带松弛，并利用制动系统和底盘控制系统或碰撞前感知系统，如图 5.42 所示的各种输入限制乘员的移动。

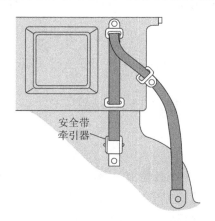

图 5.41 典型的座椅安全带牵引器

图 5.42 机械式预紧牵引器及可变负荷限定安全牵引器

2. 报警灯

所有现代安全带系统都有一个报警灯和一个蜂鸣器或者谐音器，当汽车起动时，报警灯会点亮，提醒乘员系好安全带。

### 5.4.2 安全带的检测

检查安全带系统应该按步骤进行，一定要花费一定的时间进行检查，要牢记安全带是用于保护乘员的。

1. 吊带的检查

要特别注意吊带接触应力最大的部位，例如带扣、D 形环和牵引器，这些地方是冲击力的作用中心，是安全带的薄弱环节，这些部位发生损坏就要更换安全带。连接带扣时，应检查吊带是否因扭结而定位不当。将吊带从牵引器中完全拉出，检查吊带，如果出现吊带割破或损坏、线束断裂或拉出、带边磕伤、日晒或化学褪色或者吊带扭曲，就应更换。

如果吊带不能从牵引器中拉出，或者不能被牵引器收回，检查是否存在以下情况并根据需要进行清洁或修正：吊带是否被口香糖、糖浆、油脂或其他东西卡住；检查吊带是否扭结；牵引器或吊环在中间立柱上是否偏移。

2. 带扣的检查

要确定带扣能否起作用或者带扣壳是否损坏，将安全带插入带扣中，要听到"咔哒"声，快速回拉吊带，确认带扣闭锁正常。如果带扣不能闭锁，应更换安全带组件。按下带扣上的按钮，将安全带释放，安全带应该用 9N 左右的力解锁。如果带扣壳破裂、按钮松动或是按钮力过大，应更换安全带组件。

3. 牵引器的检查

腿部安全带牵引器应在安全带完全伸出后自动锁止。吊带感应式或车速感应式座椅安全带牵引器都是被动安全带系统。吊带感应式牵引器可以通过猛拉安全带进行检测，牵引器应该锁止，如果不能锁止，应更换安全带牵引器。

车速感应式安全带牵引器不能用上述方法进行检测，需要进行制动检测。检测时应选择在安全地带进行，检测牵引器时让助手坐在乘员座椅上，如果汽车装有后座腿部及肩部安全带，后排座椅上也要坐人。

驾驶汽车以 8～13km/h 的速度行驶，并急踩制动踏板来测试每条安全带。如果有安全带未锁止，应更换安全带组件。测试期间，为防止牵引器不能锁止安全带，驾驶人和助手要注意稳固自身。

大多数牵引器是不可互换的，牵引器标签上的 R 标记表明它只能用于右侧，而有 L 标记的安全带只能用于左侧。

4. 驱动导轨总成与锚固装置的检查

安全带的锚固装置位于牵引器与车身连接处。汽车碰撞时，该处会产生很大的冲击力，因此，要仔细检查锚固部位和紧固螺栓，松动的螺栓应予更换。检查牵引器和 D 形吊环固定部位的金属是否发生破裂和变形，如果固定部位的金属发生损伤，在将锚固装置重新固定之前，必须加固固定部位。

驱动电动机通常装在后座侧面装饰板后面的导轨总成根部，其作用是拉动安全带的定位带。如果检查发现驱动电动机存在故障，进行更换。

5. 后座乘员束缚系统

后座安全带的检查方法与前座安全带相同，但是有些汽车设有中间安全带，中间安全带没有牵引器。检查吊带、锚固装置和可调锁止滑块，使舌片扣住带扣，调节时，以相对于连接器和带扣的适当角度拉紧吊带。松开安全带，将连接器和带扣向上拉，如果滑块不能保持锁定，拆卸并更换安全带组件。

6. 报警灯与声响系统

当点火钥匙转向点火或运转位置时，安全带扣紧灯应该点亮，蜂鸣器或谐音器也应发声。如果报警灯和声响系统未开启，检查熔丝或电路断电器是否熔断。如果熔丝或断电器完好，而且只有声音而灯不亮，应检查灯泡是否损坏或者烧坏；如果灯亮而没有声音，检查导线、开关或蜂鸣器（声音模块）是否损坏或松动。

### 5.4.3 试验报告的基本内容和要求

（1）说明主动束缚系统与被动束缚系统的不同。
（2）根据所讲的安全带检测方法，对实车的安全带进行检测。

## 5.5 ABS 性能测试

### 5.5.1 理论基础

ABS(Anti-lock Braking System)是汽车制动防抱死装置的简称，它能够自动控制车轮制动时在旋转方向上的打滑，并将滑移率控制在最佳范围内。

目前使用的 ABS 一般为 4S/4M 控制系统，主要由齿圈、传感器、电磁阀、导线、电子控制器(ECU)、指示灯等组成，其中传感器、电磁阀和 ECU 称为 ABS 的三大部件。

**1. 传感器的功能**

如将整体 ABS 比喻为人，则传感器就是 ABS 的五官，它的作用是收集制动车轮的运动学和动力学状态参数，供控制器运算、分析判断。对传感器的要求可概括为：信号采集准确、不失真，使用可靠，便于检修。

**2. ECU 的功能**

ECU 是 ABS 的控制中心，接收并判断由传感器送来的信息，再向电磁阀发出指令，调控制动压力，使车辆制动状态趋于理想化。

**3. 电磁阀的功能**

电磁阀是 ABS 的执行机构，它接受控制中心的指令，对制动气室中的介质压力(制动压力)实施调控。对电磁阀的具体要求可以概括为：调控制动压力迅速、准确、使用可靠、使用寿命长和便于检修。

汽车制动时，伴随制动器制动力产生的路面制动力使汽车减速行驶，对汽车而言，前者是内力，后者是外力。制动器制动力是随制动压力的增大而增加的，路面制动力伴随制动器制动力而存在，且随制动器制动力的增大而增大。但是当路面制动力增大到一定程度后，就不会再增大了，这个最大的路面制动力就是附着力，其大小取决于轮胎与路面之间的附着性能。因此，当路面制动力达到附着力后再增大制动压力已无实际意义。

ABS 的主要特征就是车辆紧急制动时防止车轮抱死，提高车辆的制动效能并维持转向操纵能力。为描述车轮制动过程中与路面的接触状态，引入滑移率 $S_i$：

$$S_i = \frac{v - v_{wi}}{v} \times 100\% \quad (5-3)$$

式中，$S_i$ 为滑移率；$v$ 为制动时滚筒线速度(m/s)；$v_{wi}$ 为制动时车轮线速度(m/s)。

$$v = \omega \times r \quad (5-4)$$

式中，$\omega$ 为试验台滚筒角速度(rad/s)；$r$ 为试验台滚筒半径(m)。

$$v_{wi} = \omega_{wi} \times r_{wi} \quad (5-5)$$

式中，$\omega_{wi}$为车轮角速度(rad/s)；$r_{wi}$为车轮半径(m)。

车轮与道路之间的能传递的力称为附着力$F_\phi$，$F_\phi$与车轮正压力比称为附着系数：

$$\phi = \frac{F_\phi}{N} \qquad (5-6)$$

道路附着系数受道路、车轮材料结构和接触状况影响，良好道路的附着系数与制动时车轮滑移率的关系曲线如图5.43所示。

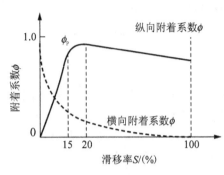

图5.43　$S-\phi$的关系曲线

由图5.43可知，当滑移率为15%～20%时，纵向附着系数最大，且反映方向操纵能力的横向附着系数也处于较高水平。此时道路与车轮的接触并未发生滑动，滑移率主要是由弹性轮胎受力拉伸造成的，车辆的制动效果较佳。随着滑移率的增加，轮胎与地面接触真正滑动的成分随之增加，纵向附着系数和横向附着系数随之减小，制动距离加长。当滑移率达到100%时，车轮完全抱死，横向附着系数变为0，车辆失去了转向能力，后轴侧滑还可能导致翻车。所以，制动时，若能使滑移率保持在15%～20%之间，便可获得较大的纵向附着系数与较高的横向附着系数。这样，制动性能最好，侧向稳定性也很好。具有一般制动系统的汽车是无法做到这一点的，而装有ABS装置的汽车却能实现这个要求，从而显著地改善汽车在制动时的制动效能和方向稳定性。

由ABS的原理可见，只要适时测出汽车的车轮速度和汽车的运行速度就能评价汽车ABS的性能。

### 5.5.2　试验目的及要求

（1）掌握ABS的制动原理。

（2）掌握汽车制动的相关理论知识。

（3）了解改进型滚筒式惯性检测台检测ABS性能的方法。

### 5.5.3　试验所用的主要仪器和设备

改进型滚筒式惯性检测台。

### 5.5.4　试验设备的工作原理

改进型滚筒式惯性检测台示意图如图5.44所示。台架由5个测速传感器(1～5)，4个支撑滚筒(a、b、e、f)，4个主动滚筒(c、d、g、h)，4个扭矩仪(A～D)及两个链轮(E、F)和飞轮组共同组成，另外整个台架的前后滚筒组的距离，可随着汽车轴距的不同而相应变化的。

由于支撑滚筒的转动惯量很小，当汽车制动时，其转速会很快与汽车轮胎的转速一致，即可以看作测速传感器1、2、3、4分别测得的是汽车前左、前右、后左、后右轮的转速，而测速传感器5则测得的是所模拟汽车制动过程的车身速度，于是就可以求出各个轮胎制动时的滑移率。

汽车安全设备性能测试 第5章

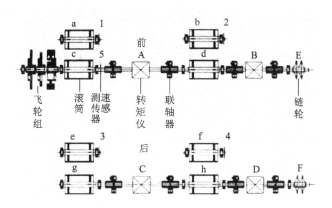

图 5.44 改进型滚筒式惯性检测台示意图

1～5—测速传感器；a、b、e、f—支撑滚筒；c、d、g、h—主动滚筒；A～D—转矩仪；E、F—链轮

在转矩测量方面，转矩仪 A 测得的是整车制动时的力矩，转矩仪 B 测得的是右前轮、左后轮、右后轮的制动时的力矩，转矩仪 C 测得的是左后轮制动时的力矩，转矩仪 D 测得的是左后轮和右后轮制动时的力矩。可见，如果转矩仪 D 所测得的力矩减去转矩仪 C 所测得的力矩，即可得到右后轮的制动力矩，同理可得到左前轮、右前轮的制动力矩。若用制动力矩除以制动鼓到轮胎外边缘的距离则可以得到制动器的制动力。另外，让待测汽车在台架上运行，然后断开离合器，可以测得各个轮胎的阻滞力及总的阻滞力。另外测速传感器 5 还可以在测转速的同时，对滚筒转过的圈数进行记录，可求得待测汽车在某一起始制动速度下的制动距离。

当汽车在运行时，汽车驱动后面的滚筒旋转，然后通过链轮带动前面的滚筒一起旋转，即滚筒相当于一个滚动的路面。前面的滚筒带有飞轮组、滚筒和飞轮组的惯性质量与受检汽车的惯性质量相当；由于受检汽车型号不同、质量各异，所以要通过选择不同的飞轮组合来进行匹配，因此滚筒传动系统具有相当于汽车在道路上行驶的惯量。制动时轮胎对于滚动路面产生阻力，但由于滚筒传动系统具有一定的惯性，因而滚动路面将相对于车轮转过一定距离，该距离相当于汽车在道路试验时的制动距离，以此可以模拟道路制动时的试验工况。

汽车在道路上运行时，车速 $v(\text{m/s})$ 与汽车动能 $W$ 的关系为

$$W = \frac{1}{2}Mv^2 + \frac{1}{2}(J_k + J_r)\omega_{wi}^2 + W_0 \tag{5-7}$$

式中，$M$ 为汽车质量(kg)；$\omega_{wi}$ 为车轮角速度(rad/s)；$J_k$、$J_r$ 为前、后车轮转动惯量(kg/m²)；$W_0$ 为汽车传动系统旋转动能(W)。

汽车在改进型滚筒试验台架上运行时，在同一车速下，汽车及滚筒、飞轮系统和其他主要旋转部件所具有的动能 $W'$ 为

$$W' = \frac{1}{2}J\omega_r^2 + \frac{1}{2}J_o\omega^2 + \frac{1}{2}(J_k + J_r)\omega_{wi}^2 + \frac{1}{2}J_h\omega_h^2 + W_0 \tag{5-8}$$

式中，$J$ 为飞轮转动惯量(kg/m²)；$\omega_r$ 为飞轮角速度(rad/s)；$J_o$ 为滚筒转动惯量(kg/m²)；$\omega$ 为滚筒角速度(rad/s)；$J_h$ 为齿轮及链的转动惯量(kg/m²)；$\omega_h$ 为齿轮角速度(rad/s)。

汽车的平移动能等于旋动动能，即 $W = W'$，有

$$Mv^2 = J\omega_r^2 + J_o\omega^2 + J_h\omega_h^2 \tag{5-9}$$

227

当汽车在滚筒试验台架上运行时,轮胎外边缘的线速度等于滚筒边缘的线速度。即

$$u = \omega r = \omega_{wi} r_{wi} \tag{5-10}$$

在改进型滚筒式惯性检测台上,飞轮、齿轮、滚筒是在同一根轴转的,故飞轮的转动惯量为

$$J = Mr^2 - J_o - J_h \tag{5-11}$$

只要事先确定了滚筒的半径 $r$、滚筒的转动惯量 $J_o$、齿轮的转动惯量 $J_h$,飞轮的转动惯量 $J$ 就可以依靠汽车的质量而确定下来,模拟不同质量的汽车。

### 5.5.5 试验方法和步骤

**1. 准备工作**

被测试车辆驶上改进型滚筒式惯性检测台前,必须进行以下准备工作。
(1) 车辆外部清洗干净,不允许轮胎花纹中夹有石粒。
(2) 轮胎气压符合标准。
(3) 汽车 ABS 制动系统工作正常。

**2. 一般检测步骤**

(1) 打开计算机和传感器电源。通电后,计算机将自动进行系统测试和传感器的测试。如一切正常,屏幕上将显示首页页面。
(2) 根据汽车的质量计算飞轮的转动惯量,并且为滚筒惯性检测台安装与之对应的飞轮。
(3) 把汽车停放在检测台架上,车轮置于主、从动滚筒之间。
(4) 起动电动机,使滚筒的线速度达到 50km/h 以上,待滚筒的线速度稳定在 40km/h 左右时,驾驶人踩下制动踏板实施制动,测取所要求的参数值。
(5) 在指示灯熄灭后,画面将显示各车轮的车速和整车车速,各车轮的制动力矩和整车制动力矩。
(6) 详细记录各种工况下,汽车的整车速度、各车轮的速度、整车制动力矩、各车轮制动力矩。
(7) 将车辆驶出试验台。
(8) 按返回键返回画面首页。
(9) 对记录数据进行计算、分析,判断汽车 ABS 的制动性能。

### 5.5.6 试验报告的基本内容和要求

(1) 详细的记录试验数据,并绘制出汽车制动时车轮制动力矩、车轮转动速度与时间的关系曲线。
(2) 根据记录数据,计算滑移率和制动距离。
(3) 评价汽车 ABS 制动性能。

### 5.5.7 设计性试验

(1) 用滚筒式惯性检测台设计出汽车无 ABS 的制动性能检测的方法和步骤。比较有 ABS 的制动系统和无 ABS 的制动系统所测量的结果,评价 ABS 制动系统的优缺点。

(2) 根据 5.1 节关于 V.A.G 1552 故障阅读仪使用方法和步骤的介绍,设计出汽车 ABS 的故障检测方法和步骤,并进行试验,根据 ABS 的故障码,分析 ABS 的优缺点。

## 5.6 安全气囊性能测试

### 5.6.1 理论基础

汽车座椅安全带已经广泛地用于汽车司乘人员的安全保护,各系列的轿车或其他车型也装备安全气囊系统作为司乘人员的辅助安全保护装置,即汽车安全气囊系统(Supplemental Restraint System,SRS)。SRS 的原意是辅助约束系统,就是辅助保护司乘人员,它的基本前提是佩戴安全带。

1. 安全气囊系统的作用

汽车前部因发生碰撞会产生很大的冲击力,即使佩戴了安全带,驾驶人的脸部也会撞击在转向盘上,司乘人员的头部则会撞打在风窗玻璃上,造成二次碰撞。安全气囊系统则可弥补佩戴安全带后仍不能固定身体,无法获得充分保护的不足,即在汽车发生一次碰撞后,二次碰撞前,迅速在司乘人员和汽车内部结构之间膨胀起一个缓冲垫——气囊,使司乘人员和汽车内部结构之间实现缓冲隔离,通过气囊的排气节流阻尼吸收司乘人员动能,使猛烈的二次冲击得到缓冲,以此来达到保护司乘人员的目的。

但应说明,如不系安全带,而仅靠安全气囊的缓冲能力还是不能充分保护驾驶人与乘员的。

2. 安全气囊系统的基本工作原理

安全气囊系统主要由传感器、微处理器、气体发生器和安全气囊等部件组成。传感器和微处理器用以判断撞车程度、传递及发送信号;气体发生器根据信号指示产生点火动作,点燃固态燃料并产生气体向气囊充气,使气囊迅速膨胀,安全气囊容量在 50~90L。同时安全气囊设有安全阀,当充气过量或囊内压力超过一定值时会自动泄放部分气体,避免将乘客挤压受伤。安全气囊所用的气体多是氮气或一氧化碳。

当汽车车速低于 30km/h 发生碰撞时,碰撞产生的减速度和惯性力较小,安全传感器和中央传感器将此信号送到安全气囊 ECU,安全气囊 ECU 判断结果为不引爆安全气囊,只引爆安全带收紧器的点火器。与此同时,向左、右安全带点火器发出点火指令使安全带收紧,防止驾驶人和乘员受伤。

当汽车车速高于 30km/h 发生碰撞时,碰撞产生的减速度和惯性力较大,安全传感器和中央传感器将此信号送到安全气囊 ECU,安全气囊 ECU 判断结果为需要引爆安全气囊和安全带收紧器共同保护驾驶人和乘客。与此同时,向左、右安全带点火器和安全气囊点火器发出点火指令,在安全带收紧的同时,驾驶人侧气囊和乘客侧气囊同时打开,达到保护驾驶人和乘员的目的。

3. 安全气囊的安装位置

除了驾驶人侧有安全气囊外,有些轿车前排也安装了乘员用的安全气囊(即双安全气囊规格），乘员用的与驾驶人用的相似，只是安全气囊的体积要大些，所需的气体也多一些而已。一般情况下，安全气囊装于转向盘的中心部位及前排乘员杂物箱处，该部位是司乘人员受到冲击后最易碰撞的部位。另外，目前一些先进国家和地区的高档车辆还在后排座椅前、车身内部的侧面及顶部安装安全气囊，这样不管汽车发生正面碰撞、侧面碰撞或者翻滚，都能达到保护乘员的目的。

### 5.6.2 试验目的及要求

（1）了解汽车 SRS 的作用及组成。
（2）熟悉 SRS 故障的检测方法。

### 5.6.3 试验所用的主要仪器和设备

图 5.45 可检查安全气囊、防抱死制动系统和发动机控制系统的 OBDⅡ诊断仪

大多数安全气囊系统控制模块所储存的故障码可以用诊断仪提取，或者通过报警灯闪烁码，图 5.45 所示为一种检查安全气囊、防抱死制动系统和发动机控制系统的 OBDⅡ诊断仪。自 1996 年以后，大多数系统都需要使用诊断仪才能提取故障码。

1. 用诊断仪提取故障码

通常，安全气囊系统会储存有两类故障码，一类是会使安全气囊报警灯点亮的活动故障码，另一类是不会使报警灯点亮的反应间发性故障的储存故障码。

提取故障码时，将诊断仪与诊断插座（DLC）连接，并闭合点火开关。按照诊断仪说明书提取安全气囊的信息，记录储存的所有存储故障码和活动故障码，并对故障码按照由小到大的顺序分析其原因。储存故障码可以用诊断仪删除，活动故障码则只有在排除故障后才能消除。

2. 用报警灯闪烁故障码

对于可以由报警灯闪烁或数字式仪表板显示故障码的汽车，一定要按照制造商规定的步骤提取故障码。闪烁码系统不会显示存储故障码，因此，对于各种间发性故障，必须通过常规诊断和推理查找故障原因。

### 5.6.4 试验方法和步骤

各类汽车 SRS 故障的检查与排除方法大同小异，下面以丰田轿车为例，说明 SRS 故障的检查与排除方法。

丰田系列轿车装备 SRS 和安全带收紧器系统，SRSECU 线束插座型式如图 5.46 所示，插座上各端子代号与名称见表 5-7 和表 5-8。

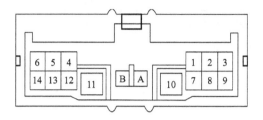
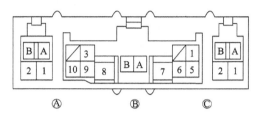

(a) 凌志 LEXUS 轿车 SRS ECU 插座　　　(b) 花冠、大霸王 SRS ECU 插座

图 5.46　丰田汽车 SRSECU 线束插座

表 5-7　丰田凌志 LEXUS 轿车 SRSECU 插座端子的代号与名称

| 代号 | 端子代号 | SRSECU 插座端子名称 | 电路参数 |
|---|---|---|---|
| 1 | IG1 | 电源（ECU-IG 熔断器） | 点火开关断开时：0V<br>点火开关接通 ON 时：12V |
| 2<br>3 | -SR<br>+SR | 右前（RH）碰撞传感器-<br>右前（RH）碰撞传感器+ | 两端子间电阻为：755～885Ω |
| 4<br>5 | +SL<br>-SL | 左前（LH）碰撞传感器+<br>左前（LH）碰撞传感器- | 两端子间电阻为：755～885Ω |
| 6 | +B | 蓄电池电源（ECU-B 熔断器） | 12V |
| 7 | IG2 | 电源（IGN 熔断器） | 点火开关断开时：0V<br>点火开关接通"ON"时：12V |
| 8 | E2 | 搭铁 | 0V |
| 9 | LA | SRS 指示灯 | 灯亮时：0V<br>灯灭时：12V |
| 10 | D- | 安全气囊组件点火器- | — |
| 11 | D+ | 安全气囊组件点火器+ | — |
| 12 | Tc | SRS 诊断触发端子 | 12V |
| 13 | E1 | 搭铁 | 0V |
| 14 | ACC | 电源（CIG 熔断器） | 点火开关断开时：0V<br>点火开关接通"ACC"时：12V |
| A | — | 电路连接诊断端子 | — |
| B | — | 电路连接诊断端子 | — |

表 5-8  丰田花冠、大霸王汽车 SRSECU 插座端子的代号与名称

| 插座代号 | 图中代号 | 端子代号 | SRSECU 插座端子名称 | 电路参数 |
|---|---|---|---|---|
| A<br>(传感器插座) | 1 | -SR | 右前碰撞传感器- | 两端子间电阻为：755～885Ω |
| | 2 | +SR | 右前碰撞传感器+ | |
| B<br>(电源、指示灯与安全气囊组件插座) | 3 | IG2 | 电源（IGN 熔断器） | 点火开关断开时：0V<br>点火开关接通 ON 时：12V |
| | 4 | ACC | 电源（CIG 熔断器） | 点火开关断开时：0V<br>点火开关接通 ACC 时：12V |
| | 5 | E2 | 搭铁 | 0V |
| | 6 | LA | SRS 指示灯 | 灯亮时：0V<br>灯灭时：12V |
| | 7 | D- | 气囊组件点火器- | — |
| | 8 | D+ | 气囊组件点火器+ | — |
| | 9 | TC | SRS 诊断触发端子 | 12V |
| | 10 | E1 | 搭铁 | 0V |
| C<br>(传感器插座) | 1 | +SL | 左前碰撞传感器+ | 两端子间电阻为 755～885Ω |
| | 2 | -SL | 左前碰撞传感器- | |
| A、B、C | A | — | 电路连接诊断端子 | — |
| | B | — | 电路连接诊断端子 | — |

1. 电源电压过低的诊断与检查

在 SRSECU 备用电源电路中，设计有直流升压电路，当接通点火开关，蓄电池电压过低时，升压电路就会起作用，使安全气囊系统工作电压保持正常值，SRS 电源电路的连接如图 5.47 所示。

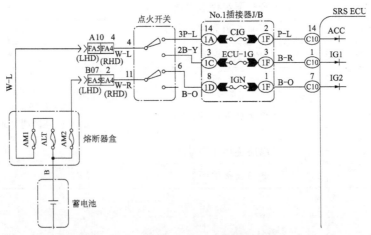

图 5.47  丰田车系 SRS 电源电路的连接

1)故障诊断

当SRS指示灯一直发亮且读取故障码又为系统正常时,说明升压电路有故障。在电源电压恢复正常后约10s,SRS指示灯将自动熄灭,故障诊断流程如图5.48所示。

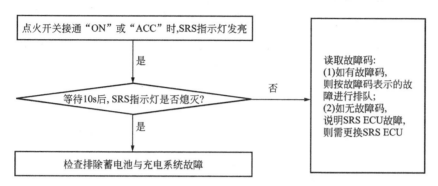

图5.48 电源电压过低时的诊断流程图

2)故障检查

(1)将点火开关转到"LOCK"位置。

(2)拔下SRSECU电源插接器插头,如图5.49所示。

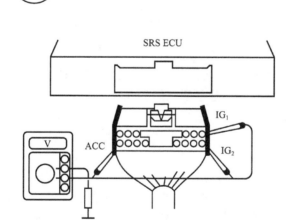

图5.49 SRSECU电源插接器插头

(3)将点火开关转到ON位置上,但不要起动发动机。用万用表检测SRSECU插头$IG_1$、$IG_2$或"ACC"端子电压,当接通除霜器、刮水器、前照灯和取暖器等电器设备电源时,电压应为6.0V~11.5V。如电压过低,说明蓄电池存电不足,需要充电或更换蓄电池。

(4)断开除霜器、刮水器、前照灯和取暖器等电源,将点火开关转到"LOCK"位置。

(5)如检测蓄电池电压正常,则先将点火开关转到LOCK位置,然后将SRSECU插接器插头插回。

(6)将点火开关转到ON位置上。如10s后SRS指示灯仍然发亮,则读取故障码。如有故障码,则按故障码指示的故障进行排除;如输出代码为正常代码,说明 SRSECU 内部升压电路故障,需要更换 SRSECU。

2. 故障码 11 的诊断与检查

1) 故障诊断

SRS 点火器电路由 SRSECU 中的安全传感器、安全气囊组件中的点火器、螺旋线束和前碰撞传感器组成,如图 5.50 所示。输出故障码 11 的原因如下:

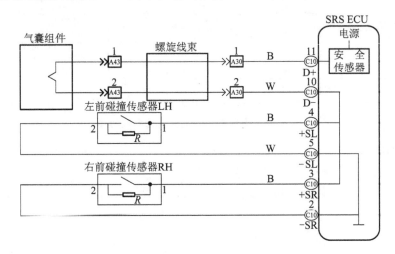

图 5.50 SRS 安全气囊点火器电路

(1) 安全气囊点火器引线搭铁。
(2) 安全气囊点火器失效。
(3) 前碰撞传感器接线端子+SL 或+SR 端子引线搭铁。
(4) SRSECU 至螺旋形线束连接器之间的线束搭铁。
(5) 螺旋线束搭铁。
(6) SRSECU 故障。

2) 故障检查

(1) 检查准备。将点火开关转到"LOCK"位置,拆下蓄电池负极电缆端子。等待 20s 以上时间后,拆下安全气囊组件(注意:放置安全气囊组件时,装饰盖表面必须朝上)。

(2) 检查前碰撞传感器电路。拔下 SRSECU 线束插头,首先检测线束插头上+SR 与 -SR 端子、+SL 与-SL 端子之间的电阻,如图 5.51 所示,正常阻值应为 755~885Ω。如阻值不正常,说明端子+SR、-SR、+SL 或-SL 至前碰撞传感器之间的线束搭铁或前碰撞传感器电路故障。再检测+SR、+SL 端子与车身(搭铁)之间的电阻,如图 5.52 所示,正常阻值应为无穷大。如阻值正常(阻值为无穷大),说明线束良好,故障发生在传感器,即前碰撞传感器需要更换;如阻值不为无穷大,说明端子+SR 或+SL 至前碰撞传感器之间的线束搭铁,需要修理或更换线束。

(3) 检查前碰撞传感器。拔开前碰撞传感器插接器线束插头,用万用表检测传感器插头各端子之间的阻值,如图 5.53 所示,阻值应符合表 5-9 的数值,若阻值不符应更换传感器。

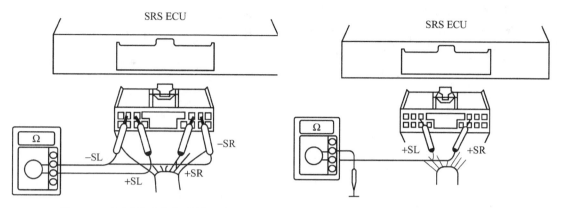

图 5.51 检测前碰撞传感器线路　　　　图 5.52 传感器线路搭铁的检测

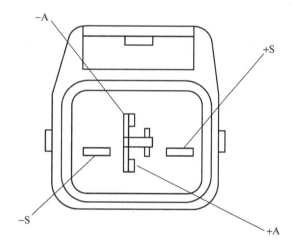

图 5.53 碰撞传感器端子位置

表 5-9 前碰撞传感器的阻值

| 被测端子代号 | 标准阻值 |
| --- | --- |
| +S、+A | 755～885Ω |
| +S、-S | ∞ |
| -S、-A | <1Ω |

（4）检查安全气囊点火器线路和螺旋线束。拔开安全气囊组件与螺旋线束之间的插接器插头，如图 5.54 所示，用万用表检测螺旋形线束一侧插头上端子 D+、D- 之间的电阻值，正常阻值为无穷大。如阻值不正常，则将 SRSECU 与螺旋线束之间的插接器拔开，如图 5.55 所示，再次检测螺旋形线束一侧插头上端子 D+、D- 之间的电阻值，正常阻值为零（因为螺旋线束靠近 SRSECU 一侧的插头上设有防误爆机构）。如阻值不为零，需要修理或更换螺旋形线束。

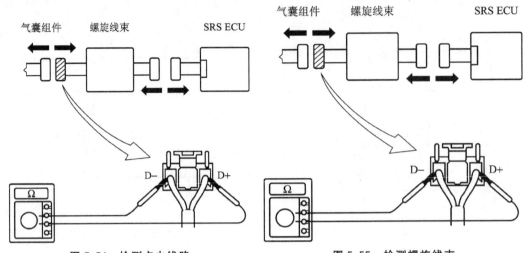

图 5.54　检测点火线路　　　　　图 5.55　检测螺旋线束

(5) 通过读取故障码检查 SRSECU。检查准备：先将 SRSECU 线束插头插上，然后用导线将靠近气囊组件一侧的螺旋线束插头端子 D+、D- 连接起来，如图 5.56 所示；再将蓄电池负极电缆端子接上，等待 20s 以上时间后，将点火开关转到"ACC"或"ON"位置；再等待 20s 以上时间后，用跨接线将诊断插座上的端子 $T_c$、$E_1$ 跨接，同时利用组合仪表板上的 SRS 指示灯读取故障码。如无故障码输出或不输出 11 号故障码，说明 SRSECU 正常；如输出 11 号故障码，说明安装在 SRSECU 内部的防护碰撞传感器出现故障，需要更换 SRSECU。当输出码 11 以外的故障码时，可按故障码表示的故障进行检查。

(6) 通过读取故障码检查气囊点火器。检查准备：将点火开关转到"LOCK"位置上，拆下蓄电池负极电缆端子，等待 20s 以上的时间后将气囊组件与螺旋线束间的插接器插上，如图 5.57 所示，再将蓄电池负极电缆端子接上。等待 20s 以上的时间后，将点火开关转到"ACC"或"ON"位置上。再等待 20s 以上时间后，用跨接线将诊断插座 TDCL

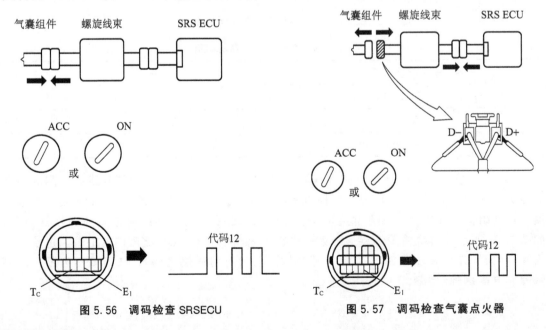

图 5.56　调码检查 SRSECU　　　　　图 5.57　调码检查气囊点火器

上的端子 $T_c$、$E_1$，跨接，同时利用 SRS 指示灯读取故障码。如无故障码输出或不输出 11 号故障码，说明气囊点火器正常；如输出 11 号故障码，说明 SRS 气囊点火器出现故障，需要更换气囊组件。当输出码 11 以外的故障码时，可按故障码表示的故障进行检查。

### 5.6.5 试验报告的基本内容和要求

（1）试验过程的详细记录。
（2）试验数据的记录和数据处理。
（3）改进或设计使用部件和故障的判断和检测方法。

## 思 考 题

1. 什么是电子式防盗？
2. 前照灯由哪几部分组成？如何进行测试？
3. 简述汽车碰撞试验的全过程。
4. 乘员束缚系统有哪两种方式？
5. ABS 的制动原理是什么？
6. 安全气囊模块由哪些部分构成？

# 参 考 文 献

[1] 张葵葵. 电控发动机原理与检测技术 [M]. 北京：机械工业出版社，2007.
[2] 李祥峰. 汽车空调 [M]. 西安：西安电子科技大学出版社，2006.
[3] 戴耀辉，于建国. 汽车检测与故障诊断 [M]. 北京：机械工业出版社，2007.
[4] 余志生. 汽车理论 [M]. 5版. 北京：机械工业出版社，2009.
[5] 冯崇毅，鲁植雄，何丹娅. 汽车电子控制技术 [M]. 2版. 北京：人民交通出版社，2011.
[6] 赵福堂. 汽车电器与电子设备 [M]. 3版. 北京：北京理工大学出版社，2009.
[7] 付百学，马彪，潘旭峰. 现代汽车电子技术 [M]. 2版. 北京：北京理工大学出版社，2008.
[8] [美] Jack Erjavec. 汽车电系仪表及其诊断维修 [M]. 司利增，译. 北京：电子工业出版社，2007.
[9] 王望予. 汽车设计 [M]. 4版. 北京：机械工业出版社，2011.
[10] 方锡邦. 汽车检测技术与设备 [M]. 3版. 北京：人民交通出版社，2012.
[11] 司传胜. 现代汽车检测技术 [M]. 北京：机械工业出版社，2013.
[12] 梅丽歌. 汽车使用性能与检测 [M]. 郑州：黄河水利出版社，2013.
[13] 张子成. 汽车检测技术 [M]. 上海：复旦大学出版社，2013.
[14] 中国汽车技术研究中心，中国标准出版社. 汽车标准汇编 2012 [M]. 北京：中国标准出版社，2013.
[15] 公安部道路交通管理标准化技术委员会. GB 7258—2012 机动车运行安全技术条件 [S]. 北京：中国标准出版社，2012.
[16] 公安部道路交通管理标准化技术委员会. GB 21861—2008 机动车安全技术检验项目和方法 [S]. 北京：中国标准出版社，2008.
[17] 徐晓美，万亦强. 汽车试验学 [M]. 北京：机械工业出版社，2013.
[18] 石松伟. 汽车防盗技术的现状分析与展望 [J]. 科技资讯，2009 (27)：195，197.
[19] 阎岩，孙刚. 汽车构造实验教程 [M]. 北京：人民交通出版社，2012.
[20] 陈勇. 汽车测试技术 [M]. 北京：北京理工大学出版社，2012.
[21] 胡兴军. 汽车空气动力学 [M]. 北京：人民交通出版社，2014.
[22] 何忆斌，谷正气，吴军，等. 新概念汽车模型风洞试验研究 [J]. 汽车工程. 2007 (4)：267-269，295.
[23] 日本自动车技术会. 汽车工程手册 7：整车试验评价篇 [M]. 北京：北京理工大学出版社，2010.
[24] 陈虹，宫洵，胡云峰，等. 汽车控制的研究现状与展望 [J]. 自动化学报. 2013 (4)：322～346.
[25] 冯如只，赵荣珍，杨娟，等. 汽车制动性能测试系统研究 [J]. 现代交通技术. 2011 (1).
[26] 刘春晖. 汽车电控制动系统原理与检修 [M]. 北京：机械工业出版社，2012.
[27] 王建昕，帅石金. 汽车发动机原理 [M]. 北京：清华大学出版社，2011.